독학 라틴어의 모든 것

카르페 라틴어

제1권 라틴어 품사론

Carpe Linguam Latinam
Liber Primus Morphologia Linguae Latinae

한동일

rpe Linguam Latinam
ber Primus Morphologia Linguae

문예림

"Carpe diem! Carpe Linguam Latinam!"

여러분은 Carpe diem이란 말을 들어 본 적이 있는가? 대부분 이 말을 베스트셀러이자 동명의 영화인 '죽은 시인의 사회'(Dead Poets Society, 1989)의 명대사로 기억하고 있을 것이다.
그렇다면, 존 키팅 선생님의 이 유명한 대사는 어떻게 해서 "하루를 즐겨라!"는 뜻을 가지게 되었을까?

'Carpe diem'이란 말은 원래 농사와 관련된 은유로서 로마의 위대한 시인인 호라티우스 (Quintus Horatius Flaccus, B.C. 65~8)가 쓴 말이다. 'carpe'란 말은 "carpo, 덩굴이나 과실을 따다, 추수하다"란 동사의 명령형이다.
과실을 수확하는 일은 사실 굉장히 고되고 힘들지만, 한 해 동안 수확물을 위해 땀을 흘린 농부에게 추수란 그 무엇과도 비교할 수 없는 행복일 것이다. 그래서 'carpo' 동사에는 "즐기다, 누리다"란 의미가 추가되어 "Carpe diem, 하루를 즐겨라."란 말이 되었고, 이후 Carpe diem이란 말은 쾌락주의 사조의 주요 표제어가 된다.

이 책의 제목인 '카르페 라틴어(Carpe Linguam Latinam)'도 같은 맥락으로 생각해 볼 수 있다.
원래 "Carpe Linguam Latinam"을 직역하면 "라틴어를 잡아라!" 또는 "라틴어를 사로잡아라!" 정도이다. 말은 쉽지만 사실 라틴어는, 또 라틴어뿐만 아니라 모든 공부는 고된 노동이다. 하지만 농부가 자라나는 농작물을 보며 가을에 탐스럽게 열릴 과실을 고대하듯이, 공부라는 노동에도 힘든 과정을 통해 지금의 내가 아닌 "장차 놀랍게 성장할 나"를 꿈꾸는 것이 필요하다.
그렇게 라틴어를 알아 감에 따라 그 속에 담긴 재미를 찾아간다면, 언젠가는 과실로 가득한 밭을 바라보는 농부처럼 우리의 지식과 마음가짐도 풍요로워지지 않을까 하는 것이 이 책에 담긴 바람이다. 이제 본격적으로 라틴어 공부를 시작하는 여러분, 라틴어를 사로잡고, 또 동시에 라틴어의 아름다움에 사로잡히기를!

서문
Praefatio

이탈리아에서는 고등학교에 올라갈 때 인문계와 실업계 학교 진학 선택권이 주어진다. 그리고 인문계 고등학교를 졸업한 학생들은 대학 진학이 가능하다. 대학 진학을 위해서는 고등학교 졸업 시험을 치러야 하는데, 이를 통과한 학생에 한해서 졸업장(Diploma)을 수여한다. 이 시험은 일종의 대학수학능력시험인데, 첫날 과목이 라틴어다. 따라서 라틴어는 우리의 수능 국어나 영어인 셈이다. 이러한 이유 때문에 다양한 라틴어 관련 교육 서적이 풍부하다.

그러나 한국에서 '라틴어'라고 하면 죽은 언어, 어려운 언어라는 통념이 강하다. 그런 통념 때문에 라틴어를 배우고자 하는 학생들은 자료가 부족해 더욱 어려움을 겪어 왔다. 그러나 라틴어는 분명 배울 가치가 큰 언어이고, 그것을 알고 있는 소수의 열정적인 학생들은 오래전부터 지속적으로 그 배움의 열망을 키워 왔다. 그런 학생들의 열정에 조금이나마 보탬이 되고자 조금 더 쉽고 재미있게 라틴어를 배울 수 있고 쓸 수 있도록 이 책을 준비했다.

나는 이 책에 대한민국의 다른 어떤 라틴어 문법서보다도 풍부한 설명과 단어, 문제와 해설을 담았다. 나아가, 라틴어 회화와, 라틴 명언, 라틴어와 관련된 다양한 이야기들을 곳곳에 실어 자칫 지루할 수 있는 라틴어 문법에 재미와 풍부한 지식을 더했다. 그렇기에 이 책 한 권으로 사전이나 다른 자료 없이 라틴어 공부를 끝낼 수 있을 것이라고 자부한다.

이 책의 또 다른 강점은 바로 시각적인 요소이다. 라틴어는 굉장히 논리 정연한 언어이기 때문에, 표와 같이 시각적으로 정리를 할수록 쉽게 머리에 들어오게 된다. 그래서 그림, 표를 통해 더욱 쉽게 눈에 들어오게 하는 것에 가장 큰 신경을 써서 작업했다. 보통의 문법서처럼 순차적으로 나열하는 것에서 벗어나, 필요에 따라 병렬적이고, 연계적인 배치를 사용했기 때문에 라틴어를 혼자 학습하는 독자들도 보다 효율적으로 공부할 수 있을 것이다.

마지막으로 이 책과 함께 대한민국 사회에서 라틴어가 부활하기를 바란다. 라틴어가 사어라고 오해받는 이유는 현대 언어들과 같이 발맞추어 변해 가지 못했기 때문이라고 생각한다. 옛날의 낯선 문법 용어와 설명들이 오늘날 라틴어 배우기를 더 어렵게 하는 것이다. 그렇기에 나는 라틴어의 문법 용어들을 오늘날 이해하기 쉬운 용어로 대체했고, 부족하다 싶으면 충분한 설명을 덧붙였다. 이 작업에는 서강대를 비롯한 신촌의 학생들의 도움이 컸다. 라틴어를 배우는 젊은이들이 그들의 시선으로 라틴어를 배우면서, 라틴어에 활기를 불어넣어 주었다. 죽었던 라틴어가 현대의 언어로 다시 살아난 것이다. 그래도 남은 아쉬움은 또 다른 작업으로 넘긴다.

지은이 한동일

문법 약호
Abbreviationes Grammaticae

약어	원어	의미
abl.	(casus) ablativus	탈격
acc.	(casus) accusativus	대격
adj.	adiectivum / adjectivum	형용사
adv.	adverbium	부사
adv., superl.	adverbium superlativum	최상급 부사
alci.	alicui	aliquis(어떤)의 여격
alqo.	aliquo	aliquis, aliquid(어떤)의 탈격
anom. / anomal.	(verbum) anomalum	변칙동사
antiq.	(dativus) antiquus	옛 (여격)
arch.	archaicus	고어
can.	canon	교회법 조문
cf.	confer	참조하라
comm.	(adiectivum) commune	공통 (형용사)
compar.	(gradus) comparativus	비교급
conj.	coniunctio / conjuntio	접속사
coord.	(coniunctio) coordinationis	동등 (접속사)
dat.	(casus) dativus	여격
decl.	declinabile	변화사
def. / defect.	(verbum) defectivus	부족동사, 불비동사, 결여동사
dep.	(verbum) deponens	탈형동사
deriv.	derivatum	파생(어)
dim.	diminutivum	지소어, 축소어
dir.	(obiectum) directum	직접목적어, 직접객어
dupl. acc.	duplex accusativus	이중 대격
e.g.	exempli gratia	예를 들면
etc.	et cetera	기타 등등
exact.	(futurum) exactum	(미래) 완료
f.	(genus) feminium	여성
freq.	(verbum) frequentativus	반복 (동사)
fut.	futurum	미래
fut. exact.	futurum exactum	미래완료
gen.	(casus) genitivus	속격
gerundiv.	gerundivum	수동 당위분사
imper. / imperat	(modus) imperativus	명령법
impers.	impersonale, impersonaliter	비인칭(적으로)
inch.	(verbum) inchoativum	기동 동사

indecl.	indeclinabile	불변화어
inf.	(modus) infinitivus	부정사(법)
intens.	(verbum) intensivum	강세동사
interj.	interjectio	감탄사
interr.	(pronomen) interrogativum	의문 (대명사)
intr.	(verbum) intransitivum	자동사
inusit.	inusitatum	불규칙, 변칙
m.	(genus) masculinum	남성
n.	(genus) neutrum	중성
nom.	(casus) nominativus	주격
num.	numeralia	수사(數詞)
obi.	obiectum	목적어, 객어(客語)
obiectiv.	(genitivus) obiectivus	객어적 (속격)
opp.	oppositum	반대말
ordin.	(numeralia) ordinalia	서수
p.p.	participium perfectum	과거분사
p. praes.	participium praesens	현재분사
pass.	passivum	수동형
pl.	pluralis	복수
poss.	(pronomen) possesivum	소유 (대명사)
pr.obiectiv.	propositio obiectiva	목적어문
pr. / prop.	propositio	문장
praep.	praepositio	전치사
praes.	praesens	현재
praet.	praeteritum	과거
pron.	pronomen, pronominale	대명사(적)
saec.	saeculum	세기
sc.	scilicet	즉
semidep.	(verbum) semidepones	반탈형동사
sg. / sing.	singularis	단수
subj.	subiunctivus	접속법, 종속법
superl.	(gradus) superlativus	최상급
supin.	supinum	동명사, 목적분사
tr.	(verbum) transitivum	타동사
v.	verbum	동사
v.g.	verbi gratia	예를 들면
voc.	(casus) vocativus	호격

저자 및 인용 문헌 약어
Abbrevitiones Auctorum et Operarum

Apul.   Apuleius(기원후 2세기)

       Met.   *Metamorphoses*(변신 이야기)

Aug.   Augustus(황제, 기원전 1세기)

Bell. Alex.   *Bellum Alexandrinum*

Caes.   Caesar(기원전 1세기)

       B. C.   *de Bello Civili*(내전기)

       B. G.   *de Bello Gallico*(갈리아 전기)

Carm.   *Carmen*

Cat.   Cato(기원전 3~2세기)

Catull.   Catullus(기원전 1세기)

Cic.   Cicero(기원전 1세기)

       Acad.   *Academicorum libri*(학술서)

       ad Q. fr.   *Epistulae ad Quintum fratrem*
                     (퀸투스 형제에게 보내는 서한)

       Agr.   *de Lege Agraria*(농지법에 대하여)

       Amic.   *de Amicitia*(우정에 대하여)

       Att.   *Epistulae ad Atticum*(아티쿠스에게 보내는 서한)

       Br.   *Brutus*(브루투스)

       Catil.   *in L. Catilinam*(카틸리나 탄핵)

       De Orat.   *De Oratore*(변론가에 대하여)

       Deiot.   *pro rege Deiotaro*
                     (데이오타로 왕을 위하여, 갈라티아의 영주, 캐사르의 적)

       Div.   *de Divinatione*(점에 대하여)

       Dom.   *de domo sua*(고향에 대하여)

       Fam.   *Epistulae ad Familiares*(가족에게 보내는 편지)

       Fin.   *de Finibus Bonorum et Malorum*(최고 선악론)

       Lael.   *Laelius*(랠리우스, 기원전 3~2세기 로마의 정치가)

       Leg.   *de Legibus*(법률에 대하여, 입법론)

	Lig.	*pro Ligario* (리가리우스를 대신하여, 캐사르의 적을 치체로가 옹호)
	Marc.	*pro Marcello*(마르첼로를 대신하어)
	Mil.	*Pro Milone*(밀로를 위하여, 크로토네의 유명 육상선수)
	Nat.(N. D.)	*de Natura Deorum*(신들의 본성에 대하여)
	Off.	*de Officiis*(의무론)
	Or.	*Orator*(연설가)
	Par.	*Paradoxa Stoicorum*(스토아철학의 역설)
	Partit.	*Partitiones Oratoriae*(웅변술 분석)
	Phil.	*Philippicae*(필리피카)
	Pis.	*in Pisonem*(피소에게)
	Rab. Perd.	*pro Rabirio Perduellionis Reo* (반역죄 혐의의 라비리우스를 대신하여)
	Rep.	*de Republica*(공화국에 대하여, 국가론)
	S. Rosc.	*pro S. Roscio Amerino*(아메리노의 로시오를 대신하여)
	Sen.	*post reditum in Senatum*(원로원에 돌아온 뒤에)
	Top.	*Topica*(개연적 추리론, 아리스토텔레스의 논리학 제4권)
	Tusc.	*Tusculanae Disputationes*(투스쿨라나 담론)
	Verr.	*in C. Verrem*(베레스에 맞선 치체로의 변론)
Curt.	Crutius(기원후 1세기)	
Eutr.	Eutropius(기원후 4세기)	
Gell.	Gellius(기원후 2세기)	
Hor.	Horatius(기원전 1세기)	
	Carm.	*Carmina*(카르미나, 서정시)
	Sat.	*Satirae*(사티라, 풍자시)
Iust.	Iustinus(기원후 3세기)	
Leg. XII Tav.	*Leges duodecim tabularum*(12표법)	
Liv.	Livius(기원전 1세기~기원후 1세기)	
Mart.	M. Valerius Martialis(기원후 1세기)	
Mela.	Pomponius Mela(기원후 1세기)	
Nep.	Cornelius Nepos(기원전 1세기)	
	Alc.	*Alcibiades*(알치비아데스)

	Con.	*Conon*(코논)
	Hann.	*Hannibal*(한니발)
	Reg.	*Reges*(왕들)
	Them.	*Themistocles*(테미스토클레스, 아테네의 정치가)
Ov.		Ovidius(기원전 1세기~기원후 1세기)
	Met.	*Metamorphoses*(변신 이야기)
Paulus.		Julius Paulus Prudentissimus(기원후 3세기, 로마 법학자)
	D.	*Digesta*(학설휘찬)
	pr.	*de praescriptis verbis et in factum actionibus*(구두 시효와 사실 소송)
Phaedr.		Phaedrus(기원후 1세기, 소크라테스의 친구, 치체로의 스승)
Pl. Capt.		Plautus의 희곡 *Captivi*(포로들)
Planc.		L. Munatius Plancius(기원전 1세기)
Plaut.		Plautus(기원전 3~2세기)
	Cist.	*Cistellaria*(치스텔라리아, 희극)
	Men.	*Menaechmi*(메내크미 형제, 희극)
	Ps.	*Pseudolus*(거짓말쟁이, 희극)
Plin.		Plinius(기원후 1세기)
	Ep.	*Epistulae*(서한)
Prop.		Propertius(기원전 1세기)
Quint.		M. Fabius Quintillianus(기원후 1세기)
Rhet.		*Rhetorica ad Herennium*(헤렌니우스를 위한 수사학)
Sall.		Sallustius(기원전 1세기)
	Cat.	*de coniuratione Catilinae*(카틸리나의 음모에 대하여)
	Iug.	*de bello Iugurthino*(유구르티노 전쟁에 대하여)
Sen.		Seneca(기원후 1세기)
	Br. Vit.	*de Brevitate Vitae*(인생의 짧음에 대하여)
	Clem.	*de Clementia*(자비에 대하여, 자비론)
	Ep.	*Epistulae ad Lucilium*(루칠리우스에게 보내는 서한)
	Ira.	*Dialogorum libri 3–5: de Ira 1–3* (담론서 3–5: 분노에 대하여 1–3)
	Nat.	*Naturales quaestiones*(자연 연구서)

	Prov.	*de providentia*(섭리에 대하여, 섭리론)
Serv.	Servius(기원후 4~5세기)	
Svet.	Svetonius(기원후 2세기)	
	Cl.	*divus Claudius*(신 클라디우스)
	Iul.	*divus Iulius*(신 율리우스)
	Tib.	*Tiberius*(티베리우스, 로마의 2대 황제)
Tac.	Tacitus(기원후 1~2세기)	
Ter.	Terentius(기원전 2세기)	
	Heaut.	*Heautontimorumenos*(자책하는 자, 희곡)
Val. Max.	Valerius Maximus(기원후 1세기)	
Varr.	Terentius Varro(기원전 1세기)	
Vell.	Velleius Paterculus(기원후 1세기)	
Verg.	Vergilius(기원전 1세기)	
	Aen.	*Aeneis*(애네이스, 장편 서사시)
	Buc.	*Bucolica*(전원시)
	Geo.	*Georgica*(농경시)

•목차•
Quod in Libro Continetur

제1권 라틴어 품사론

이 책에 대하여
Introductio

라틴어 문법과 품사론

품사론이라고 하면 일반적으로 어렵고 딱딱한 학문이라고 생각할 수도 있다. 품사론은 문법론 중에서도 문장에 쓰인 각 단어들의 기능, 형태, 의미에 따라 나누어 연구하는 분야를 말한다. 다시 말해, 각 단어가 가지는 단어의 문법상 성질을 따지고, 품사를 정하여, 그 품사들 상호간의 관계를 체계적으로 논하는 학문이다. 이 품사론을 명확히 배워야 후에 구문론을 통해, 문장이 어떻게 성립되는지를 배울 수 있다. 비록 딱딱한 이름이긴 하지만 품사론이 문법의 시작이므로 탄탄히 배워야 한다.

이 책의 구성

로마인들은 라틴어 단어를 크게 명사(nomen), 동사(verbum), 불변화사(particula)로 구분하였다. 이 구분 중 명사는 다시 실명사(substantivum), 형용사(adiectivum), 수사(numerale), 대명사(pronomen)로 세분하였고, 불변화사는 부사(adverbium), 전치사(praepositio), 접속사(coniunctio), 감탄사로 세분하였다. 이러한 구분들이 후에 서구어의 품사명으로 전수되어 오늘날 언어학에서 통용되는 8품사(명사, 대명사, 형용사, 동사, 부사, 전치사, 접속사, 감탄사)가 된다.

이 책은 로마인들의 품사론을 따라 크게 다음과 같이 구분하였다.

명사 Nomen 　　　　　　　형용사 Adiectivum
대명사 Pronomen 　　　　　동사 Verbum
불변화사 Particula

이와 같은 분류법을 따른 이유는 각 품사들 고유의 논리를 연계적으로 배울 수 있게 하기 위해서이며, 더불어 학생들이 자신에게 필요한 내용을 쉽게 찾게 하기 위해서이다. 따라서 이 책을 학습할 때에는 순차적으로 학습하는 것도 좋지만, 자신의 필요에 맞게 찾아가며 학습하는 것도 가능하다. 예를 들어 특별히 '분사'에 대해서 학습하고 싶은 학생의 경우에는 분사가 동사에서 파생되었으므로 동사 파트에서 찾아 학습할 수 있다. 이와 더불어 목차를 통해 자연스럽게 해당 문법이 근본적으로 어떤 품사의 논리에서 파생되었는지도 이해할 수 있다.

라틴어를 처음 학습하는 학생이라면 이 책에 제시된 순서를 따르는 것이 이해하기 더 쉬울 수 있다. 그러나 모든 것이 그렇듯, 완벽히 정해진 순서는 없으므로, 각자의 편의에 따라 자유롭게 학습해 나가길 바란다.

일러두기
Praenotanda

1. 인·지명 표기는 되도록 국어사전과 국립국어원 자료 등을 따라서 표기했다. 그러나 이 책의 라틴어 발음 원칙에 따라 국어사전과 국립국어원의 표기를 따르지 않은 것이 있다. 가령 Caesar나 Cicero의 경우, 고전 발음은 "카에사르, 키케로"로 발음하지만 이 책의 학교 발음은 "캐사르, 치체로"로 발음한다. 이 경우 학교 발음[고전 발음]으로 표기하여 "캐사르[카에사르], 치체로[키케로]"로 표기하였다.

2. 인·지명이 단어 설명에 등장하는 경우, 표기를 먼저 해 주고, 괄호 안의 부연 설명은 나중에 했다.
　　예: Epidaurum, -i, n. 에피다우로스(고대 그리스의 작은 도시)

3. 외국어를 우리말로 옮길 때 경음을 쓰지 않는다는 원칙이 있지만, 이 책의 라틴어 발음 원칙과 관계할 때는 그냥 학교 발음에 따라 표기하였다.
　　예: 암피오 → 암삐오, 세콰니 → 세꽈니, 파피루스 → 빠삐루스, 아그리파 → 아그립빠

4. 지명 가운데 예전 이름과 현재 이름이 다른 경우, 라틴어 표기대로 예전 이름을 먼저 쓰고, 괄호 안에 현재 이름을 표기하였다.
　　예: 에트루리아의(오늘날 토스카나의)

5. 우리말 '등등'에 해당하는 라틴어는 'eccetera'이어서 약어는 'ecc.'이지만, 독자들이 'etc.'에 더 익숙하리라고 생각되어 'etc.'로 표기했다.

6. 라틴어 단어와 우리말 조사가 연결되는 경우, 라틴어 발음을 고려하여 우리말 조사를 결정하였다. 예를 들면, ad는 '아드'로 읽어서, 'ad는'으로, ob는 '오브'로 읽어서 'ob와'로 표기하였다.

7. 명사의 경우 어근을 제외한 속격의 어미는 '-'로 표기하였다.
　　예: rosa, -ae, f. 장미

8. 형용사의 경우 남성, 여성, 중성의 순으로 표기하였으며, 중성과 여성의 어근을 제외한 어미는 '-'로 표기하였다.

예: bonus, -a, -um, adj. 좋은

9. 동사의 경우 동사의 기본형을 다음과 같은 순서에 따라 표기하였다. 아울러 어근을 제외한 어미 부분은 '-'를 생략하고 표기하였다.

현재 단수 1인칭, 현재 단수 2인칭, 단순과거 1인칭, 목적분사, 1, 2, 3, 4(동사의 활용), 자·타동사의 여부, 뜻

예: amo, as, avi, atum, 1 tr. 사랑하다

10. "1, 2, 3, 4"라는 동사의 활용을 표기한 것은 해당 동사의 변화표를 쉽게 참조하게 하기 위함이다.

11. 관계절, 관계사절은 "관계사절"로 통일한다.

Lingua latina: si hoc scitur, ipsius linguae fere dimidia pars cognoscitur

라틴어, 이것만 알면 반은 안 것이다

이 장에서는 한국어와 너무 다른 라틴어와 친해지기 위한 필수 개념들에 대해서 배운다. 라틴어는 외워야 한다는 편견을 버리고 먼저 이해해 보도록 하자.

I. 명사의 기초

라틴어 명사를 공부할 때 가장 먼저 이해해야 하는 부분은 라틴어 명사의 성(性), 수(數), 격(格)과 관련된 개념이다. 라틴어에서는 성, 수, 격과 관련된 개념이 매우 중요하다. 이는 인도 유럽어에서 파생된 언어들의 공통적인 특징으로, 라틴어 명사에는 남성(masculinum, m.), 여성 (femininum, f.), 중성(neutrum, n.)이라는 성(性)이 있으며, 격(casus)과 수(numerus)에 따라 어미변화를 한다. 라틴어는 문장 안에서 각각의 문법적 기능을 표현하기 위해 명사, 형용사, 대명사의 어미를 성(性), 수(數), 격(格)에 따라 변화시키는데 이것을 '어미변화'라고 한다. 어미 변화란 용어는 라틴어 'declinatio, -onis, f. 기울임, 구부림, 이탈'이라는 뜻에서 유래한 말로, 문장 안에서 주격을 잘 나타내기 위해 어형변화를 통해 진화한 개념이다.

1. 성(性)

라틴어에서는 성(性, genus)에 따라 명사를 분류했다. 예를 들면 "Puella(뿌엘라) 소녀"는 여성명사이다. 이건 조금 쉽게 이해가 간다. 하지만 "Rosa(로사) 장미"도 여성명사이다. 이건 조금 이해가 안 된다. 그리고 "Vita(비따) 삶" 역시 여성명사이다. 갈수록 태산이다. 라틴어 명사의 성에는 남성, 여성, 중성 세 가지가 있다. 그중 "소녀"(여성), "아버지"(남성), "아들"(남성)과 같이 실제 자연적인 성을 따른 경우도 있지만, 대다수의 명사는 "장미"(여성), "삶"(여성), "바람"(남성), "도시"(여성) 등과 같이 문법적으로 성을 부여받았다. 중성은 "이것도 저것도 아니다."라는 뜻으로, 성으로 무생물이거나, 혹은 문법적으로 남성도 여성도 부여받지 못한 단어들을 지칭한다. 이 성이 단어의 의미에는 거의 영향을 미치지 않지만, 단어 표기의 형태가 달라진다. 왜 모든 명사에 성이 있느냐고 묻는다면, 좋은 질문이지만, 대답해 줄 사람은 없을 것이다. 그나마 친절한 사람들이, "이유는 모르겠지만 일단 외우세요." 할 것이다. 그러니 외우자.

2. 수(數)

수(數)의 개념은 조금 낫다. 영어의 단수, 복수와 비슷한 성격을 갖고 있지만 영어에서는 단수 형태의 단어에 's'를 붙이는 식으로 복수 형태의 단어를 만드는 반면, 라틴어에서는 단어의 어미를 변화함으로써 복수 형태를 표현한다. 예를 들면 'Puella(뿌엘라) 소녀'는 단수 형태의 단어인데, 이 형태의 단어에서 어미변화를 한 Puellae(뿌엘래) 소녀들'은 복수 형태의 단어이다. 라틴어에서는 단수, 복수의 구분이 우리말보다 훨씬 엄격하고, 단어의 형태까지 변화시킨다는 점을 명심하자.

3. 격(格)

격(casus)은 우리말에서 '은/는', '을/를', '의', '에게', '여!'와 같은 조사의 역할을 명사의 어미변화를 통해 표현한 것을 말한다. 예를 들면 'Puella(뿌엘라) 소녀는'은 문장 안에서 주어에 해당하는 주격을 나타내고, 'Puellam(뿌엘람) 소녀를'은 문장 안에서 목적어에 해당하는 대격을 나타낸다. 이러한 격에는 모두 여섯 가지(주격, 속격, 여격, 대격, 탈격, 호격)가 있다. 격과 관련된 자세한 용법은 제2권 『카르페 라틴어-구문론』에서 다룰 것이다.

격에 대해서

라틴어에서 명사의 격은 총 6개가 있고 명칭은 다음과 같다.

주격(nominativus; nom.)

속격(genitivus; gen.)

여격(dativus; dat.)

대격(accusativus; acc.)

탈격(ablativus; abl.)

호격(vocativus; voc.)

주격(nom.)은 동사의 주체를 지시하기 위해서 사용되는 격이며, 우리말 '은/는, 이/가'로 옮긴다. 보통 문장의 주어에 사용된다.

E.g. Dominus est in casa. 주인이 집 안에 있다.

속격(gen.)은 다른 명사를 수식하거나 한정하는 역할을 하는 명사의 격이다. 우리말로 "누구의, ~의"라고 옮긴다.

E.g. Via iustitiae 정의의 길. 여기서 '정의의'라는 속격은 '길'이라는 말을 꾸며 주는 수식어 또는 부가어 역할을 한다. 후에 다시 설명하겠지만, 라틴어에서 속격은 보통 꾸며 주는 명사 뒤에 위치한다.

여격(dat.)은 라틴어로 "dativus"라고 한다. 문장 안에서 "주다"라는 의미의 수여동사가 "~에게 ~을 주다"라는 문장에 쓰일 때 문장 안에서 "~에게"라고 해석되는 간접목적어의 역할을 한다. 따라서 여격(dat.)은 동사가 표현하는 동작에 간접적으로 영향을 받는 사람이나 사물을 가리키며, 우리말로는 "~에게" 또는 "~에"라고 옮긴다.

E.g. Puer puellae rosam dat. 소년이 소녀에게 장미를 준다.

대격(acc.)은 동사가 표현하는 동작에 직접적으로 영향을 받는 사람이나 사물을 가리킨다. 우리말로 "누구를, 무엇을"이라고 옮기며, 문장 안에서 직접목적어 역할을 한다. 또한 전치사와 함께 대격을 사용하기도 한다.

E.g. Agricolae arant terram. 농부들이 땅을 간다.

탈격(abl.)은 동사의 간접목적어나 동사의 부사적인 관계를 표시하여 수단(*by/with what*), 행위자(*by whom*), 동반(*with whom*), 방법(*how, in what way*), 장소(*where, from which*), 시간(*when*) 등을 나타낸다. 탈격은 문장에 따라 우리말로 "어디서", "누구에 의하여", "무엇으로" 등의 다양한 의미로 해석된다. 또한 탈격은 종종 전치사와 함께 사용되기도 한다.

E.g. 1. Victoria nuntiatur tuba. 승리가 나팔 소리에 의해 알려진다.

E.g. 2. Filia est in casa. 딸이 집에 있다. (전치사와 함께 쓰인 용례)

호격은 말 그대로 호칭할 때 사용하는 격이다. 우리말로는 "~님, ~야, ~여"라고 옮길 수 있다.

E.g. Domine, quo vadis? 주여, 어디로 가십니까?

quo, adv. 어디로	vado 가다

이렇게 명사는 총 여섯 개의 격 형태를 가진다. 그런데 여기서 주의해야 할 점이 있다. 이렇게 여섯 개 격으로 변화하는 명사의 유형이 제1변화 명사부터 제5변화 명사까지 모두 다섯 가지나 된다. 제1변화 명사부터 제5변화 명사는 각 유형마다 단어의 어미 형태도 다르고, 어미변화도 각각 다르게 하기 때문에 문장 안에서 단어를 사용할 때 각 유형에 맞게 어미변화를 해 주어야 한다. 그러나 너무 서두를 필요는 없다. 일단은 책에 나와 있는 명사의 어미변화표를 보면서 연습하고, 익숙해지면 외우도록 하자.[1]

N.B. 격 요구 동사/형용사: 라틴어에서 몇몇 동사와 형용사는 해석하는 방법과 상관없이 반드시 일정한 격이 와야 하는 경우가 있는데 이를 "격을 요구한다."라고 한다. 즉 어떤 동사가 자신의 의미상의 목적어로 반드시 여격이 와야 하는 경우 이를 여격 요구 동사라 한다.

---

1) 다른 문법서에서는 주격, 속격, 여격, 대격, 탈격, 호격을 순서대로 제1격, 제2격, 제3격, 제4격, 제5격, 제6격이라고 부르기도 한다. 자신에게 편한 표현으로 외우면 되지만, 각 격의 의미를 기억하기 쉽도록 이 책에서는 모두 주, 속, 여, 대, 탈, 호격이라는 명칭을 사용했다.

Exercitatio (해답은 부록 100쪽 참조)

1. 명사의 각 격과 그에 해당하는 문법적 기능을 찾아 연결하시오.
　　1) 여격(dativus)　　　　　　a) 직접목적어: ~을, ~를
　　2) 호격(vocativus)　　　　　b) 소유격: 누구의, ~의
　　3) 속격(genitivus)　　　　　c) 부사격: ~으로, ~에 의하여
　　4) 탈격(ablativus)　　　　　d) 호격 보어: ~야, ~님, ~여
　　5) 주격(nominativus)　　　　e) 간접목적어: ~에게
　　6) 대격(accusativus)　　　　f) 주어: 은, 는, 이, 가

II. 형용사의 기초

　형용사도 명사와 마찬가지로 남성, 여성, 중성의 성을 가지며, 단수와 복수, 그리고 6개 격의 형태를 가지고 있다. 형용사는 명사를 꾸며 주는 품사이기 때문에 형용사를 사용할 때에는 형용사가 꾸며 주는 명사의 성, 수, 격과 일치하도록 해야 한다. 형용사의 경우 그 유형이 제1형과 제2형으로 크게 구분이 되는데, 형용사 제1형과 제2형은 각각 제1식에서 제3식까지 세 유형으로 다시 세분화된다. 즉 형용사의 어미변화에서 제1형의 제1, 2, 3식은 제1·2 변화 명사의 어미변화 형태를 따르고 제2형의 제1, 2, 3식은 제3변화 명사의 어미변화 형태를 따른다.

　형용사는 문장 안에서 크게 세 가지 용법으로 쓰인다. 명사를 수식하는 수식적 용법(Usus attributivus), 문장에서 서술하는 역할을 하는 서술적 용법(Usus praedicativus), 그리고 명사처럼 해석이 되는 명사적 용법(Usus substantivus)이 바로 그것이다. 각 용법의 자세한 설명은 본문의 형용사 파트에서 다룰 것이다.

III. 동사의 기초

　동사는 여타의 다른 언어와 마찬가지로 문장 구조상 가장 중요한 품사로서, 라틴어 동사는 주어의 수(numerus)와 인칭(persona)에 따라 어미 활용(coniugatio)을 한다. 라틴어 동사는 능동과 수동의 두 가지 태(vox), 직설법·접속법·명령법·부정법 등의 네 가지 서법(modus)과 여섯 가지 시제(tempus)를 가진다.

라틴어 사전에서 동사를 찾을 때는 동사의 부정법 형태를 찾으면 나오지 않는다. 직설법 현재 단수 1인칭(나는 ~한다)의 형태로 찾아야 한다. 리틴어 사전에서 동사는 다음과 같이 표기되어 있다.

amo, amas, amavi, amatum, amare
(직설법 현재 단수 1인칭, 직설법 현재 단수 2인칭, 단순과거, 목적분사, 부정사)

이렇게 표기하고 암기하는 데에는 중요한 이유가 있다. 바로 각 시제와 태의 어미변화가 나열된 형태를 기초로 하기 때문이다.

동사의 시제

라틴어 시제는 고대 인도유럽어와 같이 시간 구분에 따라 행동이 완료되었는지의 여부에 따라 구분하였고, 현재의 시점에서 과거와 미래를 구분하는 것은 후대에 생겨난 것이다. 라틴어 시제 가운데 가장 대표적인 시제는 능동태 직설법 현재와 단순과거이다.

라틴어 동사의 직설법 시제에는 여섯 가지가 있는데, 동사의 시제 학습에서 특히 중요한 것은 직설법 현재, 미완료, 단순과거와 과거완료 동사이다. 우리의 정신은 현재와 미래를 지향할지도 모르지만, 실상 우리가 사용하는 일상 언어의 시제를 분석해 보면 과거 시제가 많이 쓰임을 알 수 있다. 따라서 라틴어뿐만 아니라 모든 서구 유럽어 학습에서 동사의 과거 형태가 중요하다.

현재(praesens): 영어의 현재 시제(*present simple*[*I do*])나 현재진행형[*present continuous*(*I am doing*)]으로 이해하면 된다. 지금 있는 행위나 항상 있는 행위를 가리킨다.
현재 시제는 우리말로 "~한다, ~하고 있다" 정도로 옮길 수 있다.
　potras 너는 옮긴다, 옮기고 있다　*you carry, you do carry, you are carrying*

미완료(imperfectum): 영어의 과거진행형(*past continuous*[*I was doing*])으로 이해하면 된다. 과거의 어떤 행동이나 사실, 상태가 아직 완전히 끝나지 않고 계속되고 있었음을 표시한다. 그리고 습관적으로 여러 번 되풀이된 일을 말하는 과거 시제이다.
미완료 시제는 우리말로 "~하고 있었다, ~하곤 하였다" 정도로 옮길 수 있다.
　portabas 너는 옮기고 있었다, 옮기곤 하였다　*you were carrying, you kept carrying you used to carry*

미래(futurum): 라틴어의 미래 시제는 계속적인 상태를 위한 시제이다. 미래 시제는 현재나 과거의 상태에서 앞으로 계속될 것이거나, 발생할 행위를 나타낸다. 영어의 *shall*이나 *will* 정도로 이해하면 되고, 우리말로 "~할 것이다"로 옮길 수 있다.

portabis 너는 옮길 것이다　　　　*you will carry*
　　　　　　　　　　　　　　　　　you will be carrying

단순과거(perfectum): 일부 문법책에서는 '전과거'라고도 하는데, 이 시제는 영어의 과거 시제 단순과거(*past simple*)와 현재완료(*present perfect*) 정도로 이해하면 된다. 즉 과거에 있었던 일을 단순히 말하는 과거 시제이다. 따라서 행위가 현재와 관련이 없다.

단순과거 시제는 우리말로는 "~하였다, 했다" 정도로 옮길 수 있다.

portavisti 너는 옮겼다　　　　　*you have carried, you carried*

과거완료(plusquam perfectum): 이 시제는 영어의 과거완료(*past perfect*) 정도로 이해하면 된다. 과거의 어떤 사실과 비교하여 그보다 앞서 완료되었거나 발생하였음을 표시하며, 단순과거와 연관하여 사용된다.

과거완료 시제는 우리말로는 "~하였었다" 정도로 옮길 수 있다.

portaveras 너는 옮겼었다　　　　*you had carried*

미래완료(futurum exactum): 미래의 어떤 사실과 비교하여 더 먼저 완료되었거나 발생하였음을 표시하고, 단순 미래와 연관하여 사용한다.

미래완료 시제는 우리말로 "~하였을 것이다" 정도로 옮길 수 있다.

potraveris 너는 옮겼을 것이다　　*you will have carried*

동사의 서법

라틴어 동사는 직설법, 접속법, 명령법, 부정법 등의 네 가지 서법(modus)이 있다. 각각의 서법에 대한 설명은 나중에 하기로 하고, 여기서는 라틴어 동사의 서법이 어떻게 사용되는지 "Pater Noster 주님의 기도(우리 아버지)"를 통해 대강의 맛만 보기로 하자.

Pater noster, qui es in coelis, sanctificetur nomen tuum.
　　　　　　　　　　　　　[접속법] 거룩히 되기를(기원, 바람)

Adveniat regnum tuum. Fiat voluntas tua sicut in coelo et in terra.
[접속법] 도래하기를　　　[접속법] 이루어지기를

Panem[2] nostrum quotidianum da nobis hodie.
　　　　　　　　　　　　[명령법] 주시오

Et dimitte nobis debita nostra,
　　[명령법] 용서하여 주오

sicut et nos dimittimus debitoribus nostris.
　　　　[접속법] 용서하기를

Et ne nos inducas in tentationem: sed libera nos a malo. Amen.[3]
　　[직설법] ~를 유혹에 빠뜨리지 않다　[명령법] 자유롭게 하시오

sanctificor (수동) 거룩히 되다	advenio 도착하다
fio 되다, 이루어지다	do 주다
dimitto 해임하다, 용서하다[4]	
induco aliquem in tentationem ~를 유혹에 빠뜨리다	

|직역|
우리의 아버지, 하늘에 계신, 당신의 이름이 거룩히 되기를.
당신의 나라가 도래하시기를. 당신의 뜻이 하늘에서와 같이 땅에서도 이루어지기를.
오늘 우리에게 우리의 일용할 빵을 주시고
그리고 우리의 죄를 용서해 주소서,
우리에게 잘못한 이를 우리가 용서함과 같이.
그리고 우리를 유혹에 빠뜨리지 않으시고, 다만 악에서 자유롭게 해 주소서.
진실로 그렇게 되기를.

|의역|
하늘에 계신 우리 아버지, 아버지의 이름이 거룩히 빛나시며
아버지의 나라가 오시며, 아버지의 뜻이 하늘에서와 같이 땅에서도 이루어지소서.
오늘 저희에게 일용할 양식을 주시고,
저희에게 잘못한 이를 저희가 용서하오니
저희 죄를 용서하시고, 저희를 유혹에 빠지지 않게 하시고, 악에서 구하소서. 아멘.

IV. 라틴어와 친해지려면, '표'와 친해지자

---

2) 우리말의 "빵"이라는 단어는 포르투갈어가 일본에 전해진 것을 받아들인 것인데, 포르투갈어 'pão'은 바로 라틴어 'panis'에서 유래한 말이다. 불어는 'pain', 이탈리아어는 'pane', 스페인어는 'pan'이다.

3) amen, adv. (그리스어 ἀμήν에서 유래) 참으로, 진실로! (맺는말로서) 그렇게 되소서! 이루어지소서! Amen amen dico vobis. 진실로, 진실로 여러분에게 말한다.

4) 라틴어의 '용서하다'의 의미는 마음에서 '가게 할 수 있을 때' 용서가 찾아온다고 이해했다.

라틴어를 조금이라도 배워 본 사람이라면, 책장을 잔뜩 메우는 수많은 표들을 만나 봤을 것이다. 표가 나온다고 해서 어려워하거나, 부담스러워할 필요는 전혀 없다. 표를 이해할 수 있으면 라틴어를 훨씬 체계적으로 배울 수 있다.

명사 변화표

격＼수	sg.	pl.
nom.	ros-a	ros-ae
gen.	ros-ae	ros-arum
dat.	ros-ae	ros-is
acc.	ros-am	ros-as
abl.	ros-a	ros-is
voc.	ros-a	ros-ae

앞서 말했듯이 형용사는 꾸며 주는 명사의 성, 수, 격을 모두 일치시킨다. 그렇기 때문에 형용사 어미변화표에는 명사에는 없던 '성'이 추가되어 다음과 같은 모습이다.

형용사 변화표

격＼성	sg. m.	sg. f.	sg. n.	pl. m.	pl. f.	pl. n.
nom.	bon-us	bon-a	bon-um	bon-i	bon-ae	bon-a
gen.	bon-i	bon-ae	bon-i	bon-orum	bon-arum	bon-orum
dat.	bon-o	bon-ae	bon-o	bon-is	bon-is	bon-is
acc.	bon-um	bon-am	bon-um	bon-os	bon-as	bon-a
abl.	bon-o	bon-a	bon-o	bon-is	bon-is	bon-is
voc.	bon-e	bon-a	bon-um	bon-i	bon-ae	bon-a

본 책에는 굉장히 풍부한 단어들이 제공되어 있다. 각 파트에서 제시된 단어들로 자신만의 변화표를 몇 번만 그려 보면 금방 공부할 수 있을 것이다.

동사 변화표

	동사 제1활용 단수	동사 제1활용 복수	동사 제2활용 단수	동사 제2활용 복수
1인칭	laud-o	laud-amus	mon-eo	mon-emus
2인칭	laud-as	laud-atis	mon-es	mon-etis
3인칭	laud-at	laud-ant	mon-et	mon-ent

이와 같이 라틴어는 그 표를 이해하고 암기하면 반 이상 배웠다고 할 수 있다. 그러나 여러분은 암기하지 말고 변화표를 잘 참조하는 능력을 키우기 바란다. 과거에는 암기력이 공부의 승패를 갈랐다면, 현대사회는 컴퓨터의 발달로 기존의 지식을 머릿속에 담아 놓는 것이 그리 중요하지 않게 됐다. 그런 것은 이미 다 있기 때문이다. 라틴어의 복잡한 동사 변화와 명사 변화, 온갖 문법들도 마찬가지이다. 책에 있는 것을 외우려고 시간 낭비하지 말고 그것들을 조합해서 문제를 풀어 나가는 능력을 키우는 것이 훨씬 중요하다. 사실 우리의 일상도 반복적이고 습관적으로 모든 일을 처리하는 듯 보이지만, 그 안에는 복잡한 경로를 거쳐 매번 나만이 내려야 하는 결정들이 있는 것이다. 따라서 과거처럼 "이것은 이것이다."라는 정답 맞추기 식 교육으로는 불확실한 현대사회의 문제를 해결하고 대처해 나가는 데 뒤떨어질 수밖에 없다. 조합하는 능력, 유추하는 능력, 그것을 통해 결정하는 능력을 라틴어 학습을 통해 배우기 바란다.

V. 라틴어의 어순

라틴어 문장 안에서는 문장 요소의 배치가 비교적 자유롭다. 다시 말해서 어순이 엄격히 고정되어 있지 않다. 일반적인 라틴어의 어순은 "주어(동사에 의해 생략 가능)＋주어의 형용사＋간접목적어＋직접목적어＋부사 또는 부사구＋동사" 순으로 표현한다. 물론 이 또한 반드시 지켜야 하는 원칙은 아니다. 그렇다면 왜 라틴어에는 일정한 어순이 없을까? 그것은 라틴어가 가지는 다양하고 정확한 격과 인칭에 따른 어미변화 때문이다. 어미변화를 통해 지시하고자 하는 바를 정확히 나타낼 수 있기 때문에 어순이 바뀌어도 의미 전달에는 큰 문제가 없다.

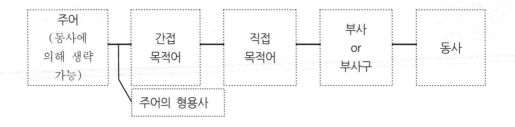

"소년이 아름다운 소녀에게 장미를 준다." 이 문장을 라틴어로 옮기면 다음과 같다.

1) Puer puellae pulchrae rosam dat.
2) Pulchrae puellae puer rosam dat.
3) Pulchrae puellae rosam dat puer.

4) Rosam puer puellae pulchrae dat.

어순에 상관없이 의미는 같다고 하여도, 1)의 번역이 구문론5)상 가장 잘된 번역이다. 문장 안에서 동사는 인칭과 수에 있어서 주어와 일치해야 한다. 또 명사 어미 ―ae와 같이 여러 가지 격(단수 속격, 단수 여격, 복수 주격, 복수 호격)을 나타내는 경우에는 어순과 문맥의 의미에 따라 단어의 격을 파악해야 한다.

일반적으로 로마인들은 독자나 청자의 관심을 끌기 위해 동사를 문장의 맨 끝에 놓는 경향이 있었다. 또한 형용사와 속격 명사는 일반적으로 수식하는 단어 뒤에 놓곤 하였다.

VI. 오늘날 자주 사용되는 라틴어 약어

N.B.	Nota bene!	주의! 일러두기!
e.g.	exempli gratia	예, 보기
cf.	confer!	참조. 라틴어 동사 원형은 confero임
i.e.	id est	곧, 말하자면, 즉
etc.	et cetera	기타 등등
opp.	oppositum	반대(말)
t.t.	terminus technicus	전문용어
et al	et alii	그 밖의 다른 저자
ed.	editio, editor	판, 편
p.	pagina	쪽, 면
A.D.	Anno Domini	원뜻은 '주님의 해', 서기
a.Chr.n.	ante Christum natum	원뜻은 '그리스도 탄생 전', 기원전
p.Chr.n.	post Christum natum	원뜻은 '그리스도 탄생 후', 기원후
P.S	post scriptum	후기, 추신
a.m.	ante meridiem	원뜻은 "정오 전", 오전
p.m.	post meridiem	원뜻은 "정오 후", 오후
@	ad	(praep.) ~에게, ~에
&	et	그리고, ~과
Millennium	mille+anni	천년대
FAX	fac simile!	"비슷하게 만들어라!"
BUS	omnibus	"모든 사람에게 (승차가 허용됨)"

op.cit.   opus citatum   상게서

5) 문법 용어에서 "구문(syntax)"이라는 용어는 그리스어 동사 "syntattein(배열하다)"에서 유래하는데, 그 의미는 원래 군대를 질서 있게 정렬시킨다는 뜻이었다.

원뜻은 '인용된 작품'. 논문 각주에서 앞에서 인용한 동일 저자의 글을 독자에게 알리기 위한 방법이다.

ibid.   ibidem 또는 idem   상동

원뜻은 '같은, 동일한'. 논문 각주에서 바로 위의 인용과 같을 때 사용한다. 우리말로 옮기면 '위와 같음' 정도로 옮길 수 있을 것이다.

loc.cit.   loco citato   인용한 텍스트에서

원뜻은 '인용한 곳에서'. 논문 각주에서 바로 위의 인용한 저자와 같은 쪽에서 다시 인용했을 때 사용한다.

VII. 라틴어 발음

오늘날 라틴어 발음에 대한 문제는 일선 학교에서 라틴어를 처음 접하는 학생들이 많이 겪는다. 그 이유는 다른 현대어와 달리 평소에 사람들이 라틴어로 말하는 것을 들을 기회가 거의 없으므로 수업 시간의 이론적인 설명만으로는 피부에 와 닿지 않기 때문이다.

라틴어의 발음은 이탈리아어처럼 로마자 발음을 따르지만, 라틴계 국가와 영미계 국가의 독특한 발음과 강조에 따라 똑같은 단어라도 각기 달리 발음한다.

그렇다면 라틴어는 어떻게 발음하고 읽을까? 라틴어의 발음, 읽는 방식은 상고시대(latino arcaico)의 발음도 있지만, 이것을 제외하고 크게 두 가지로 나뉜다.

첫째, 흔히 '스콜라 발음', 또는 '로마 발음'이라고 하여 오늘날 이탈리아 학교에서 사용하는 방식이다. 이것은 4~5세기부터 시작하여 중세를 거쳐 로마 가톨릭교회가 사용한 방식으로 변화와 발전을 거쳐 현재 이탈리아 중·고등학교에서 널리 읽히는 방식이다. 이를 소위 '학교 발음(pronuntiatio scholae)' 또는 '스콜라 라틴어(Latinitas scholastica)'라고 한다. 저명한 라틴 학자 Alfonso Traina는 "페트라르카와 파스콜리처럼 우리도 치체로(키케로)가 발음한 대로 발음한다."고 말하였다.[6]

둘째, '고전 발음' 또는 '복원 발음'이라고 하여 르네상스 시대에 고전 문헌을 토대로 복원한 발음이다. 이 발음은 르네상스 시대의 대표적 인문학자인 에라스무스가 저술한 *Dialogus de recta Latini Graecique sermonis pronuntiatione*(『올바른 라틴어 및 그리스어 발음에 관한 문답』)에서 출발한다. 그러나 고전 발음을 복원하려는 시도는 고전 문헌의 초기 작가와 후기 작가, 시대와 지역에 따라 다르고, 무엇보다도 모음의 장단을 복원한다는 것이 사실상 불가능하기 때문에 오늘날 이 발음 방식은 더 이상 따르지 않는다.[7]

---

6) A. Traina, *Propedeutica al latino universitario*, Bologna 1986, p. 67.

이 두 가지 발음 방식 가운데 어느 것 하나도 옳고 틀린 것은 없다. 다만 우리는 오늘날 유럽의 학교에서 사용하는 스콜라 발음을 선택하여 라틴어 발음의 특징을 설명할 것이다.

NON SCHOLAE, SED VITAE DISCIMUS(Seneca).
"우리는 학교를 위해서가 아니라, 인생을 위해서 공부한다."8)
1. 로마 발음: 논 스콜래, 세드 비때 디쉬무스.
2. 고전 발음: 논 스콜라에 세드 위이타에 디스키무스.

로마 발음과 고전 발음의 차이 중 하나는 "c, p, t, v"의 발음이다. 로마 발음은 "ㄲ, ㅃ, ㄸ, ㅂ"으로 발음하고, 고전 발음은 "ㅋ, ㅍ, ㅌ, 위"로 발음한다.

 쉬어 가는 문법사 이야기

발음

라틴어의 발음은 국가와 시대에 따라 다르지만, 그 흔적은 오늘날에도 뚜렷이 남아 있다. 오늘날 라틴학계에서는 상고 발음이 지배적이지만, 법학의 라틴어는 고전 발음보다는 스콜라 발음이 강세이다. 또 국제 학술 대회에서는 영미-독일계 학자들은 상고 발음을 고수하고, 이탈리아나 스페인 학자들은 스콜라 발음을 쓰지만, 서로 다 알아듣는다. 이렇게 서로 달리 발음하는 데는 문화적 자존심이 배경에 깔려 있다. 영미-독일권의 문화는 18세기부터 유럽 문화에서 주도권을 잡았기 때문에 로마제국과 중세와의 차별성을 두기 위해 그리스 문명에서 자신들의 근원5을 찾았고, 이 때문에 상고시대 발음을 고수하는 것이다. 반면에 라틴계(프랑스, 이탈리아, 스페인 그리고 남미권 국가)는 그리스-로마-중세-근대로 유럽 문화가 이어져 왔으며 자신들의 문화가 그 맥을 이어 왔다고 자부하기 때문에 로마 발음, 즉 스콜라 발음을 중시하는 것이다.

굉장히 복잡한 이야기 같지만, 이렇게 생각해 보면 쉽다. 라틴어는 과거 유럽의 공용어였고, 당시 서구 세계에서는 오늘날 영어처럼 '세계 만민 공용어'나 다름없었다. 오늘날 영어가 각 지역과 나라마다 발음이 조금씩 달라지고 콩글리쉬와 같은 영어의 변형들이 나타나듯이, 라틴어도 사용된 지역과 시기마다 달라질 수밖에 없었다. 이렇게 조금 넓은 시각으로 복잡한 라틴어의 발음 문제를 이해하면 조금 쉬울 것이다.

---

7) N. Flocchini, P. Guidotti Bacci, M. Moscio, *Maiorum Lingua-Manuale*, Milano 2007, p. 37.
8) 이 문장에서 "scholae"와 "vitae"는 여격 "~에"로 해석하는 것이 아니라, "~을 위하여"란 의미의 "이해 여격"으로 해석하여야 한다. 이런 내용에 대해서는 앞으로 구문론 편에서 다루도록 하겠다.

모음

라틴어 문자 중 a, e, i, o, u와 y 여섯 모음은 로미식 발음을 하여 '아, 에, 이, 오, 우'와 '이'로 발음한다. 그리고 각 모음 단독으로 또는 자음과 만나 한 소리를 내는데 이를 한 음절(syllaba)이라 한다. 라틴어의 모음은 장모음과 단모음 두 가지로 발음된다. 장모음은 단모음의 두 배 정도의 길이로 발음하고 ā, ē, ī, ō, ū로 표기하며, 단모음은 ă, ĕ, ĭ, ŏ, ŭ로 표기한다. 모음 y는 그리스어를 라틴어로 옮기는 과정 중에 들어온 모음이다(예: Mysia).

• 모음 i

i가 단어 처음에 있을 때

Iulius 율리우스   iustitia 유스티티아(정의)   iam 얌(이미)

i가 단어 중간에 있을 때

huius 후유스(이것의)   Maius 마유스(5월의)

반모음 i는 후에 j가 된다. iustitia → justitia → justice.

산스크리트어 y 음가의 영향을 받아 형성된 라틴어 단어들이다.

• 모음 u

반모음 u는 현대 라틴어에서는 v로 표기되지만 고전 라틴어에서는 u로 표기되었다. 후에 반모음 i가 j로 바뀌었듯이, 반모음 u도 v로 바뀌며, 발음 방식은 고전 발음에 해당한다.

uita → vita   uenio → venio

• 이중모음(diphthongus)

이중모음이란 두 개의 모음이 결합하여 하나의 음절로 발음되는 것을 말한다. 라틴어 이중모음은 다음과 같다.

au → aurum 아우룸(금)

ae → saepe 쌔뻬(가끔)

oe → poena 푀나(벌)

eu → Europa 에우로빠(유럽)

ei → deinde 데인데(그러고 나서)

ui → qui 뀌(어느, 무슨)

yi → Harpyia 하르피아[9]

---

9) 베르질리우스의 서사시 '아이네이스' 제3권에 얼굴과 몸은 여자 모양이고 새의 날개와 발톱을 가진 탐식하는 신화상의 동물이다. 이 동물은 결코 채울 수 없는 배 때문에 언제나 배가 고파서 못 견디는 새로,

N.B. 악센트 트레마(¨): 트레마는 두 개의 연이은 모음이 이중모음이 아니라 따로따로 발음해야 함을 표시하는 강세 부호이다. aër(아에르) 공기, poëta(뽀에따) 시인

이중모음 au는 '아우', ae는 '애', oe는 '외', eu는 '에우', ei는 '에이', ui는 '위', yi는 '이'로 발음한다. 이 가운데 자주 사용하는 이중모음은 ae, oe, au, eu이며 ei, ui, yi는 드물게 사용한다.
이중모음 oe, yi는 그리스어에서 유래하는 어휘를 옮기는 과정에서 발생하였다.
이중모음 ui는 대명사 qui, cui, huic에서는 '위'라고 발음하면 된다. 그 밖의 곳에서는 두 개의 모음이 각각 독립적으로 발음된다. 가령 fuit는 '푸이트'로 발음한다.
영어 wet와 yet에 나오는 'w, y'는 발음상으로 보면 모음 같지만 기능상으로 자음이듯이, 라틴어 모음 i/j와 u 뒤에 다른 모음이 따라오면 반모음(*semivowel*)이 된다.

자음
라틴어 자음은 대부분 영어 자음과 비슷한 로마자 발음을 한다.

•각 자음의 발음법
N.B. [ ] 속의 발음은 고전 발음이다.

자음	발음법
B	•'ㅂ'으로 발음 •barba 바르바(턱수염)　　　　　sub 수브(아래)
C	•c 다음에 모음 a, o, u가 오면 '까, 꼬, 꾸'로 발음한다. •대괄호 안의 발음은 고전 발음이다. •castellum 까스텔룸[카스텔룸] 요새, 성 •culpa 꿀빠[쿨파] 과오, 탓
	•c 다음에 모음 e, i, y가 오면 '체, 치, 치'로 발음한다. •Cicero 치체로[키케로]　　　　census 첸수스[켄수스] 인구조사
	•c가 ac, ec과 같이 모음 뒤에 오면 ㄱ 발음을 하여 '악, 엑'으로 발음한다. 　ac 악(그리고)　　　　　　　ecce 엑체(보아라) 　ecclesia 엑클레시아(집회, 교회)
	•고전 라틴어에서는 ca, ce, ci, co, cu를 '카, 케, 키, 코, 쿠'로 발음한다. •우리나라에서 고전 라틴어의 이름을 표기할 때, 이러한 고전 발음을 따른다. 　Cicero [키케로]　　　　　Caesar [카에사르]
D	•'ㄷ'으로 발음한다. difficilis 디피칠리스(어려운)　　　damnum 담눔(손해)

이후에 '식탐가, 지독한 욕심쟁이'를 지칭하는 말이 되었다.

F	• 영어의 'f'와 같이 아랫입술을 윗니에 댔다가 떼면서 발음한다. fames 파메스(기아)　　　　　　　figura 피구라(모습)
G	• a, o, u 앞에서는 '가, 고, 구'로 발음한다. gaudium 가우디움(기쁨)　　　　　　Golgotha 골고타 guberno 구베르노(통치하다)
	• e, i 앞에서는 '제, 지'로 발음한다. genesis 제네시스(탄생)　　　　　　　gigas 지가스(거인)
	• 서로 다른 자음이 결합 된 중자음 gn은 gna(냐), gne(네), gni(니), gno(뇨), gnu(뉴)로 발음한다. gnaritas 냐리따스(지식)　　　　　　Agnes 아녜스 agnomen 아뇨멘(별명)　　　　　　　agnus 아뉴스(어린양)
	• 고전 라틴어에서는 모든 경우에 ㄱ 발음을 하여 모음 뒤에서는 ag, eg 등을 '악, 엑'으로 발음한다.
H	• 'ㅎ'으로 발음한다. • 간혹 모음 뒤에 쓰일 때에는 그 앞에 놓인 모음을 길게 발음한다. habitus 하비뚜스(습관)　　　　　　historia 히스토리아(역사) Ah! 아! (감탄사)
J	• 라틴 자모의 열 번째 글자로 자음 '이'로 발음하고, 모음 i와 같이 발음된다. 원래 모음 i와 똑같이 표기되었으나, 고대인들은 별개의 문자인 자음으로 인정하였고, 철자도 j로 표기하였다. 경우에 따라 j를 i로 바꿔 놓기도 하기 때문에, j로 사전을 찾다 없으면 i에서 찾아야 한다. Japonia 야포니아(일본)　　　　　　J(I)esus 예수스(예수) j(i)ustitia 유스띠찌아(정의)　　　　j(i)uventus 유벤뚜스(청춘, 20~40대)[10]
K	• 'ㅋ'이나 'ㄱ' 발음이 난다. • 라틴 자모의 열한 번째 글자로서 그리스어 K(kappa)를 옮긴 것이다. 그러나 후에 거의 사라져 버리고 C로 대치되면서 Kal.=Kalendae(Ca-) 등과 같이 오직 약어의 형태로만 남아 있다. 오늘날은 외래어, 특히 그리스어 표기에만 쓰이고 있다. 사전을 보아도 한 쪽 분량의 어휘 정도밖에 없다. Kalendae 칼렌대(초하루)　　　　　krisis 크리시스(위기) klimaktérĭum 클리막테리움(폐경기)
L	• 'ㄹ'로 발음한다. labor 라보르(일)　　　　　　　　　lacrima 라크리마(눈물) legio 레지오(군대)　　　　　　　　logica 로지카(논리학)
M	• 'ㅁ'으로 발음한다. magnificentia 마니피첸띠아[마그니피켄티아](장엄) medium 메디움(중간)
N	• 'ㄴ'으로 발음한다. naris 나리스(코)　　　　　　　　　necessitas 네체씨따스(필요)

P	•'ㅃ'으로 발음한다. pater 빠떼르(아버지)　　　　　　　　pax 빡스(평화) populus 뽀뿔루스(백성)
Q	•q는 반드시 u와 함께 쓰며 'ㄱ' 또는 'ㄲ' 발음을 한다. qua(꽈), que(꿰), qui(뀌), quo(꿔)로 발음한다. quando 꽌도(언제)　　　　　　　　querel(l)a 꿰렐라(넋두리, 푸념) quia 뀌아(~이기 때문에)　　　　　　quot 꿔트(몇)
R	•영어의 r 발음과 같다. 로마인들은 이 자음을 littera canina라고 불렀는데, 그 이유는 이 발음이 개가 으르렁대는 소리를 연상시켰기 때문이다. rana 라나(개구리)　　　　　　　　　regina 레지나(여왕) Roma 로마
S	•영어의 see의 /s/처럼 항상 무성음이다. 절대 영어의 ease/ʒ/와 같이 'ㅈ'으로 발음하지 않는다. sed 세드(그러나)　　　　　　　　　　satisfactio 사띠스팍띠오(만족)
T	•'ㅌ, ㄸ'로 발음된다. 결코 영어의 nation, mention처럼 sh/ʃ/로 발음하지 않는다. •t 앞에 t, s, x 등의 철자가 있으면 'ㅌ'로 발음한다. mixtio 믹스티오(혼합)　　　　　　　hostia 호스티아(희생물) studium 스투디움(공부)
T	•ti 다음 모음이 오면 tia(띠아), tie(띠에), tii(띠이), tio(띠오), tiu(띠우)로 발음한다. 가령 "totius 또띠우스(전부의), bestia 베스띠아(짐승)"라고 발음한다. 반면 고전 라틴어에서는 "토티우스, 베스티아"라고 발음한다. •ti에 강세가 없고 모음이 선행하면 'zi'로 발음한다. ămicítĭa 아미치찌아(우정)　　　　　grátĭa 그라찌아(감사) nátĭo 나찌오(백성)
U, V	•고전 발음에서 반모음 u는 v로 대체되지 않고 그대로 u로 표기하고 발음되었다. 따라서 vivere, valeo, caveo 등의 단어들은 uiuere, ualeo, caueo라고 표기하였으며, "위에러, 위알레오, 카위에오"라고 발음하였다. •로마 발음은 반모음 u를 v로 대체, 표기하여 영어의 w로 발음한다.[11]
X	•영어의 axle처럼 'ks'(-ㅋ스) 소리로 발음된다. 절대 영어의 exert처럼 gz로 발음되지 않는다. expertus 엑스뻬르뚜스(검증된)　　　nox 녹스(밤)
Z	•그리스어 Z를 옮겨 적은 것으로 /ds/, /s/로 발음하였고, 우리말로는 'ㅈ'으로 발음한다. zelus 젤루스(열망, 질투)　　　　　　zona 조나(지역)

---

10) 로마 시대는 20~40대가 병역 적령자였음.

11) 현대어의 W자는 로마인들이 기원전 114년 알파벳을 도입할 때 그리스어 Υ/υ(윕실론)의 꼬리를 떼고 V 또는 U로 표기한 데서 비롯한다. 1000년경 V자를 겹쳐서 vv 또는 uu로 사용하기 시작한 뒤로 프랑스어계는 double V로, 영어계는 double U로 사용하였다. 따라서 라틴어에는 W로 시작하는 단어가 없다.

•이중자음의 발음

자음	발음법
Ch	•자음 K와 같이 'ㅋ', 'ㄲ'으로 발음 Christus 크리스뚜스(그리스도)
Ph	•자음 F로 발음 philosophia 필로소피아(철학)
Rh	•자음 R로 발음 rhetorica 레토리까(수사학)
Sc	•-a, -o, -u와 함께 '스까, 스꼬, 스꾸'로 발음한다. 단 -e, -i와 함께인 경우, sce(쉐), scelus(셸루스), sci(쉬)로 발음한다.
Th	•'ㅌ'으로 발음: theologia(테올로지아)로 발음한다.
Gn	•gna(냐), gne(녜), gni(니), gno(뇨), gnu(뉴)로 발음한다.

 쉬어 가는 문법사 이야기

ch와 ph 등의 중자음은 후에 영어와 라틴계 유럽어의 어휘를 구성할 때 영어와 독일어
어휘는 라틴어를 그대로 따라 ch, ph를 사용하고, 라틴계 유럽어는 발음을 따라 /ʃ/, /f/로
사용하게 된다.

악센트
라틴어 단어들은 영어와 마찬가지로 어떤 한 음절에 강세(악센트)를 주어 발음한다.

1) 두 개의 음절을 갖는 단어는 그 첫 번째 음절에 강세가 온다.
　sér-vo 쎄르-보　　　　　　　saé-pe 쌔-페　　　　　ní-hil 니-힐

2) 셋 또는 그 이상의 음절을 갖는 단어
•끝음절에서 두 번째 음절에 강세를 준다.
　ser-vā́-re 세르-바-레　　　　cōn-sér-vat 콘-세르-밧
　for-tū́-na 포르-투-나(운)

•두 번째 음절이 단모음이면 하나 올라가 세 번째 모음에 강세를 준다.
　mó-ne-ō 모-네-오(권고하다)　pá-tri-a 빠-뜨리-아(조국)
　pe-cū́-ni-a 뻬-꾸-니-아(돈)　vó-lu-cris 볼-루-크리스(새, 날개 달린 곤충)

모음의 장단

a, e, i, o, u, y는 독립적으로 소리 날 수 있는 모음이었다. 그런데 이들 모음은 글자는 같은 것이면서, 경우에 따라서 어떤 때는 장모음이 되고, 어떤 때는 단모음이 된다. 사전에 모음 위에 작대기 또는 가랑이표를 가로 그어 놓은 것은 긴 모음의 표시이고, 활등 같은 표를 그어 놓은 것은 짧은 모음의 표시이다. 가령 'ōs, ōris, n. 입', 'ŏs, ossis, 뼈', 'mālum, −i, n. 사과', 'mălum, −i, n. 악'처럼 장단 모음에 따라 의미가 달라진다. 본 교재는 설명과 예문이 동시에 들어가야 하고 워낙 방대한 내용을 담고 있다 보니, 책 전체의 부피를 고려해서 강세의 장단 모음 표기는 본문에 하지 않고 부록에 있는 단어장에 실었다. 그러나 모음의 장단은 오늘날에 와서는 실제로 발음하거나 쓰는 데 있어서 대부분의 경우 정확한 구별을 하지 않고 있다. 다만 악센트의 위치 결정이라든가, 특별한 격의 표시를 위해서만 이용되고 있을 정도이다.

라틴어 모음의 장단을 알아보는 기본적인 규칙

1) 자음이 두 개 이상 이어질 때 그 앞의 모음은 장모음이다. e.g. Chrīstus
2) 모음이 두 개 이어질 때 앞의 모음은 단모음이다. e.g. ecclesĭa
3) māter, frāter: 로마인들은 장모음을 정확하게 단모음 길이의 두 배로 발음하였다.

Loqui Latine! 라틴어로 말하기

감사:

Gratias (tibi/vobis ago). (당신에게/당신들에게) 감사합니다.

 N.B. gratias ago aliqui(여격: tibi, vobis). "~에게 감사하다"라는 관용어적 표현

Gratias plurimas/ingentes. 대단히 감사합니다.

Gratias ineffabiles/maximas.

Non est causa. 천만에.

Libenter! 별말씀을! (원뜻은 기꺼이, 흔쾌히)

Sis. (단수)/Sultis. (복수) 제발.

Pars 1
Nomen
명사

이 장에서는 명사에 대해 살펴본다. 라틴어에는 제1변화에서 제5변화까지 규칙적인 어미변화를 하는 명사가 있고, 불규칙적으로 어미변화를 하는 명사가 있다. 다음 장에서 배우게 될 형용사도 명사의 어미변화를 그대로 따르기 때문에 주의 깊게 학습하길 바란다.

Prima Declinatio Nominum

제1변화 명사

제1변화 명사는 단수 주격의 어미가 -a, 단수 속격의 어미가 -ae로 끝나는 동일한 형태를 취하고 있다. 제1변화 명사는 대부분 여성명사이며, 약간의 남성명사도 존재한다.

격 \ 수	sg.	pl.
nom.	ros-a	ros-ae
gen.	ros-ae	ros-arum
dat.	ros-ae	ros-is
acc.	ros-am	ros-as
abl.	ros-a	ros-is
voc.	ros-a	ros-ae

• 대표적인 제1변화 명사

agricultura, -ae, f. 농업   aqua, -ae, f. 물

constantia, -ae, f. 항구성   casa, -ae, f. 집

causa, -ae, f. 원인, 소송   corona, -ae, f. 화관, 왕관

epistula, -ae, f. 편지   fama, -ae, f. 소문, 명성

familia, -ae, f. 가정   forma, -ae, f. 모양, 고운 몸매

formica, -ae, f. 개미   fortuna, -ae, f. 행운, 운명

historia, -ae, f. 역사   ira, -ae, f. 화, 분노

iustitia, -ae, f. 정의   iniustitia, -ae, f. 불의, 불평등

insula, -ae, f. 섬   luna, -ae, f. 달

magistra, -ae, f. 여선생   mensa, -ae, f. 책상, 식탁

patria, -ae, f. 조국, 자기 나라   pecunia, -ae, f. 돈

planta, -ae, f. 식물   porta, -ae, f. 문, 입구

puella, -ae, f. 소녀, 젊은 여자   regina, -ae, f. 여왕

rosa, -ae, f. 장미   sapientia, -ae, f. 지혜

schola, -ae, f. 학교   silva, -ae, f. 숲

stella, -ae, f. 별1)   terra, -ae, f. 땅

via, -ae, f. 길   violentia, -ae, f. 폭력

vita, -ae, f. 인생

제1변화 명사는 대부분 여성명사이지만, 예외적으로 약간의 남성명사가 있다. 제1변화 남성
명사들 역시 제1변화 여성명사와 어미변화 형태는 동일하다.

• 제1변화 남성명사의 예

agricola, -ae, m. 농부   advena, -ae, m. 이방인

nauta, -ae, m. 선원   poeta, -ae, m. 시인

격＼수	sg.	pl.
nom.	agricol-a	agricol-ae
gen.	agricol-ae	agricol-arum
dat.	agricol-ae	agricol-is
acc.	agricol-am	agricol-as
abl.	agricol-a	agricol-is
voc.	agricol-a	agricol-ae

|예외| 격(格)에 있어서 예외 명사

• 단수 속격(gen.)이 −as로 불규칙한 어미 격변화를 하는 경우

familia(가정, 가족)가 pater(아버지), mater(어머니), filius(아들), filia(딸) 등과 같이 로마법상
의 법률적 성격을 나타내기 위해 사용될 때는 단수 속격이 familias가 된다.

pater familias 가장   mater familias 주부

filius familias 가남(家男)   filia familias 가녀(家女)

다음의 여성명사들은 비슷한 뜻을 가진 남성명사의 복수 여격과 구별하기 위해 복수 여격과
탈격이 −abus가 된다.

남성명사		여성명사	
animus, -i, m. 정신, 마음	animis	anima, -ae, f. 영혼	animis → animabus
deus, -i, m. 신	deis	dea, -ae, f. 여신	deis → deabus

---

1) 별을 뜻하는 라틴어 "*stella*", 영어의 "*star*", 독일어의 "*stern*"은 인도유럽어 어근 tr에 's'를 첨가하여
형성된 단어이다.

famulus, -i, m. 하인	famulis	famula, -ae, f. 하녀	famulis → famulabus
filius, -i, m. 아들	filiis	filia, -ae, f. 딸	filiis → filiabus
libertus, -i, m. 자유인	libertis	liberta, -ae, f. 자유인 여자	libertis → libertabus

E.g. filiis et filiabus 아들과 딸들에게, deis et deabus 신들과 여신들에게 등.

animus, -i, m. 정신, 마음   anima, -ae, f. 영혼

성 격 ＼ 수	m.		f.	
	sg.	pl.	sg.	pl.
nom.	animus	animi	anima	animae
gen.	animi	animorum	animae	animarum
dat.	animo	animis	animae	animis → animabus
acc.	animum	animos	animam	animas
abl.	animo	animis	anima	animis → animabus
voc.	anime	animi	anima	animae

외국어(대부분 그리스어)에서 유래한 단어로, 단수 주격의 어미가 제1변화 명사 어미 형태 –a가 아닌 –as, –es(남성 어미), –e(여성 어미)로 끝나는 경우도 있다. 그러나 단수 주격을 제외하고는 제1변화 명사의 어미변화 형태와 비슷하게 변화한다.

	-as	-es	-e
nom.	Aene-as, m. (인명)	pyrit-es, m. 부싯돌	epitom-e, f. 개요
gen.	Aene-ae	pyrit-ae	epitom-es
dat.	Aene-ae	pyrit-ae	epitom-ae
acc.	Aene-am	pyrit-en(-am)	epitom-en
abl.	Aene-a	pyrit-a(-e)	epitom-e
voc.	Aene-a	pyrit-a(-e)	epitom-e

•–as형 단어

Andreas, -ae, m. 안드레아   Lucas, -ae, m. 루카

Pythagoras, -ae, m. 피타고라스   Thomas, -ae, m. 토마스

•–es형 단어

cometes, -ae, m. 혜성, 꼬리별   Anchises, -ae, m. 안키세스(그리스신화)

•–e 형 단어

aloe, -es, f. 알로에

|예외| 수(數)에 있어서 예외 명사

• 단수로만(Singularia tantum) 쓰는 명사

추상적 개념을 나타내는 다음의 명사는 단수로만 쓴다.

audacia, -ae, f. 용기   iustitia, -ae, f. 정의

sapientia, -ae, f. 지혜

• 복수로만(Pluralia tantum) 쓰는 명사

deliciae, -arum, f. 즐거움, 쾌락   divitiae, -arum, f. 재산, 재물

insidiae, -arum, f. 간계, 복병   minae, -arum, f. 협박, 위협

nuptiae, -arum, f. 결혼   thermae, -arum, f. 온천

Athenae, -arum, f. 아테네   Cannae, -arum, f. 칸나에

Cumae, -arum, f. 쿠마   Syracusae, -arum, f. 시라쿠사

Thebae, -arum, f. 테베

• 단수와 복수의 의미가 다른 명사

copia, -ae, f. 많음, 풍성, 풍요   copiae, -arum, 양식, 군대

fortuna, -ae, f. 운, 행운, 운명   fortunae, -arum, 재산, 부(富)

littera, -ae, f. 글자   litterae, -arum, 편지, 문학

opera, -ae, f. 수고, 노력   operae, -arum, 노동자

vigilia, -ae, f. 깨어 있음, 경비   vigiliae, -arum, 경계병

꼭 알아야 하는 동사: "sum" 동사

"무엇은 무엇이다", "누구는 ~이다"라고 서술할 때, 라틴어에서는 sum이라는 연계 동사를 사용한다. 동사 원형은 esse이다. 영어의 *be* 동사와 유사하다고 생각하면 된다. 직설법 현재는 다음과 같이 변화한다.

ego 나	sum	nos 우리	sumus
tu 너	es	vos 당신	estis
ille/a 그/그녀	est	illi/ae 그(녀)들	sunt

형용사와 함께 썼을 때는 "~하다"라는 의미이다.

　Amicus bonus est. 친구는 착하다.

　Amica bona est. (여자) 친구는 착하다.

꼭 알아야 하는 불변화사

"in"

전치사 in은 영어와 마찬가지로 "안에, 안으로"라는 뜻이지만, in 다음에 오는 명사가 대격(acc.)이냐, 탈격(abl.)이냐에 따라 그 뜻이 다르다.

in+acc. (장소) ~안으로, (시간) ~까지, (관계) ~을 향해서(=ad, per)

in+abl. (장소) ~안에, (시간) ~동안에, (관계) ~로서

in terram(acc.) 지구를 향해서　　　　　in terra(abl.) 지구에

In silvis formicae sunt. 숲에 개미들이 있다.

"et"

라틴어 접속사 et는 영어의 *and*로 생각하면 쉽다. 같은 격의 단어들을 나열할 때 마지막 단어 앞에 et를 쓴다. 영어를 포함한 현대 유럽어는 이러한 라틴어의 접속사 형식을 따른 것이다.

filius et filia 아들과 딸　　　　　luna, stella et terra 달, 별, 그리고 땅

"sed"

라틴어 접속사 sed는 영어의 *but*과 동일한 뜻을 가지며 "그러나"라고 해석한다.

"sine"

전치사 sine는 영어의 *without*과 동일한 의미로, "~없이"라고 해석한다.

Exercitatio　(해답은 부록 100쪽 참조)

1. 다음 라틴어를 우리말로 옮기시오.

1) via iustitiae

2) violentia familiae

3) fortuna vitae

4) schola agriculturae

5) corona reginae

6) luna et stella

7) Via iustitiae in constantia est.

8) Iniustitia causa violentiae est.

2. 다음 중 옳은 뜻을 고르시오.

1) historiae   a) 역사의   b) 역사들이   c) 역사에

2) agricolam   a) 농부가   b) 농부를

3) epistulis   a) 편지로   b) 편지들로

4) familiarum   a) 가족들의   b) 가족의

3. 다음 단어의 뜻을 쓰시오.

1) a) sapientiam   b) sapientiae   c) sapientia

2) a) scholae   b) scholis   c) scholam

4. 다음 우리말을 라틴어로 옮기시오.

1) 정의의 역사   2) 지혜의 학교

3) 불의의 원인   4) 물과 땅

5. 다음 문장을 우리말로 옮기시오.

1) Domina est in casa.

2) Via est in insula.

3) In mensa rosae sunt.

4) Graecia, poetarum patria, magistra Romae est.

6. 둘 중 옳은 것을 고르시오.

1) Aqua _____ est.

   a) in amphora   b) ad amphoram

2) Nautae _____ remeant.

a) ad insulam   b) in insula

N.B. remeo(돌아가다), venio(가다) 등이 기동 동사는 ad, in, per ⊦ acc. 형태를 사용하여 움직임의 방향을 나타낸다. 반면 전치사 a는 탈격 요구 전치사로 움직임의 방향을 나타낸다. 전치사의 용법에 대해서는 "Pars 5, Lectio II. 전치사" 참조.

3) Agricolae _____ veniunt.

   a) in silva   b) per silvam

4) Perfugae _____ veniunt.

   a) a Graecia   b) in Graecia

---

perfuga, −ae, f. 도망자, 탈주병, 망명자   amphora, −ae, f. (양손잡이) 항아리

remeo 돌아가다   venio 오다

Loqui Latine! 라틴어로 말하기

인사:

Bonum diem! (오전, 오후) *Good morning! / Good afternoon!* 좋은 하루입니다.

Bonum vesperum! *Good evening!* 좋은 저녁입니다.

Bonam noctem! *Good night!* 좋은 밤 되세요. (잘 자요.)

만났을 때:

Salve, ave! (한 명에게) 안녕하세요!

Salvete! (여러 명에게) 안녕하세요!

헤어질 때:

Vale! (한 명에게) 안녕히 계세요! 잘 계세요!

Valete! (여러 명에게) 안녕히 계세요! 잘 계세요!

Secunda Declinatio Nominum

제2변화 명사

제2변화 명사는 단수 주격 어미가 성에 따라 각기 다른 형태(-us, -er, -um)이며, 단수 속격 어미는 모두 -i다.

수 격　　성	sg.			pl.		
	m./f.	m.	n.	m./f.	m.	n.
nom.	-us	-er	-um	-i	-i	-a
gen.	-i	-i	-i	-orum	-orum	-orum
dat.	-o	-o	-o	-is	-is	-is
acc.	-um	-um	-um	-os	-os	-a
abl.	-o	-o	-o	-is	-is	-is
voc.	-e	-er	-um	-i	-i	-a

- -us형은 주로 남성명사이지만, 예외적으로 여성·중성도 있다.
- -um형은 모두 중성명사로 단·복수 주격(nom.)과 대격(acc.)의 어미변화가 같고 복수 주격 과 대격은 언제나 -a로 끝나는 것이 특징이다.
- 제1형 남성 형용사(-us, -er)와 중성 형용사(-um)는 제2변화 명사의 어미변화를 그대로 따른 다. "Pars 2, Lectio I, II. 형용사 제1형"을 참조할 것.
- 대부분의 호격은 주격과 형태가 같지만, -us형만 호격이 -e가 된다.

I. -us형 제2변화 명사

amicus, -i, m. 친구

alumnus, -i, m. 학생

animus, -i, m. 영혼, 정신

dominus, -i, m. 주인

filius, -i, m. 아들

inimicus, -i, m. 원수, 적

discipulus, -i. m. 제자, 학생

annus, -i, m. 해(年), 나이

servus, -i, m. 종

numerus, -i, m. 수, 숫자

equus, -i, m. 말

lupus, -i, m. 늑대

mundus, -i, m. 세계

locus, -i, m. 장소, 곳

medicus, -i, m. 의사

morbus, -i, m. 질병

oculus, -i, m. 눈

격＼수	sg.	pl.
nom.	lup-us 늑대가	lup-i 늑대들이
gen.	lup-i 늑대의	lup-orum 늑대들의
dat.	lup-o 늑대에게	lup-is 늑대들에게
acc.	lup-um 늑대를	lup-os 늑대들을
abl.	lup-o 늑대로부터	lup-is 늑대들로부터
voc.	lup-e 늑대여	lup-i 늑대들이여

|예외| **성에 있어서 예외 명사**

제2변화 명사 –us 형태는 대부분 남성명사이지만, 예외적으로 여성이나 중성인 경우도 있는데, 특히, 과일나무 이름, 땅, 그리스어에서 유래하는 명사, 도시, 섬 이름 등은 여성명사이다. 이들 예외 명사도 남성명사와 똑같이 어미변화를 한다.

cerasus, -i, f. 벗나무, 버찌

fagus, -i, f. 너도밤나무

malus, -i, f. 사과나무

pinus, -i, f. 소나무

populus, -i, f. 포플러, 백양나무 (N.B. 'populus, –i, m. 백성'과 혼동하지 말 것.)

humus, -i, f. 땅

alvus, -i, f. (아랫)배, 자궁

atomus, -i, f. 원자

diphthongus, -i, f. 중음

dialectus, -i. f. 방언, 사투리

methodus, -i, f. 방법

periodus, -i, f. 시기, 시대, 단락

paragraphus, -i, f. 조항, 절

pelagus, -i, n. 대양, 큰 바다

virus, -i, n. 독약, 국물, 악취

vulgus, -i, n. 평민, 서민

"In omnibus requiem quaesivi, et nusquam inveni nisi in angulo cum libro."
"나는 사방에 안식을 찾아다녔지만, 책이 있는 공부방 말고는 어디서도 (안식을) 찾지 못했다."

－토마스 아 켐피스(Thomas à Kempis, 1380~1471)
『그리스도를 본받아(*De imitatione Christi*)』를 저술한 독일의 철학자

omnia, omnium, n. pl. 전부, 모든 것　　　　Requiem, acc., f. 위령미사, 진혼곡

requies, requietis, f. 쉼, 안식

nusquam, adv. 아무 데서도 아니

quaero 찾아다니다

angulus, −i, m. 공부방, 교실

invenio 발견하다

liber, libri, m. 책

nisi, conj. 만일 ~ 아니면, 제외하고는, 외에는

II. -er형 제2변화 명사

• −er형 제2변화 명사는 모두 남성이며, 다음과 같이 명사의 어미변화를 한다.

격＼수	sg.	pl.
nom.	puer 소년이	puer-i 소년들이
gen.	puer-i 소년의	puer-orum 소년들의
dat.	puer-o 소년에게	puer-is 소년들에게
acc.	puer-um 소년을	puer-os 소년들을
abl.	puer-o 소년으로부터	puer-is 소년들로부터
voc.	puer 소년이여	puer-i 소년들이여

• −er형 명사에는 두 가지 형태가 있다.

-er형 명사	속격에 e를 간직하는 형태	
	puer, pueri, m. 소년 (puella, -ae, f. 소녀)	
	socer, soceri, m. 장인 (socrus, -us＝socera, -ae f. 장모)	
	gener, generi, m. 사위	
	속격에 e가 생략되는 형태	
	ager, agri, m. 밭	aper, apri, m. 멧돼지
	liber, libri, m. 책	faber, fabri, m. 목수
	magister, magistri, m. 선생님	
	arbiter, -tri, m. 심판	

따라서 명사의 속격을 반드시 암기해야 실수하지 않고 어미변화를 적용할 수 있다.

|예외| vir, viri, m. 남자 (↔ femina, −ae, f. 여자)

vir는 유일하게 단수 주격이 −ir로 끝나는 제2변화 명사이다. 단수 주격을 제외하고는, 다른 제2변화 명사의 어미변화와 동일하다.

격＼수	sg.	pl.
nom.	vir	viri
gen.	viri	virorum (시어: virum)
dat.	viro	viris
acc.	virum	viros
abl.	viro	viris
voc.	vir	viri

III. -um형 제2변화 명사

제2변화 명사의 –um 형식은 모두 중성명사이며, 단·복수의 주격과 대격의 어미가 같고 복수 주격과 대격은 언제나 –a로 끝난다.

격＼수	sg.	pl.
nom.	verb-**um** 말이, 언어가	verb-**a** 말들이
gen.	verb-**i** 말의	verb-**orum** 말들의
dat.	verb-**o** 말에	verb-**is** 말들에
acc.	verb-**um** 말을	verb-**a** 말들을
abl.	verb-**o** 말에 의해, 말로	verb-**is** 말들로 인해
voc.	verb-**um** 말이여	verb-**a** 말들이여

bellum, -i, n. 전쟁

regnum, -i, n. 왕국

signum, -i, n. 기호, 징조, 군기

templum, -i, n. 신전

auxilium, -ii, n. 도움

periculum, -i, n. 위험

studium, -ii, n. 노력, 공부

donum, -i, n. 선물

damnum, -i, n. 손해

caelum, -i, n. 하늘

gaudium, -ii, n. 기쁨

beneficium, -ii, n. 은혜

imperium, -ii, n. 명령

exemplum, -i, n. 표본, 모범

IV. 제2변화 명사의 예외

1. 격(格)에 있어서 예외 명사

1) 명사 deus, -i, m. 신(神)

명사 deus는 매우 다양한 형태로 변화한다.

격 수	sg.	pl
nom.	deus 신이	dei, dii, di 신들이
gen.	de-i 신의	deorum, deum 신들의
dat.	de-o 신에	deis, diis, dis 신들에
acc.	de-um 신을	deos 신들을
abl.	de-o 신에 의해, 신으로	deis, diis, dis 신들에 의해
voc.	deus 신이여	dei, dii, di 신들이여

 쉬어 가는 문화사 이야기

아우구스투스 황제의 통치기(B.C. 43~A.D. 14)까지 deus의 호격 형태는 나타나지 않고, 다만 호라티우스(Quintus Horatius Flaccus, B.C. 65~8)가 가끔 형용사 'divus, -a, -um 신(神)의, 신적인'이 명사화된 dive를 시어로 사용했다. deus라는 호격 형태가 나타나기 시작한 것은 그리스도교 저술가들에 의해서이다. 이후 유대교와 그리스도교의 유일신 개념을 나타내기 위해 대문자를 사용하여 Deus로 표기했다. Deus의 복수 형태가 다양한 이유는 분명치 않으나, 고대의 다신교 사상에서 유래한 것으로 추측된다.

2) 복수 속격의 어미(-orum)가 -um이 되는 명사

(1) 화폐와 도량을 나타내는 명사의 경우

denarius, -i, m. 데나리우스(은화)   denarium

sestertius, -i, m. 세스테르티우스(은화 → 동화)   sestertium

nummus, -i, m. 동화, 푼돈   nummum

modius, -i, m. (도량 단위) 말(斗)   modium

talentum, -i, n. 금화(60Mina)   talentum

(2) vir와 결합한 명사의 경우

decemvir, -i, m. 십인위원회   decemvirum

triumvir, -i, m. 삼두 정치관   triumvirum

(3) faber(m. 목수), socius(m. 동료)가 praefectus(m. 감독, 장)를 수식하는 경우

praefectus fabrum (목수들의 감독) 십장   praefectus socium (동료들의 장) 반장

2. 수(數)에 있어서 예외 명사

1) 단수로만(Singularia tantum) 쓰이는 명사

aurum, -i, n. 금   argentum, -i, n. 은, 돈

plumbum, -i, n. 납   pontus, -i, m. 바다

2) 복수로만(Pluralia tantum) 쓰이는 명사

arma, -orum, n. 무기   liberi, -orum, m. 자식

inferi, -orum, m. 지옥   Superi, -orum, m. 천국, 천상 신들

spolia, -orum, n. 전리품   Delphi, -orum, m. (지명) 델피

Pompeii, -orum, m. (지명) 폼페이

3) 단·복수 의미가 다른 명사

auxilium, -ii, n. 도움, 원조   auxilia, -orum, n. pl. 증원군

bonum, -i, n. 선(善), 좋은 것   bona, -orum, n. pl. 재산, 행운

castrum, -i, n. 성(城), 성채   castra, -orum, n. pl. 야영, 진영

impedimentum, -i, n. 방해, 장애   impedimenta, -orum, n. pl. 보급품, 수송부대

ludus, -i, m. 장난, 농담   ludi, -orum, m. pl. 경기, 축제

vinculum, -i, n. 사슬, 유대   vincula, -orum, n. pl. 감옥

N.B. '도움, 선(善), 성채' 등의 단·복수 의미가 다른 명사의 복수는 이와 비슷한 단어의
복수를 사용하면 된다. 가령 '도움'의 복수는 비슷한 말인 'subsidium, −ii, n.'의 복수형
'subsidia' 또는 'adiumentum, −i, n.'의 복수형 'adiumenta'를 사용한다. '성(城), 성채'의
복수는 'castellum, −i, n.'의 복수 'castella'를 쓴다.

Exercitatio   (해답은 부록 101쪽 참조)

1. 다음 명사들을 단, 복수 주격에서 탈격까지 어미변화 하시오.

1) discipulus

	sg.	pl.
nom.		
gen.		
dat.		
acc.		
abl.		

2) malus (N.B. 남성일 경우 '돛대', '말뚝'이라는 의미)

	sg.	pl.
nom.		
gen.		
dat.		
acc.		
abl.		

3) bellum

	sg.	pl.
nom.		
gen.		
dat.		
acc.		
abl.		

4) liber

	sg.	pl.
nom.		
gen.		
dat.		
acc.		
abl.		

5) damnum

	sg.	pl.
nom.		
gen.		
dat.		
acc.		
abl.		

6) vir

	sg.	pl.
nom.		
gen.		
dat.		
acc.		
abl.		

2. 다음 명사의 가능한 모든 의미를 우리말로 옮기시오.

1) a) faber   b) fabris   c) fabrum

2) a) castra   b) castris   c) castrorum

3) a) bellum   b) bella   c) belli

3. 다음 문장을 우리말로 옮기시오.

1) Vulgi in castro non habitant.

2) Inimici saepe pugnare desiderant.

3) Bellum terret populos et regno dat damnum magnum.

4) Socer semper generos suos amare debet.

semper, adv. 항상	terreo 위협하다
saepe, adv. 종종	pugno 싸우다
desidero 원하다	amo 사랑하다
debeo 해야 한다	habito 가지다, 살다

4. 다음의 우리말을 라틴어로 옮기시오.

1) 메르쿠리우스(Mercurius)는 신들의 전령(nuntius, -ii, m.)이다.

2) 주인이 종을 집으로 보낸다(mitto, is, misi, missum, mittere).

Loqui Latine! 라틴어로 말하기

안부 인사(Q & R: Quaestio et Responsio)

Q: Ut vales? 어떻게 지내십니까?

R: Bene (moderate/male) mihi est. 잘 (그럭저럭/나쁘게) 지냅니다.

Q: Quomodo te habes? 어떻게 지내십니까?

R: Optime (pessime) me habeo. 아주 잘 (나쁘게) 지냅니다.
   Satis bene. 그럭저럭 지냅니다. /Non bene. 좋지 않습니다.
   Et tu? 당신은 어떻습니까?

se habeo 지내다, 건강이 어떻다(좋다, 나쁘다) quaestio, -onis. f. 질문
responsio, -onis. f. 답변, 대답

Tertia Declinatio Nominum

제3변화 명사

고전 라틴 문학에서 명사의 어휘별 빈도수를 연구한 결과, 제1변화 명사가 21%, 제2변화 명사가 26%, 제3변화 명사가 43%, 제4변화 명사가 9%, 제5변화 명사가 1%를 차지하는 것으로 나타났다. 따라서 라틴어 명사 가운데 제3변화 명사의 학습은 중요한 비중을 차지한다.

제3변화 명사는 인도유럽어의 가장 전형적인 명사 형태에 따라 어간과 성의 구별, 음운 변화가 매우 다양하다. 이러한 이유에서 제3변화 명사의 주격은 그 명사의 성을 구별할 만한 고정된 어미 형태가 없다. 따라서 그 명사의 단수 속격(-is)을 유의하여 그 어간을 암기하고, 나머지 다른 격들에서는 어떤 어간에 어떤 어미를 연결할 것인지를 알아야 한다. 이러한 이유 때문에 제3변화 명사는 다른 명사의 어미변화보다 훨씬 더 복잡하다.

제3변화 명사 남성과 여성은 어미변화가 동일하며, 중성은 단·복수 모두 주격과 대격, 호격의 형태가 같다. 또한, 제3변화 명사의 어미변화 형태를 형용사 제2형이 그대로 따른다.

제3변화 명사는 크게 동음절 명사와 비동음절 명사로 구분된다. 이는 콘스탄티노폴리스에서 활약한 6세기 라틴어 문법가 프리쉬아누스(Priscianus Caesariensis)가 『문법의 기초(*Institutiones grammaticae*)』라는 책에서 제3변화 명사를 크게 동음절(parisillabi) 명사와 비동음절(imparisillabi) 명사로 구분한 것을 따른 것이다.

- 동음절 명사란 주격과 속격의 음절수가 같은 명사를 말한다.
  E.g. 주격 ci-vis, 속격 ci-vis (m. 시민); 주격 cla-des(-is), 속격 cla-dis (f. 손해, 재난)

- 비동음절 명사란 주격과 속격의 음절수가 같지 않은 명사를 말한다. 비동음절 명사의 경우, 일반적으로 속격의 음절수가 주격보다 하나 더 많다.
  E.g. 주격 con-sul, 속격 con-su-lis (m. 집정관); 주격 o-ra-tor, 속격 o-ra-to-ris (m. 연설가)

수	sg.		pl.	
격 성	m./f.	n.	m./f.	n.
nom.	다양함	다양함	-es	-a/-ia
gen.	-is	-is	-um/-ium	-um/-ium
dat.	-i	-i	-ibus	-ibus
acc.	-em/-im	주격과 같음	-es	-a/-ia
abl.	-e/-i	-e/-i	-ibus	-ibus
voc.	주격과 같음	주격과 같음	-es	-a/-ia

제3변화 명사의 어미변화표를 살펴보면, 몇몇 격의 어미변화에서 두 가지 어미변화를 가진다. 즉 단수 대격에서 -em/-im, 단수 탈격에서 -e/-i, 복수 속격에서 -um/-ium, 중성 복수 주격·대격·호격에서 -a/-ia를 가진다.

두 개의 어미변화를 갖게 된 이유는 역사적 변천 과정에서 찾을 수 있다. 원래 어미 -em, -e, -um, -a는 자음 어근 명사에 붙는 어미였다.

자음 어근 명사: consul, 복수 속격 consul-um

반면 -im, -i, -ium, -ia 는 모음 어근 명사에 붙는 어미였다.

모음 어근 -i 명사: navis, 복수 속격 navi-um

그러나 이후 많은 자음 어근 명사가 모음 어근 명사의 어미변화를 따르게 되고, 반대로 많은 모음 어근 명사가 자음 어근 명사의 어미변화를 따르게 되면서 이러한 구분이 모호해졌다. 따라서 오늘날 소수의 모음 어근에 남아 있는 단수 대격 -im의 어미변화는 논외로 하고, 제3변화 명사를 크게 세 가지 방식으로 구분한다.

1) 제3변화 명사 제1식: 단수 속격 -is 앞에 자음을 하나만 가지는 비동음절 명사이다.
  E.g. consul, consul-is, m. 집정관; natio, nation-is, f. 민족, 나라; flumen, flu-min-is, n. 강
  제3변화 명사 제1식은 단수 탈격 어미로 -e, 복수 속격 어미로 -um, 중성 복수 주격·대격·호격 어미로 -a를 가진다.

2) 제3변화 명사 제2식: 제3변화 명사 제2식은 크게 두 가지로 나뉜다.
• 제3변화 명사 제2식 A: 남성과 여성 동음절 명사
  E.g. ho-stis, ho-stis, m. 적; cla-des, cla-dis, f. 손해, 재난
• 제3변화 명사 제2식 B: 단수 속격 -is 앞에 두 개의 자음을 가지는 남성, 여성, 중성 비동음절 명사
  E.g. mons, mont-is, m. 산; urbs, urb-is, f. 도시; os, oss-is, n. 뼈

제3변화 명사 제2식은 단수 탈격 어미로 −e, 복수 속격 어미로 −ium, 중성 복수 주격·대격·호격 어미로 −a를 가진다.

3) 제3변화 명사 제3식: 단수 주격이 −al, −ar(속격은 −alis, −aris이며, 이 경우 −a는 장모음이다.), −e로 끝나는 중성명사이다.

E.g. tribun−al, tribunalis, n. 법원; calc−ar, calcaris, n. 박차(拍車, 쇠로 만든 톱니 모양의 물건), (새나 닭의) 발톱; mar−e, maris, n. 바다

제3변화 명사 제3식은 단수 탈격 어미로 −i, 복수 속격 어미로 −ium, 중성 복수 주격·대격·호격 어미로 −ia를 가진다.

I. 제3변화 명사 제1식

앞에서 말한 대로, 제3변화 명사 제1식은 단수 속격 −is 앞에 자음을 하나만 가지는 비동음절 명사이다. 제3변화 명사 제1식의 어미변화 특징은 다음과 같다.
• 단수 탈격 −e, 복수 속격 −um
• 중성 복수 주격·대격·호격 −a

대표적인 비동음절 명사 셋을 열거해 보자.

labor, labor-is, m. 일, 노동, 수고   virtus, virtut-is, f. 덕, 덕목, 용맹
iter, itiner-is, n. 여행, 여로, 방법

		m.	f.	n.
sg.	nom.	labor	virtus	iter
	gen.	labor-is	virtut-is	itiner-is
	dat.	labor-i	virtut-i	itiner-i
	acc.	labor-em	virtut-em	iter
	abl.	labor-e	virtut-e	itiner-e
	voc.	labor	virtus	iter
pl.	nom.	labor-es	virtut-es	itiner-a
	gen.	labor-um	virtut-um	itiner-um
	dat.	labor-ibus	virtut-ibus	itiner-ibus
	acc.	labor-es	virtut-es	itiner-a
	abl.	labor-ibus	virtut-ibus	itiner-ibus
	voc.	labor-es	virtut-es	itiner-a

N.B. 제3변화 제1식의 도표를 살펴보면 다음과 같은 공통점을 발견할 수 있다.
남성과 여성 단수 주격과 호격; 남성과 여성 복수 주격, 대격, 호격; 중성 단·복수 주격, 대격,
호격의 어미 형태가 모두 같다. 또한 남성, 여성, 중성 복수 여격과 탈격의 어미는 모두 -ibus이다.

1. 제3변화 명사 제1식

amor, amoris, m. 사랑   dolor, doloris, m. 고통, 아픔

calor, caloris, m. 더위, 열   clamor, clamoris, m. 고함소리, 외침

color, coloris, m. 빛, 색깔   creator, creatoris, m. 창조주

flos, floris, m. 꽃   homo, hominis, m. 사람

hospes, hospitis, m. 손님 (↔ hospita, -ae, f. 여자 손님)

imperator, imperatoris, m. 황제   doctor, doctoris, m. 선생, 박사, 의사

latro, latronis, m. 강도; 경호원   mercator, mercatoris, m. 상인

miles, militis, m. 군인   mos, moris, m. 풍속, 관습

odor, odoris, m. 향수, 냄새   ordo, ordinis, m. 질서

orator, oratoris, m. 연설가   pastor, pastoris, m. 목자 (pastor 목사)

sacerdos, dotis, m. 사제   princeps, principis, m. 군주, 으뜸

scriptor, scriptoris, m. 저술가   viator, viatoris, m. 여행자

sol, solis, m. 태양   aetas, aetatis, f. 나이

arbor, arboris, f. 나무   coniuratio, coniurationis, f. 음모

quies, quietis, f. 휴식, 고요함   merces, mercedis, f. 품삯, 보수, 상품

mulier, mulieris, f. 부인, 아내   origo, originis, f. 기원, 원천

religio, religionis, f. 종교   seges, segetis, f. 곡식

lux, lucis, f. 빛   genus, generis, n. 종류

ius, iuris, n. 법, 권리, 의리   os, oris, n. 입 (os, ossis, n. 뼈, 제2식)

onus, oneris, n. 짐   carmen, carminis, n. 시, 노래

tempus, temporis, n. 때, 시간, 시대   lumen, luminis, n. 빛, 광선

nomen, nominis, n. 이름   vulnus, vulneris, n. 상처, 명예 손상

N.B. 중·고등학교 시절 영어 시간에 -or, -er가 붙으면 '사람'의 의미를 갖는다고 배웠을
것이다. '-or'는 라틴어 제3변화 명사에서, '-er'는 제2변화 명사에서 유래하는 것이다.

2. 복수 속격이 -um이 되는 제3변화 명사 제2식의 예외

제3변화 명사 제2식의 명사에서, 복수 속격 이미가 원칙적으로 -ium이지만, 아래의 명사들은 예외적으로 -um이 된다. 이러한 명사들은 원래 자음 어근의 비동음절 명사가 동음절 명사화된 것이다. 가령, pater, patris의 경우, 원래 속격은 "pateris", 여격은 "pateri" 형태로 어미변화를 하는 것이었다. 이것이 축소되어 pater, patris로 주격과 속격의 음절수가 같게 되었는데, 이러한 축소는 복수 속격에도 발생해 -ium이 아니라 -um을 붙이게 된다.

단수 주격, 속격	복수 속격
pater, pateris → pater, patris	paterium → patrum

N.B. pater는 제3변화 명사 제1식과 같이 어미변화를 한다.

명사		복수 속격
mater, matris, f. 어머니	→	matrum
pater, patris, m. 아버지	→	patrum
frater, fratris, m. 형제	→	fratrum
iuvenis, iuvenis, m. 젊은이	→	iuvenum
senex, senis, m. 늙은이	→	senum
canis, canis, m. 개	→	canum
panis, panis, m. 빵	→	panum
vates, vatis, m. 점쟁이	→	vatum
accipiter, accipitris, m. 매(새의 종류)	→	accipitrum

 Exercitatio 1   (해답은 부록 101쪽 참조)

1. 다음 문장을 우리말로 옮기시오.

  1) Nihil sub sole novum (est). (N.B. nihil 다음에 오는 형용사에 대해서는 168쪽 참조.)

  2) Imperator Augustus amicus poetarum et oratorum fuit.

  3) Mentius scriptor clarus fuit; laudavit antiquorum Sinarum bonos mores.

  4) Dolor excitat lacrimas.

> sub (＋abl.) ~ 밑에, 아래에   novus, nova, novum, adj. 새로운
> Mentius, ―i, m. 맹자   lacrima, ―ae, f. 눈물
> excito 흥분시키다, 일으키다; excitare lacrimas 눈물 나게 하다

II. 제3변화 명사 제2식

앞에서 살펴본 대로 제3변화 명사 제2식은 크게 두 가지로 나뉜다.

• 제3변화 명사 제2식 A: 남성과 여성 동음절 명사
 E.g. ho―stis, ho―stis, m. 적; cla―des(―dis), cla―dis, f. 손해, 재난

• 제3변화 명사 제2식 B: 단수 속격 ―is 앞에 두 개의 자음을 가지는 남성, 여성, 중성 비동음절 명사
 E.g. mons, mont―is, m. 산; urbs, urb―is, f. 도시; os, oss―is, n. 뼈

• 제3변화 명사 제2식의 어미변화의 특징은 다음과 같다.
 단수 탈격 ―e, 복수 속격 ―ium, 복수 중성 주격·대격·호격 ―a

collis, -is, m. 언덕   pons, pontis, m. 다리   cor, cordis, n. 마음

	동음절 명사	두 개의 자음을 가지는 비동음절 명사	
	sg.		
nom.	coll-is	pons	cor
gen.	coll-is	pont-is	cord-is
dat.	coll-i	pont-i	cord-i
acc.	coll-em	pont-em	cor
abl.	coll-e	pont-e	cord-e
voc.	coll-is	pons	cor
	pl.		
nom.	coll-es	pont-es	cord-a
gen.	coll-ium	pont-ium	cord-ium
dat.	coll-ibus	pont-ibus	cord-ibus
acc.	coll-es	pont-es	cord-a
abl.	coll-ibus	pont-ibus	cord-ibus
voc.	coll-es	pont-es	cord-a

1. 동음절 명사

avis, avis, f. 새

collis, -is, m. 언덕, 야산

finis, -is, m. 끝, 목적

piscis, -is, m. 물고기

ignis, -is, m. 불

unguis, -is, m. 손톱

classis, -is, f. 학급, 함대

ovis, -is, f. 양

vallis, -is, f. 골짜기, 계곡

civis, -is, m./f. 시민

crinis, -is, m. 머리털, 두발

hostis, -is, m.(때때로 f.) 적

orbis, -is, m. 원형, 둘레

vermis, -is, m. 벌레

auris, -is, f. 귀

navis, -is, f. 배, 선박

pellis, -is, f. 가죽, 모피

vestis, -is, f. 옷

2. 속격 −is 앞에 두 개의 자음을 가지는 비동음절 명사

adulescens, -scentis, m. 청년

cor, cordis, n. 마음

fons, fontis, m. 샘, 원천

torrens, -entis, m. 급류

serpens, -entis, m./f. 뱀

nox, noctis, f. 밤

ars, artis, f. 예술

dens, dentis, m. 이(치아)

mons, montis, m. 산

sors, sortis, f. 운명

gens, gentis, f. 종족, 민족

mors, mortis, f. 죽음

3. 제3변화 명사 제2식의 예외

1) 제3변화 명사 제1식(단수 속격 −is 앞에 자음을 하나 가지는 비동음절 명사)에 속하는 다음의 단어들은 복수 속격 어미로 −ium을 취한다.

cos, cotis, f. 부싯돌	cotium
dos, dotis, f. 지참금	dotium
faux, faucis, f. 목구멍	faucium
fraus, fraudis, f. 사기, 속임수	fraudium
glis, gliris, m. 산쥐	glirium
ius, iuris, n. 법	iurium
lis, litis, f. 논쟁, 말다툼	litium
mas, maris, m. 남자, 수컷	marium

mus, muris, m. 쥐	murium
nix, nivis, f. 눈(雪)	nivium
plebs, plebis, f. 평민, 민중	plebium
trabs, trabis, f. 대들보, 통나무 집	trabium
vis, -, f. 힘, 폭력	virium

N.B. vis라는 명사는 단수 속격과 여격이 없고, 대격 vim, 탈격 vi로 변화한다. 복수는 vires, virium, viribus, vires, viribus로 변하며, "힘, 기력"이라는 뜻 외에 "세력, 병력"이라는 뜻도 가진다.

2) 제3변화 명사 제2식과 같이 어미변화를 하는 명사
(1) 그리스어에서 유래하여 단수 주격이 −ma로 끝나고, 속격이 −atis로 끝나는 명사 제3변화 제2식 "cor, cordis, n. 마음"이라는 단어의 어미변화를 따른다.

aenigma, -matis, n. 수수께끼	diploma, -matis, n. 졸업장, 면허
phantasma, -matis, n. 유령	problema, -matis, n. 문제
programma, -matis, n. 목록, 계획	thema, -matis, n. 제목, 주제

(2) 그리스어에서 유래한 동음절 명사이며, −is, −is 어미를 가지는 명사

basis, -is, f. 기초, 토대	genesis, -is, f. 천지창조, 창세기
phrasis, -is, f. 문구, 말투	poesis, -is, f. 시
synaxis, -is, f. 회합, 집회	syntaxis, -is, f. 문장론
thesis, -is, f. 명제, 제목, 논문	haeresis, -is, f. 이단, 이설, 이교

 Exercitatio 2　(해답은 부록 102쪽 참조)

1. 다음 문장을 우리말로 옮기시오.
1) Pisces natant in aqua.

2) Vermes sunt in agris.

3) Nemo ante mortem beatus est.

4) Nos (ex) toto corde studere debemus.
　　N.B. 'corde'가 중성 단수 탈격이므로 중성 단수 탈격 형용사 형태인 'toto'가 옴.

2. 괄호 안에 알맞은 형용사를 쓰고 우리말로 옮기시오.

1) Aestate (multus, −a, −um) aves in silvis cantant.

N.B. 라틴어의 시간과 계절을 표시하는 시간 명사는 전치사 없이 탈격(5격)을 써서 시간 부사어를 만든다. aestas, −atis, f. 여름 → aestate(abl.) 여름에; nox, noctis, f. 밤 → nocte(abl.) 밤에

2) Multae aves colores (pulcher, pulchra, pulchrum) habent.

3) Hominum sors est (incertus, −a, −um).

4) Homini aegroto noctes (longus, −a, −um) sunt.

nato 헤엄치다, 수영하다	ante (+acc.) ~ 앞에
beatus, −a, −um, adj. 행복한	totus, −a, −um, adj. 온전한, 전체의
incertus, −a, −um, adj. 불확실한	egrotus, −a, −um, adj. 아픈

III. 제3변화 명사 제3식

제3변화 명사 제3식은 단수 주격이 −al, −ar(속격은 −alis, −aris이며, 이 경우 −a는 장모음이다.), −e로 끝나는 중성명사이다.

• 제3변화 명사 제3식의 어미변화 특징은 다음과 같다.
단수 탈격 −i, 복수 속격 −ium, 중성 복수 주격·대격·호격 −ia

animal, animalis, n. 동물 exemplar, exemplaris, n. 모범 mare, maris, n. 바다

	sg.		
nom.	animal	exemplar	mare
gen.	animal-is	exemplar-is	mar-is
dat.	animal-i	exemplar-i	mar-i
acc.	animal	exemplar	mare
abl.	animal-i	exemplar-i	mar-i
voc.	animal	exemplar	mare

	pl.		
nom.	animal-ia	exemplar-ia	mar-ia
gen.	animal-ium	exemplar-ium	mar-ium
dat.	animal-ibus	exemplar-ibus	mar-ibus
acc.	animal-ia	exemplar-ia	mar-ia
abl.	animal-ibus	exemplar-ibus	mar-ibus
voc.	animal-ia	exemplar-ia	mar-ia

•우리가 영어 시간에 암기했던 '*animal, example, tribunal* 등의 단어는 라틴어 제3변화 명사 제3식에서 유래하는 형태이다.

rete, retis, n. 그물   praesepe, -is, n. 구유

vectigal, vectigalis, n. 세금   tribunal, -alis, n. 법원

calcar, calcaris, n. 박차(拍車), (새나 닭의) 발톱

•제3변화 명사 제3식의 예외

단수 주격이 –al, –ar로 끝나는 중성명사 가운데 다음의 명사는 단수 탈격 어미로 –e를 취한다. 이 단어들은 복수로는 사용되지 않는다.

nectar, nectaris, n. (신화에서 신들이 마시는) 음료   → 단수 탈격 nectare

sal, salis, m. 소금, 풍자   → 단수 탈격 sale

N.B. sal이 복수로 사용되면 "익살, 재담"이라는 뜻으로 바뀐다.

IV. 제3변화 명사의 예외

1. 단수 대격 어미 –im, 탈격 어미 –i를 가지는 명사

	sg.	pl.
nom.	febr-**is**	febr-**es**
gen.	febr-**is**	febr-**ium**
dat.	febr-**i**	febr-**ibus**
acc.	febr-**im/-em**	febr-**is**(febr-**es**)
abl.	febr-**i/-e**	febr-**ibus**
voc.	febr-**is**	febr-**es**

1) 단수 주격이 –is(또는 polis)로 끝나는 도시명(f.)과 강 이름(m.)

Neapolis, -is, f. 나폴리

Constantinopolis, -is, f. 콘스탄티노폴리스(오늘날 이스탄불)

Tiberis, -is, m. 티베리스(오늘날 테베레 강) Tigris, -is, m. 티그리스 강[2]

2) 약간의 동음절 여성명사

amussis, -is, f. 노끈, 자, 규칙   buris, -is, f. 쟁기, 자루

cannabis, -is, f. 마(麻)   ravis, -is, f. 목이 쉼, 목이 잠김

sitis, -is, f. 목마름, 갈증   tussis, -is, f. 기침

3) 단수 대격으로 –im 또는 –em, 탈격으로 –i 또는 –e 형태를 가지는 명사

classis, -is, f. 함대   clavis, -is, f. 열쇠

febris, -is, f. 열, 열병   mensis, -is, m. 달, 월(月)

navis, -is, f. 배, 선박   pelvis, -is, f. 대야

puppis, -is, f. 선미(船尾)   securis, -is, f. 도끼

turris, -is, f. 탑, 망루, 종각

2. 불규칙 제3변화 명사

다음의 명사들은 불규칙적인 어미변화를 하는 단어들이다.

1) iugerum, –i, n. (800평가량 되는) 토지 면적 단위

단수에서는 제2변화 명사의 어미변화를 따르고, 복수에서는 제3변화 명사의 어미변화를 따른다.

iugera, iugerum, iugeribus, iugera, iugeribus

2) vas, vasis, n. 그릇, 단지

단수에서는 제3변화 명사의 어미변화를 따라 vas, vasis, vasi, vas, vase로 어미변화를 한다. 반면, 복수에서는 제2변화 명사의 어미변화를 따라 vasa, vasorum, vasis, vasa, vasis로 어미변화를 한다.

---

2) 소문자 t로 시작하면 tigris, –is, m. 호랑이.

3) bos, bovis, m./f. 소

단수에서는 제3변화 명사의 어미변화를 따라 bos, bovis, bovi, bovem, bove로 어미변화를 한다. 반면, 복수에서는 boves, boum, bobus(bubus), boves, bobus(bubus)로 불규칙적인 어미변화를 한다.

4) caro, carnis, f. (동물의) 살, (영혼의 반대) 육, 육체

　caro, carnis, carni, carnem, carne; carnes, carnum, carnibus, carnes, carnibus
　* carne vale: 고기로부터 안녕, vale는 valeo의 명령

5) sus, suis, m./f. 돼지, 독약의 일종

규칙적인 비동음절 명사처럼 어미변화를 한다. 그러나 복수 여격과 탈격은 예외적으로 subus(종종 suibus)로 어미변화를 한다.

　sus, suis, sui, suem, sue; sues, suum, subus(suibus), sues, subus(suibus)

6) iter, itineris, n. 길, 수단

단수 주격, 대격, 호격을 제외하고 모두 어미변화의 어근이 itiner-이다.

　iter, itineris, itineri, iter, itinere, iter; itinera, itinerum, itineribus, itinera, itineribus, itinera

7) iecur, iecoris, n. 간

이 명사는 두 가지로 어미변화를 할 수 있다.

규칙적으로 iecur, iecoris, iecori, iecur, iecore; iecora, iecorum, iecoribus, iecora, iecoribus로 어미변화를 하거나, 반대로 속격의 어근이 iecinor-로 바뀌어 어미변화를 할 수 있다. 이 경우 다음과 같이 어미변화를 한다.

　iecur, iecinoris, iecinori, iecur, iecinore; iecinora, iecinorum, iecinoribus, iecinora, iecinoribus

8) femur, femoris, n. 대퇴골, 넓적다리

이 명사 역시 두 가지로 어미변화를 할 수 있다.

규칙적으로 femur, femoris, femori, femur, femore; femora, femorum, femoribus, femora, femoribus로 어미변화를 하거나, 반대로 속격의 어근이 femin-으로 바뀌어 어미변화를 할 수 있다. 이 경우 다음과 같이 어미변화를 한다.

　femur, feminis, femini, femur, femine; femina, feminum, feminibus, femina, feminibus

9) supellex, supellectilis, f. 가구, 비품

이 명사는 규칙적인 어미변화를 하는데, 단수만을 가진다.

supellex, supellectilis, supellectili, supellectilem, supellectile

10) Iuppiter, m. (그리스신화의) 유피테르

이 명사는 다음과 같이 어미변화를 한다.

Iuppiter, Iovis, Iovi, Iovem, Iove, Iuppiter

11) vis, f. 힘

이 불규칙 명사에 대해서는 67쪽을 참조하라.

3. 수(數)의 특수 용례

1) 단수로만(Singularia tantum) 사용되는 명사

sanguis, sanguinis, m. 피

senectus, senectutis, f. 노년

pietas, pietatis, f. 효도, 자애, 사랑

vesper, vesperis(vesperi), m. 저녁

plebs, plebis, f. 평민

proles, prolis, f. 자녀

2) 복수로만(Pluralia tantum) 사용되는 명사

(1) 축제의 이름을 가리키는 중성명사

Saturnalia, Saturnalium, n. pl. 수확제

Lupercalia, Lupercalium, n. pl. 목신제

Bacchanalia, Bacchanalium, n. pl. 주신(酒神)제

Ambarvalia, Ambarvalium, n. pl. 농업 풍년제

(2) 지명이나 도시명

Alpes, Alpium, f. pl. 알프스 산맥

Sardes, Sardium, f. pl. 사르데냐

Gades, -ium, f. pl. (스페인에 있었던 페니키아 식민지) 가데스

(3) 그 밖의 명사들

moenia, moenium, n. pl. 성(城)

Penates, Penatium, n. pl. 저택, 가신(家神)

viscera, viscerum, n. pl. 오장육부, 배알

Manes, Manium, n. pl. 죽은 사람의 혼, 망령

3) 복수에서 뜻이 변하는 명사

aedes, aedis, f. 신전

aedes, aedium, f. pl. 집, 공동주택

carcer, carceris, m. 감옥

carceres, carcerum, m. pl. 감옥; 경주 출발점

finis, finis, m./f. 끝, 목표

fines, finium, m. pl. 영토, 영역

pars, partis, f. 부분, 편, 쪽

partes, partium, f. pl. 부분; 정당

sal, salis, m./n. 소금, 맛; 묘미

sales, salum, m. pl. 익살, 재담

sors, sortis, f. 운명

sortes, sortium, f. pl. 예언

 Exercitatio 3   (해답은 부록 102쪽 참조)

1. 다음 명사들을 제3변화 명사의 형식(제1식, 제2식, 제3식)에 따라 구분하고, 그 뜻과 성을 쓰시오.
dolor, doloris; os, ossis; iuvenis, −is; apis, apis; mare, −is; hostis, −is; gens, gentis; mors, mortis; animal, −alis; mater, matris; avis, −is; homo, hominis; pars, partis; plebs, plebis; mons, montis; nox, noctis; genus, generis.

1) 제3변화 명사 제1식

2) 제3변화 명사 제2식

3) 제3변화 명사 제3식

2. 괄호 안에 적당한 우리말을 넣으시오.
1) Homines libertatem amant. 인간들은 (   )을/를 사랑한다.

2) Aestate labor hominibus molestus est. (   ) 일은 사람들에게 성가시다.

3) Quando labor(studium) molestus est? 언제 일(공부)이/가 (   )?

4) Boni veritatem amant. (   ) 진리를 사랑한다.

5) Post coitum omne animal tristis(e) est.[3] (   ) 성교 후에 우울하다.

---

3) 그리스의 의사이자 철학자인 갈레노스 클라우디오스(Γαληνός Κλαύδιος, 129/130−199/201, 혹자는 217년에 사망하였다고도 함)는 법의학에서 자주 인용하는 명문을 남겼는데, 이 말은 "모든 동물은 성교(결합) 후에 우울하다(슬프다)."는 뜻이다. 이 명문에서 유추할 수 있는 것은 격렬하고 열정적으로 고대하던 순간이 지나가고 난 뒤, 인간은 인간의 능력 밖에 있는 더 큰 무엇을 놓치고 말았다는 허무함을 암시한다.

6) Velocitas equorum magna est. (   ) 빠르기는 대단하다.

7) Nocte stellae nautis indicant vias maris. 밤에 별들이 선원들에게 (   ) 길 들을 일러 준다.

3. 괄호 안에 알맞은 형용사를 쓰고 우리말로 옮기시오.

   1) (Magnus, -a, -um) vectigalia civibus (molestus, -a, -um) sunt.

   2) Genera animalium (varius, -a, -um) sunt.

   3) Tempestas (magnus, -a, -um) nautis nocuit.

   4) Aestate calor (magnus, -a, -um) est.

---

molestus, -a, -um, adj. 귀찮은, 성가신	molestia, -ae, f. 귀찮음, 추근거림
coitus, -us, m. 결합, 성교	post (+acc.) ~ 후에, ~ 뒤에
velocitas, -atis, f. 빠르기, 속력	nauta, -ae, f. 선원
nauticus, -a, -um, adj. 선원의	indico 일러 주다, 가리키다
noceo 해치다, 해롭다; nocere alteri(dat.)	다른 사람에게 손해를 주다
tempestas, -atis, f. 폭풍우	

 쉬어 가는 문화사 이야기

라틴계 유럽어의 달 이름은 대부분 라틴어에서 유래하는데, 기원전 153년까지 로마인들은 1년을 열 달로 구성되는 것으로 이해하였다.

1월: Martius 전쟁의 신
2월: Aprilis 동사
3월: Maius maius, -a, -um의 여성형 Maia는 Mecurio의 어머니로 풍요를 상징하는 여신
4월: Iunius 제우스의 아내
6월: Sextilis 여섯째의

8월: October 여덟째의

10월: December 열 번째의

이후 1월 Martius 앞에 두 개의 달 이름이 첨가되는데, Ianuarius(1월: 시작의 신 Ianus)와 Februarius(2월: 몸과 마음의 정결 예식의 신인 Februa에서 유래)이다. 로마제국 시대에는 최초의 제왕절개로 태어난 Iulius Caesar와 로마의 첫 황제인 Augustus Caesar의 이름이 5월과 6월을 대체하게 되고, 이로 인해 september부터 두 달씩 뒤로 밀리게 된다. 이렇게 해서 오늘날 우리가 사용하는 12달의 이름이 결정된다. Ianuarius(*January*), Februarius(*February*), Martius(*March*), Aprilis(*April*), Maius(*May*), Iunius(*June*), Iulius(*July*), Augustus(*August*), September, October, November, December.

- •라틴어의 달 이름을 형용사로 수식한 이유는 '달, 월'을 의미하는 "mensis, −is, m."를 앞에 놓고 그 뒤에 형용사가 따르는 형태로 사용했기 때문이다. mensis September(9월)
- •제3변화에 속하는 달 이름의 탈격 어미는 −i이다.

"Aprilis, −is, m."의 탈격 Aprili 4월에; "September, −bris, m."의 탈격 Septembri; "October, −bris, m."의 탈격 Octobri; "November, −bris, m."의 탈격 Novembri; "December, −bris, m."의 탈격 Decembri가 된다.

제3변화 명사에서 나온 라틴계 유럽어

라틴어	이탈리아어	스페인어	프랑스어
ars, artis; arte(sg. abl.)	arte	arte	art
mors, mortis; morte	morte	muerte	mort
pars, partis; parte	parte	parte	parti
pes, pedis; pede	piede	pie	pied
dens, dentis; dente	dente	diente	dent
navis, navis; nave	nave	nave	navire

참된 공부

Ego sum operarius studens! 나는 공부하는 노동자다!

Non efficitur ut nunc studeat multum, sed postea ad effectum veniet.

지금 많이 공부해서 결과가 안 나타나더라도, 나중에 결과가 나타나리라.

Proinde non desperate! 그러니 절망하지 마라!

Quarta et Quinta Declinatio Nominum

제4·5 변화 명사

I. 제4변화 명사

라틴어 제4변화 명사의 활용은 제3변화 명사에 비해 훨씬 단순하며, 어휘도 그리 많지 않다. 제4변화 명사는 −u 어간을 갖는 명사들로서 대부분이 남성(−us), 중성(−u) 명사이나 예외적으로 주격 어미가 −us로 끝나지만 여성인 명사들이 약간 있다.

fructus, -us, m. 열매, 과실   cornu, -us, n. 뿔

	sg.	pl.	sg.	pl.
nom.	fruct-us	fruct-us	corn-u	corn-ua
gen.	fruct-us	fruct-uum	corn-us	corn-uum
dat.	fruct-ui	fruct-ibus	corn-u	corn-ibus
acc.	fruct-um	fruct-us	corn-u	corn-ua
abl.	fruct-u	fruct-ibus	corn-u	corn-ibus
voc.	fruct-us	fruct-us	corn-u	corn-ua

1. 제4변화 명사

auditus, -us, m. 청각   cantus, -us, m. 노래

casus, -us, m. 경우, 사건, 사고   currus, -us, m. 수레, 차

cursus, -us, m. 뜀, 천체의 운행   eventus, -us, m. 결과, 사건

exitus, -us, m. 출구, 말로   exercitus, -us, m. 군대

fluctus, -us, m. 파도   gustus, -us, m. 미각, 맛

impetus, -us, m. 공격, 충격   intellectus, -us, m. 지성, 오성

lacus, -us, m. 호수   magistratus, -us, m. 관직, 관청

motus, -us, m. 운동, 움직임   occasus, -us, m. 일몰, 해넘이, 서쪽, 몰락

odoratus, -us, m. 후각, 냄새 　　　　 ortus, -us, m. 일출, 월출

portus, -us, m. 항구 　　　　　　　 senatus, -us, m. 원로원, 의회

sensus, -us, m. 감각, 의미, 뜻 　　　 tactus, -us, m. 촉각

visus, -us, m. 시각 　　　　　　　　 vultus, -us, m. 얼굴

cornu, -us, n. 뿔, 촉각 　　　　　　 gelu, -us, n. 얼음, 한랭

genu, -us, n. 무릎 　　　　　　　　 veru, -us, n. 적쇠, 석쇠

|예외| 여성인 -us 형태의 제4변화 명사들

acus, -us, f. 바늘 　　　　　　　　　 domus, -us, f. 집[4]

Idus, Iduum, f. pl. 매달 15일(또는 13일) 　 manus, -us, f. 손[5]; 군대

tribus, -us, f. 씨족, 지파 　　　　　　 porticus, -us, f. 회랑, 현관

2. 불규칙 명사

1) 제4변화 명사 가운데 acus, domus, tribus는 제4변화 명사 어미변화 형태와 제2변화 명사 어미변화 형태가 혼재하는 불규칙한 어미변화를 한다.

domus, -us, f. 집

	sg.	pl.
nom./voc.	dom-us	dom-us
gen.	dom-us	dom-uum/dom-orum
dat.	dom-ui/dom-o	dom-ibus
acc.	dom-um	dom-os/dom-us
abl.	dom-o/dom-u	dom-ibus

domus 명사에는 제4변화 명사와 제2변화 명사의 어미변화 형태가 혼재하는 동시에 고대의 처소격 형태의 어미변화가 남아 있다. 처소격은 장소나 시간 등을 나타내는 격으로서 고대 라틴어에 존재했던 개념인데, domus 명사는 전치사를 사용하지 않고서도 'domi 집에서', 'domum 집으로', 'domo 집에서부터'의 의미를 나타낸다. 그중 domus 명사의 domi는 처소격의

---

4) 영어의 'dome', 독일어의 'dom'이라는 어휘는 라틴어 'domus'에서 유래한다.

5) manus라는 단어에서 영어의 *manumit*(라. manumitto), *manuscript*(라. manuscriptus), *manufacture*(라. manufactura)라는 말이 유래하며, "manuale, -is, n. 교본"에서 영어의 *manual*이 파생하고, 독일어로는 *Handbuch*라고 한다. '손'이라는 말과 함께 '손가락'이라는 뜻의 라틴어는 "digitus, -i, m."이며, 여기서 영어의 *digit*, *digital* 등의 어휘가 파생한다.

용법 가운데 특별히 장소를 나타나는 형태인 장소 속격으로서 소재지를 표시하는 in domo 대신에 쓰며, '집에서'라는 의미와 함께 때로 은유적 표현으로 '조국에'라는 뜻을 가진다. 이에 대해서는 제2권 "Pars 3, Lectio VI", 256~257쪽을 참조하라.

（1）domi 집에서

　domi studere 집에서 공부하다.

　Domi manebam. 나는 집에 머무르고 있었다.

　Manebo domi. 집에서 너를 기다리겠다.

（2）domum, domos 집으로

　a) 단독으로 쓸 때에는 전치사 없이 격으로 쓴다.

　domum suam 자기 집으로

　domum Ciceronis 치체로의 집으로

　reverti domum(domos) 집으로 돌아가다.

　b) 부가어를 가졌을 때는 in과 함께 대격을 쓴다.

　in hanc domum 이 집으로

（3）domo 집에서부터

　proficisci domo 집에서 출발한다; domo tua 네 집에서부터

（4）domi 관용어

　domi forisque 집에서나 밖에서나, 안팎으로

　domi militiaeque, domi bellique 평화 시나 전시에나

2) Iesus, Iesu, m. 예수

　"야훼(여호와)는 구원이시다."라는 뜻을 지닌 히브리어 이름 'Yosua(요수아)'에서 유래한 "Iesus, Iesu, m. 예수"는 여격, 탈격, 호격 모두 Iesu이고 대격만 Iesum이다.

 쉬어 가는 문화사 이야기

'I.H.S.'의 의미는?
I.H.S.는 'Iesus Hominum Salvator'의 약어로 그 의미는 '인류의 구원자 예수'라는 뜻이다. 현재 서강대학교의 학교 로고로 사용하고 있으며, 이 상징은 전 세계 예수회 대학의 상징이다.

3. 복수 여격과 탈격의 어미가 –ibus가 아니라 –ubus를 가지는 명사들

–ibus로 표기할 때 다른 뜻을 가졌으나 형태가 같은 단어들과 혼동을 피하기 위해 다른 형태의 어미변화를 가진다. 가령 "arx, arcis, f. 포대, 요새"라는 명사의 복수 여격과 탈격 'arcibus'와의 혼동을 피하기 위해 'arcubus'가 되었다.

acus, -us, f. 바늘	acubus
arcus, -us, m. 활, 무지개, 아취	arcubus
lacus, -us, m. 호수	lacubus
quercus, -us, f. 참나무	quercubus
specus, -us, m. 동굴, 굴	specubus

• 다음의 명사들은 "ars, artis, f. 예술; pars, partis, f. 부분; tres, tria, adj. 셋"이라는 어휘와의 혼동을 피하기 위해 다음과 같은 형태를 취한다.

artus, -us, m. pl. 관절	artubus
partus, -us, m. 분만, 해산; 자식	partubus
tribus, -us, f. 씨족, 지파	tribubus

• 복수 여격과 탈격의 어미가 –ibus, –ubus 모두를 사용하는 명사

portus, -us, m. 항구	portibus, portubus
veru, verus, n. 석쇠	veribus, verubus

Exercitatio 1   (해답은 부록 103쪽 참조)

1. 다음 명사들의 수, 격과 그 의미를 쓰시오.

1) artum   2) motum

3) odoratu   4) verua

5) specubus   6) Iesum

2. 다음 문장을 우리말로 옮기시오.

1) Senatuum auctoritas apud omnes populos magna est.

2) Sidera habent ortum et occasum.

3) Hieme naves in portu sunt; aestate in alto mari navigant.

4) Omne animal habet quinque sensus: visus, auditus, gustus, tactus, odoratus.

5) Pedes et genua partes corporis sunt.

6) Exitus vitae humanae incertus est.

quinque, num. 다섯	mare altum 깊은 바다, 심해
sidus, −deris, n. 별, 성좌(星座)	apud (+acc.) ~ 사이에, ~에게 있어서, ~에게
auctoritas, −atis, f. 권위	pes, pedis, m. 발
corpus, −poris, n. 몸, 신체, 육신	

3. 괄호 안에 들어갈 알맞은 말을 고르고 우리말로 옮기시오.
1) Leonum (   ) Christianorumque gemitus circum replebant.
a) rugiti   b) rugitu   c) rugitus

2) In (   ) et in paludibus veteris Latii magna copia avium erat.
a) lacis   b) lacibus   c) lacubus

3) Athenienses ingentem Persarum (   ) fugaverunt.
a) exercitum   b) exercituum   c) exercitu

Athenienses, −ium, m. pl. 아테네인	ingens, −entis, adj. 방(막)대한
Persae, −arum, m. pl. 페르시아인	fugo 격퇴하다, 추방하다
palus, −udis, f. 늪지대	leo, leonis, m. 사자(제3변화 명사 제1식)
rugitus, −us, m. 포효	Christianus, −i, m. 그리스도교 신자
gemitus, −μs, m. 탄식, 한숨	circus, −i, m. 원, 천체의 궤도, 경기장

repleo 가득 채우다, 충족시키다.   Latium, -ii, n. 라티움족[6]
vetus, veteris, adj. 옛, 낡은(제2형 형용사의 변화 예외 참조)

II. 제5변화 명사

제5변화 명사는 모음 어간 -e를 가지며, 단수 속격의 어미가 -ei이다. 제5변화 명사의 어휘는
그리 많지 않으며, "dies, diei, m. 날; meridies, -ei, m. 정오"를 제외하고 모두 여성이다.

dies, diei, m. 날(day)   res, rei, f. 일(thing)

	sg.	pl.	sg.	pl.
nom./voc.	di-es	di-es	r-es	r-es
gen.	di-ei	di-erum	r-ei	r-erum
dat.	di-ei	di-ebus	r-ei	r-ebus
acc.	di-em	di-es	r-em	r-es
abl.	di-e	di-ebus	r-e	r-ebus

• 제5변화 명사는 dies와 res만이 복수를 가지고 그 나머지 명사들은 복수가 없다.
• 제5변화 명사에는 중성명사가 없다.

1. 제5변화 명사

dies, -ei, m./f. 날, 하루, 낮   meridies, -ei, m. 정오, 남쪽
acies, -ei, f. 전선, 진지; 군대   effigies, -ei, f. 초상, 모습
facies, -ei, f. 얼굴, 모습   fides, -ei, f. 믿음, 신뢰
glacies, -es, f. 얼음   materies, -ei, f. 물질, 재료
pernicies, -ei, f. 파멸, 재앙   planties, -ei, f. 평원, 평면
res, rei, f. 사물, 물건, 일   series, -ei, f. 차례, 계열
species, -ei, f. 외관, 종(種)   spes, spei, f. 희망
N.B. facie ad faciem 얼굴을 맞대고

---

6) 라틴어의 발상지로 로마 동남쪽에 있던 이탈리아 원주민. 오늘날에는 Lazio라고 부르며 로마도 Lazio
주에 속한다.

2. res의 합성어

res, rei, f.는 '사물, 물건, 일'의 뜻 외에도 다양한 단어와 합쳐져 '역사, 인생, ~것(일반, 추상명사로서)' 등의 광범위한 뜻을 가진다.

res divina 제사, 희생물, 예배	res divinae 종교 행사
res humanae 인생, (덧없는) 인간사	res familiaris 가사, 가산
res militaris 군사	res, pl. 역사
res gestae 역사, 공적, 행적	scriptor rerum 역사가
res prosperae, res secundae 다행, 순경	res adversae 역경
res nova 새 소식, 새로운 일	res publica 공화국, 국가
re vera, revera 참으로, 진실로	ob eam rem 그 (일) 때문에

quam ob rem, qua re (의문) 무엇 때문에? (연관) 이 일 때문에, 이로 말미암아, 그러므로

rem habere cum aliquot ~와 관계가 있다

rem mihi est cum aliquot 나는 ~와 관계가 있다

•res가 "~것"이라는 뜻으로 형용사와 함께 쓰일 때 주격과 대격에서 res를 생략하고 형용사만을 중성명사로 만들어 쓴다.

multae res 많은 일(것)들   multas res＝multa(n. pl.) 많은 일들을

a) Puto multa (multas res) debent legi. 나는 많은 것들을 읽어야 한다고 생각한다.

이 문장에서 multa는 중성명사이다.

b) Magistri debent adhibere multam curam in educandis discipulis.

선생님(들)은 학생(들)을 가르침에 있어서 많은 주의(들)를 기울여야 한다.

이 문장에서 multam은 중성명사가 아니라 curam을 수식하는 형용사이다.

---

dies 명사의 성: 남성, 여성

1) 남성

dies 명사가 24시간을 가진 날을 표시할 때는 남성이다. 또한 명사의 복수 형태는 늘 남성명사이다.

die ac(et) nocte 밤낮으로	ante/postmeridiem의 약어 a.m.과 p.m.
diem ex die 매일의, 날마다의(*day by day*)	ex hoc die 오늘부터
his diebus 요사이에	in dies 날로
in paucis diebus 며칠 안에	in singulos dies 나날이
integro die 온종일	per duos(tres) dies 이틀(사흘) 동안

dies Dominica 주일

Dies Irae 분노의 날: 진혼(장례) 미사곡 레퀴엠(Requiem, acc. f.)의 한 부분

•의사의 처방전

diebus alternis 하루걸러(*every other day*) diebus tertiis 이틀 간격으로(*every third day*)

b.i.d. "bis in die 하루에 두 번"의 약어   t.i.d. "ter in die 하루에 세 번"의 약어.

2) 몇 월 며칠, 편지 날짜, 주기적인 날짜를 표기할 때는 여성명사가 된다.

(1) 회담을 위해 정해진 날, 특정한 날, 돈 갚는 날:

dies dicta, dies certa, dies pecuniarum

(2) 편지에서 언급한 날:

In epistula dies signata non erat. 편지에는 날짜가 분명하지 않았다.

(3) 잠시간의 순간이라는 의미로 사용될 때:

Diem perexiguam postulavi. (Cic.) 나는 짧은 시간을 요청했다.

---

postulo 요구하다, 부탁하다   perexiguus, -a, -um, adj. 매우 짧은

 Exercitatio 2   (해답은 부록 103쪽 참조)

1. 다음 명사의 격을 쓰고 그 명사의 주격과 뜻을 쓰시오.

  e.g. progeniem 단수 대격(acc.), progenies, 혈통, 자손

  1) perniciei

  2) species

  3) dierum

  4) aciem

  5) spe

2. 다음 문장을 우리말로 옮기시오.

  1) Fides, spes, caritas sunt virtutes principales.

  2) In rebus secundis homines multos amicos habent, sed paucos in rebus adversis.

  3) Administratio 'rei publicae' res difficilis est.

4) Hieme dies breves, noctes longae sunt.

5) Dies diei similis est.

6) Dum vita est, spes est. (Cic.)

7) Ubi tyrannus est, ibi plane est nulla res publica. (Cic.)

8) Veritatis una est facies.

---

unus, −a, −um, adj. 하나의, 한

facies, −ei, f. 얼굴, 모습, 면(面); facie ad faciem 얼굴을 맞대고

ubi ~, ibi ~ ~이 있는 곳에, 그곳에 ~이 있다

plane, adv. 명백히, 전혀　　　　　　　　nullus, −a, −um, adj. ~도 아니(없는)

dum, conj. ~하는 동안, ~하는 한　　　　caritas, −atis, f. 사랑

administratio, −onis, f. 협조, 통치, 지도, 경영, 관리

Loqui Latine! 라틴어로 말하기

이름 묻고 말하기(Q & R: Quaestio et Responsio)

Q: Quod est nomen tuum? 당신의 이름은 무엇입니까?

R: Nomen meum est Samuel. 내 이름은 사무엘입니다.

Q: Quid est tibi(dat.) nomen? 당신의 이름은 무엇입니까?

R: Mihi(dat.) nomen est Marcus. 내 이름은 마르코입니다.

　　Ei nomen est Petrus.* 그의 이름은 베드로입니다.

　　N.B. "nomen aliqui est"는 라틴어로 이름을 묻고 말하는 관용어적 표현. 이 표현을 더
　　자주 사용하였음. 이에 대해서는 제2권 212쪽을 참조하라.

Q: Qui vocaris? (당신은 뭐라고 불립니까?) 당신의 이름은 무엇입니까?

R: Vocor Franciscus. (나는 프란치스코라고 불립니다.) 프란치스코입니다.

*petrus란 바위처럼 딱딱한 돌, 즉 '디딤돌'이라는 의미이다. 디딤돌의 반의어는 그리스어에서 유래한 라틴어 'scandalum, −i, n.'이다. 그 의미는 '걸림돌'이란 뜻으로 후에 '추문, 망신'이라는 의미가 된다.

Nomen Indeclinabilia

불변화 명사

지금껏 라틴어 명사의 조직적인 어미변화에 대해 살펴보았다. 그러나 이 과에서는 명사의 제1~5 변화에 해당하지 않는 불규칙한 어미변화를 하는 명사들에 대해 설명할 것이다.

I. 합성명사의 어미변화

합성명사는 명사와 형용사 혹은, 명사와 명사의 속격(gen.)이 결합하여 하나의 명사처럼 된 경우를 말한다.

1. 명사와 형용사의 합성어

명사와 형용사의 합성어들은 시간이 경과하면서 단어 사이를 띄우지 않고 하나의 명사로 사용하게 된다.

res publica, rei publicae, f. 국가, 공화국 → respublica		
res (f. 일, 정권)	+	publica (adj. 공공의, 국민의)
ius iurandum, iuris iurandi, n. 서약, 맹세, 선서 → iusiurandum		
ius (n. 법)	+	iurandum	※ iurandum이라는 단어는 더 이상 형용사로서의 의미가 남아 있지 않고, ius와 함께 쓰여 ius iurandum의 형태로 굳어졌다.
ros marinus, roris marini, m. (식물) 로즈마리 → rosmarinus		
ros (m. 이슬, 액체)	+	marinus (adj. 바다의)

res publica는 res와 형용사 publica의 합성어이다. 따라서 한 단어처럼 사용될 경우에도 res와 publica를 각각 어미변화 하여야 한다.

	sg.		pl.	
nom.	res	publica	res	publicae
gen.	rei	publicae	rerum	publicarum
dat.	rei	publicae	rebus	publicis
acc.	rem	publicam	res	publicas
abl.	re	publica	rebus	publicis
voc.	res	publica	res	publicae

2. 명사와 명사의 속격 합성어

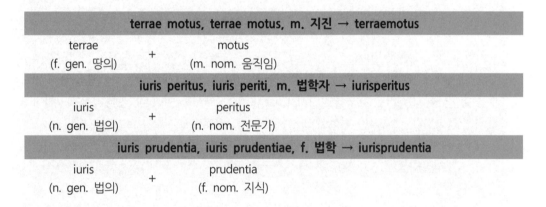

terrae motus, terrae motus, m. 지진 → terraemotus

terrae   +   motus
(f. gen. 땅의)   (m. nom. 움직임)

iuris peritus, iuris periti, m. 법학자 → iurisperitus

iuris   +   peritus
(n. gen. 법의)   (n. nom. 전문가)

iuris prudentia, iuris prudentiae, f. 법학 → iurisprudentia

iuris   +   prudentia
(n. gen. 법의)   (f. nom. 지식)

앞에 위치한 명사는 어미변화를 하지 않고, 뒤의 명사만 어미변화를 하여 격을 나타낸다.

	sg.	pl.
nom.	terrae motus	terrae motus
gen.	terrae motus	terrae motuum
dat.	terrae motui	terrae motibus
acc.	terrae motum	terrae motus
abl.	terrae motu	terrae motibus
voc.	terrae motus	terrae motus

N.B. motus는 제4변화 명사로 제4변화 명사의 어미변화를 따른다.

쉬어 가는 문법사 이야기

라틴어 명사의 어미변화는 왜 사라졌을까?

오늘날의 유럽어가 라틴어에서 많은 영향을 받았음에도 불구하고 라틴어의 격변화와 어미변화는 그 흔적이 거의 남아 있지 않다.

그 이유는 로마제국의 확장과 더불어 더 많은 사람이 라틴어를 사용하면 할수록 역설적으로 문맹률이 높아졌기 때문이다. 그래서 문법이 단순화하기 시작하는데, 가령 제5변화 명사는 점차 제1변화 명사로 바뀌어 갔다.

 E.g. f. 얼굴 facies → facia

   f. 물질, 재료 materies → materia

또한 앞에서 살펴본 "domus, –us, f. 집"이라는 명사처럼 처소격이 사라지고 탈격(abl.)으로 대체되기 시작한다. 아울러 고전 라틴어뿐 아니라, A.D. 1세기부터 지중해 연안 주민들이 사용하기 시작한 대중 라틴어(Latinitas vulgate)에서도 이미 라틴어의 어미는 약하게 발음되거나, 생략되는 현상이 발생하였다. "Romanice loqui", 즉 로마인의 말을 하는 식자층에게는 라틴어의 어미변화가 별 어려움이 없었겠지만, 대중에게는 당시에도 여전히 다가가기 어려운 언어였기 때문이다. 그래서 점차 어미변화가 단순화되기 시작했으며, 어미변화 자체가 없는 몇몇 명사들도 파생되었다. 그리고 라틴어 명사의 어미변화가 완전히 사라지게 된 결정적인 계기는 바로 관사의 출현이다.

관사의 사용은 그리스어에서 처음 발견되지만, 라틴어는 우리말과 같이 관사라는 개념에 상응하는 단어가 없다. 관사라는 문법적 용법을 이탈리아어에 처음 적용시켜 강조한 사람은 피렌체 사람인 Benedetto Buommattei(1581~1648)이다.7) 관사를 통해, 유럽어에서는 명사의 성과 수를 표시할 수 있게 되었으며, 엄격한 어순의 사용을 통해서 격도 표시될 수 있었다. 그리고 보면, 라틴어 문법은 우리뿐만 아니라, 당시 유럽의 대중에게도 어렵긴 어려웠던 모양이다. 그 점에서 조금 위안을 받길 바라며, 공부를 계속하자.

---

7) Cf. M. Dardano, P. Trifone, *La lingua italiana*, Bologna 1985, p. 91.

II. 불변화 명사

모든 명사들이 격에 맞추어 완전한 형태의 어미변화를 하는 것은 아니다. 어떤 명사들은
단수나 복수 형태만 있고, 또는 격변화 자체가 없는 불변화 명사들도 있다.

fas, n. 가(可)함, 정당함; 신의 명령

•Fas est. 가하다.

•nefas, n. 불경, 불의, 불가(不可), 부당함; Nefas est. 불가하다.

•fas와 nefas는 일반명사와는 달리 격의 변화가 없고, 단·복수에 따른 형태 변화도 없다.
N.B. 라틴어에서는 권리를 표현할 때 권리를 부여하는 주체에 따라 달리 표현한다. 'fas'는
종교에 기반을 둔 권리나 책임을 의미하는데 "fas est"는 "합법적이다, 정당하다, 가능하
다"라는 뜻이지만 엄밀히 말해서, "신의 명령에 의해 정당함"이라는 뜻으로, 인간의 권리
에 의한 정당성과는 구별된다. 인간의 권리에 의한 정당성은 라틴어로 "ius est(정당하
다)"라고 표현한다(Kennedy, 2000).

forte, n. 우연히

•"fors, f. 우연, 운수, 재수"에서 파생한 단어로, 현재 다른 격은 쓰지 않고 주격인 fors와
탈격인 forte의 형태만 남아 있다.

instar, n. 표본, 모형, 흡사; (+gen.) ~처럼, ~과 같은

E.g. 1. primum operis instar 작품의 첫 번째 표본

•instar가 '표본'이라는 뜻으로 쓰여 primum의 수식을 받는다.

•operis는 단수 속격으로 '작품의'라는 뜻이 된다.

E.g. 2. unda instar montis 산더미 같은 파도; instar montis equus 산같이 큰 말

•instar는 명사의 속격과 결합해 다른 명사를 수식할 수 있다. 여기서 instar는 montis라는
명사의 속격과 함께, '산처럼/같이'라는 뜻을 나타낸다.

mane, n. 아침

•mane라는 형태 자체로 주격과 대격으로도 사용하지만, 주격과 대격보다는 탈격의 의미로
더 많이 사용한다.

multo mane, summo mane, primo mane, 이른 아침에

hodie mane, hodierno mane 오늘 아침에

heri mane, hesterno mane 어제 아침에

cras mane, crastino mane 내일 아침에

postero mane, postridie mane 그다음 날 아침에

ad ipsum mane 바로 아침까지

a mane usque ad vesperum 아침부터 저녁까지

nihil, n. 아무것도 아니(=nil); adv. 조금도 아니

•nihil의 주격부터 탈격까지의 형태는 각각 주격 nihil, 속격(nullius rei), 여격(nulli rei), 대격 nihil, 탈격(nulla re)이다. 'nihil'만 쓰이는 격은 주격과 대격뿐이며, nihil의 격변화에서는 사라졌지만 의미는 남아 관용어적 표현에 쓰인다.

pondo, n. 파운드, 폰도

•pondo는 제2변화 명사 "pondus, -i"에서 유래한 탈격 형태이나, "pondus, -i"가 가지고 있던 '무게, 중량'이라는 의미를 "pondus, ponderis, n."가 대체하면서 "pondo, ~의 무게의"라는 탈격의 형태만 남게 되었다. Pondo는 로마 시대의 무게 단위의 하나인 libra 327g을 말하며, 이것이 오늘날 금의 무게 단위로 고착되어 "금 1파운드당 얼마"라는 말이 파생하게 된다.

quinque auri pondo 금 5파운드   patera libram pondo 리브라 무게의 잔

patera pondo quinque 5폰도 무게의 잔

> patera, -ae, f. 제사용 술잔

sponte, f. 자발적으로, 자진해서

•sponte는 원래 "spons, spontis, f. 자발, 자원"이라는 명사에서 유래하였다. 그러나 "spons, spontis, f."라는 명사 형태는 더 이상 존재하지 않고, 그 명사의 탈격인 sponte의 형태만 남아 있다.

mea(tua, nostra) sponte 내/네/우리 의사대로, 나/너/우리는 자발적으로

N.B. 주격과 속격을 연결하여 "mea spons"라고 표현하지 않고 반드시 탈격(abl.) 형태로 표현한다.

sua sponte 자기 자유의지로, 자발적으로, 저절로

aliena sponte 남의 뜻에 따라

sponte Antonii 안토니오의 뜻에 따라

III. 격 부족 명사

다음 명사들은 단수의 격들을 다 갖추지 못한 명사들이다.

impetus, m. 공격, 충격, 격정, 충동

	sg.	pl.
nom.	impetus	impetus
gen.	-	-
dat.	-	-
acc.	impetum	impetus
abl.	impetu	-
voc.	impetus	impetus

(ops), opis, f. 힘, 도움, 원조; pl. 재산, 재력, 자원, 병력, 국력

	sg.	pl.
nom.	-	opes
gen.	opis	opum
dat.	-	opibus
acc.	opem	opes
abl.	ope	opibus
voc.	-	opes

vis, f. 힘, 폭력, 효력(효과); pl. 재능, 군대, 병력

	sg.	pl.
nom.	vis	vires
gen.	(roboris)	virium
dat.	(robori)	viribus
acc.	vim	vires
abl.	vi	viribus
voc.	vis	vires

N.B. 부족한 단수 속격과 여격은 "robur, roboris, n. 힘" 명사의 속격과 여격으로 대체하여 사용한다.

(vix), vicis, f. 연속, 차례, 교대, 대리, 대신

	sg.	pl.
nom.	-	vices
gen.	vicis	-
dat.	-	vicibus
acc.	vicem	vices
abl.	vice	vicibus
voc.	-	vices

N.B. 영어의 *vice*는 이 단어에서 유래한다.

hac vice 이번에   prima vice 처음으로, 첫 번으로

ultima vice 마지막 차례에   proxima vice 다음번에

vice versa 거꾸로   in vicem, invicem 서로

mea vice 내 대신에   vice alicuius 누군가를 대신으로

vicem alicuius gerere ~를 대신(대리)하다.

Loqui Latine! 라틴어로 말하기

뭐라고 하나요?

Quomodo Latine dici potest ~ ? ~을/를 라틴어로 어떻게 말합니까?

Gicha Latine dicitur tramen.

기차는 라틴어로 tramen(트라멘)이라고 합니다.

Nihil Latine dici non potest.

(단어가) 아무것도 없어서 라틴어로 말할 수 없습니다.

📖 고전 라틴어에는 '기차'라는 의미의 단어가 없다. 이는 라틴어 신조어이다.

라틴어의 모든 명사 변화를 마치며 영어를 생각한다

지금까지 우리는 힘겹게 라틴어의 명사 변화에 대해 살펴보았다. 이 과정에서 어떤 사람들은 언어 접근에 좀 더 용이한 동사를 제쳐 두고, 명사에만 치중하였다고 생각하는 사람도 있을 것이다. 그러나 나는 라틴어 명사 학습을 통해 우리가 현재 사용하는 유럽어를 좀 더 조직적이고 체계적으로 접근하고, 어원론 차원에서 언어의 근원적인 이해를 돕고자 했다. 가장 가까운 예로 영어를 들어 보자. 궁극적으로 영어는 라틴어와 앵글로색슨어(고대영어)에서 유래하였는데, 그중 라틴어의 영향은 영어의 역사에 굉장히 큰 축을 차지한다.

초기 고대영어는 라틴어에서 그다지 많은 영향을 받지 않았다. 본격적으로 라틴어가 섬 민족의 언어문화에 자리 잡게 되는 것은 596년 교황 그레고리오 1세가 로마의 성 안드레아 수도원에 있던 아우구스티누스를 선교사로 영국에 파견하면서부터이다. 이로 인해 이전과 달리 많은 라틴어 어휘들이 "섬나라"로 유입된다. 사실 7세기부터 12세기까지 서양 법제사 문헌을 보면 '브리타니아(Britannia)'란 말보다 그저 "야만 민족과 섬 민족들"이라고 표현한다.

1066년 윌리엄 1세가 도버해협을 건너 잉글랜드를 점령함에 따라 잉글랜드의 왕조는 노르만 왕조가 되었다. 이에 따라 자연히 노르만 프랑스어(Norman French)가 교양인의 언어가 되고, 앵글로색슨어는 피지배자들과 농노들의 거칠고 천박한 말로 여겨졌다. 하지만 시간이 지나면서 노르만인과 영국 토박이들이 섞이게 되면서 앵글로색슨어가 다시 부각되었다. 그러나 학문적으로나 문화적으로 앵글로색슨어는 그 어휘가 너무 빈약했기 때문에 라틴어에 뿌리를 둔 불어나, 라틴어를 직접 차용하면서 13, 14세기에 이르러 중세 영어(Middle English)가 형성된다. 이러한 현상은 고전에 대한 뜨거운 관심을 보였던 르네상스 시대에 와서 더 활발히 이루어지게 된다.

그러나 과도한 불어의 차용은 반발을 일으켜 1731년 불어 사용을 금지하는 의안이 통과되기도 하지만, 상류 문화에서 하류 문화로 유입되는 문화의 자연적 흐름을 막을 수는 없었다. 영어는 사회가 진보하고 발전할수록 직·간접적으로 더 많은 어휘들을 라틴어에 의지하게 된다. 영어는 라틴어의 어휘를 수용함에 있어 어떤 경우에는 철자와 의미 모두를 수용하거나, 철자는 고유의 지방어를 사용하고 의미만을 라틴어에서 차용하기도 하였다. 이를 통해 영어 어휘가 더 풍요로워질 수 있는 계기가 된 것이다.

가령 work라는 명사는 라틴어 opus와 의미가 전반적으로 흡사하다. 이 경우 work라는 명사는 철자는 다르지만 라틴어 명사 opus에서 그 의미를 대다수 차용하여 사용한 경우에 해당한다. work뿐만 아니라 많은 어휘들이 라틴어의 의미에서 그 뜻을 차용해 사용하였다.

work	opus, operis, n.
1. 일, 직장, 직업	1. 일
2. 직무	2. 업무, 사무
3. 노력, 작업, 공사	3. 수고, 노력
4. 일, 작품, 저작품	4. 업적, 작품, 저작품
5. 짓, 소행	5. 행위, 활동, 행동
6. 공사(작업)	6. 노동, 건축 공사, 토목공사
7. 공장, 제작소	7. 공업에 속하는 일
8. 부품	8. 행위, 사업
9. 모든 것	9. 군사시설

그러나 영어는 불어와 라틴어의 용어에 대한 단순한 차용을 넘어, 마치 동음이의어처럼 용어는 똑같아도 그 내용에서는 유사하거나 완전히 다른 의미로 개념을 변화시키거나 발전시킨 독자적인 언어라는 것도 간과해서는 안 된다.

 숨은 라틴어 찾기

로마 속 숨은 라틴어 찾기 (1)
한때 세계를 주름잡았던 로마의 역사 속에는 그 위엄만큼이나 흥미진진한 이야기들이 가득한데, 그중에서도 로마의 황제인 캐사르(Gaius Iulius Caesar, B.C. 102~44년)의 일생은 지금까지도 많은 예술 작품과 희곡 등에 영향을 미치고 있다.
"Veni, vidi, vici!(왔노라, 보았노라, 이겼노라!)"라는 유명한 말처럼 캐사르의 삶은 극적인 승리로 가득했지만, 그의 인생은 자신이 양자로 삼았던 브루투스에서 암살당하는 비극으로 끝을 맺게 된다. 캐사르는 금과 은의 가치를 1 대 12로 정해 국립 조폐청을 신설하여 동전 주조는 원로원에 일임하고, 금화와 은화의 주조권을 종신 독재관인 자신이 독점하려 하는 과정에서 이처럼 비극적인 죽음을 맞이했다.

그때 일설에 따르면 캐사르는 다음과 같이 말했다고 한다.

"Caesar, Caesar! Caesar eam videt! Caesar, cape eam!"
(캐사르, 캐사르다! 캐사르가 그를 본다! 캐사르, 그를 잡아라!)

"Et tu, Brute?" (그래 브루투스여, 너란 말이냐?)

Pars 2
Adiectivum
형용사

이 장에서는 명사를 꾸미는 역할 외에 다양한 기능을 수행하는 라틴어 형용사에 대해 배운다. Pars 0, Pars 1에서 배운 내용을 되짚어 가며 공부하다 보면 어느새 라틴어 형용사에 익숙해져 있는 자신을 볼 수 있을 것이다.

Lectio I.   형용사
Lectio II.   수사와 대명사적 형용사
Lectio III.   형용사의 비교급과 최상급

Adiectivum

형용사

어원적으로 형용사란 말은 라틴어로 "nomen adiectivum"으로 "명사에 첨가된 말"이라는 의미이다. 라틴어 형용사는 명사를 수식·서술하며, 수식·서술하는 명사와 성(性)·수(數)·격(格)을 일치하여야 한다. 따라서 라틴어 형용사는 명사와 마찬가지로 남성, 여성, 중성의 성을 가지며, 단수·복수의 수와 6개의 격(주격, 속격, 여격, 대격, 탈격, 호격)을 가진다.

amicus bonus 좋은 (남자) 친구	**amica bona** 좋은 (여자) 친구
sponsus bonus 좋은 (남자) 애인	**sponsa bona** 좋은 (여자) 애인

---

sponsus, -i, m. 약혼남, 신랑 　　　　　　 sponsa, -ae, f. 약혼녀, 신부

sponsor, -oris, m. 후견인, 보증인, 담보인 　　**N.B.** sponte, adv. 자발적으로

I. 형용사의 변화 형태

라틴어 형용사의 격변화에는 크게 제1형(prima classis)과 제2형(secunda classis)이 있다. 형용사의 어미변화 형태는 명사와 마찬가지로 어간은 변하지 않고, 꾸미는 명사의 성·수·격에 따라 어미변화를 한다.

1. 형용사 제1형

형용사 제1형의 남성과 중성은 제2변화 명사의 어미변화를 따르며, 여성은 제1변화 명사의 어미변화를 따른다.

수 격＼성	sg.			pl.		
	m.	f.	n.	m.	f.	n.
nom.	-us, -er	-a	-um	-i	-ae	-a
gen.	-i	-ae	-i	-orum	-arum	-orum
dat.	-o	-ae	-o	-is	-is	-is
acc.	-um	-am	-um	-os	-as	-a
abl.	-o	-a	-o	-is	-is	-is
voc.	-e	-a	-um	-i	-ae	-a

2. 형용사 제2형

형용사 제2형은 제3변화 명사의 어미변화 형태를 따른다.

수 격＼성	sg.			pl.		
	m.	f.	n.	m.	f.	n.
nom.	-er, -is	-is	-e	-es	-es	-ia
gen.	-is	-is	-is	-ium	-ium	-ium
dat.	-i	-i	-i	-ibus	-ibus	-ibus
acc.	-em	-em	-e	-es	-es	-ia
abl.	-i	-i	-i	-ibus	-ibus	-ibus
voc.	-er	-is	-e	-es	-es	-ia

II. 형용사 제1형

형용사 제1형은 어미변화의 형태에 따라 다시 세 가지로 구분된다.

	m.	f.	n.	m.	f.	n.
1식	-us	-a	-um	bonus	bona	bonum
2식	-er	-era	-erum	liber	libera	liberum
3식	-er	-ra	-um	aeger	aegra	aegrum

1. 형용사 제1형 1식: -us, -a, -um

bon-us, bon-a, bon-um 착한

수 격 \ 성	sg.			pl.		
	m.	**f.**	**n.**	**m.**	**f.**	**n.**
nom.	bon-**us**	bon-**a**	bon-**um**	bon-**i**	bon-**ae**	bon-**a**
gen.	bon-**i**	bon-**ae**	bon-**i**	bon-**orum**	bon-**arum**	bon-**orum**
dat.	bon-**o**	bon-**ae**	bon-**o**	bon-**is**	bon-**is**	bon-**is**
acc.	bon-**um**	bon-**am**	bon-**um**	bon-**os**	bon-**as**	bon-**a**
abl.	bon-**o**	bon-**a**	bon-**o**	bon-**is**	bon-**is**	bon-**is**
voc.	bon-**e**	bon-**a**	bon-**um**	bon-**i**	bon-**ae**	bon-**a**

altus, alta, altum 높은

magnus, magna, magnum 큰

multus, multa, multum 많은

bonus, bona, bonum 좋은

pretiosus, pretiosa, pretiosum 값진

publicus, publica, publicum 공공의

sanctus, sancta, sanctum 성스러운

durus, dura, durum 굳은

clarus, clara, clarum 유명한

latus, lata, latum 넓은

parvus, parva, parvum 작은, 적은

paucus, pauca, paucum 적은, 소수의

malus, mala, malum 나쁜

pravus, prava, pravum 좋지 않은

privatus, -a, -um 박탈적인, 개인적인

humanus, -a, -um 인간적인

singulus, -a, -um 단일의

stultus, -a, -um 어리석은

• 라틴어의 소유대명사는 형용사처럼 사용하여, 꾸며 주는 명사와 성(性)·수(數)·격(格)을 일치하여야 한다.

• 단수 소유대명사 겸 형용사들은 형용사 제1형 1식처럼 어미변화를 한다.

meus, -a, -um 나의, 내　　　　　　　　tuus, -a, -um 너의, 네

suus, -a, -um 자기(의)

N.B. meus의 남성 단수 호격은 mi가 되며, tuus와 suus의 호격은 없다.

• 복수 소유대명사 겸 형용사들은 형용사 제1형 3식처럼 어미변화를 한다.

noster, nostra, nostrum 우리의　　　　　vester, vestra, vestrum 너희의

2. 형용사 제1형 2식: −er, −era, −erum

lib-er, libe-ra, liber-um 자유로운

수 격　성	sg.			pl.		
	m.	**f.**	**n.**	**m.**	**f.**	**n.**
nom.	liber	liber-a	liber-um	liber-i	liber-ae	liber-a
gen.	liber-i	liber-ae	liber-i	liber-orum	liber-arum	liber-orum
dat.	liber-o	liber-ae	liber-o	liber-is	liber-is	liber-is
acc.	liber-um	liber-am	liber-um	liber-os	liber-as	liber-a
abl.	liber-o	liber-a	liber-o	liber-is	liber-is	liber-is
voc.	liber	liber-a	liber-um	liber-i	liber-ae	liber-a

• 형용사 liber는 제2변화 명사 puer, pueri의 형태와 같이 어미변화를 한다. 이 경우 'liber'는 어근과 같이 불변하고, 어미가 첨가되어 어미변화를 한다.

asper, aspera, asperum 거친, 험한　　　frugifer, frugifera, frugiferum 비옥한

miser, misera, miserum 불쌍한　　　tener, tenera, tenerum 부드러운

|예외| "satur, satura, saturum 배부른, 포만한, 만족한"이라는 형용사는 유일하게 남성 주격 형태가 −ur이며, 속격부터는 liber와 같은 형태로 어미변화를 한다.

|예외| "dexter, dextera, dexterum 오른쪽, 적절한"이라는 형용사는 철자 e가 그대로 있을 수도 있고 생략될 수도 있다.

단수 속격 남성, 여성, 중성의 형태가 다음과 같이 될 수 있다.

E.g. 단수 속격은 dexteri, dexterae, dexteri 또는 dextri, dextrae, dextri로 표기할 수 있다.

3. 형용사 제1형 3식: −er, −ra, −um

pulcher, pulchra, pulchrum 아름다운

수 격　성	sg.			pl.		
	m.	**f.**	**n.**	**m.**	**f.**	**n.**
nom.	pulcher	pulchr-a	pulchr-um	pulchr-i	pulchr-ae	pulchr-a
gen	pulchr-i	pulchr-ae	pulchr-i	pulchr-orum	pulchr-arum	pulchr-orum
dat.	pulchr-o	pulchr-ae	pulchr-o	pulchr-is	pulchr-is	pulchr-is
acc.	pulchr-um	pulchr-am	pulchr-um	pulchr-os	pulchr-as	pulchr-a
abl.	pulchr-o	pulchr-a	pulchr-o	pulchr-is	pulchr-is	pulchr-is
voc.	pulcher	pulchr-a	pulchr-um	pulchr-i	pulchr-ae	pulchr-a

남성 형용사 pulcher는 명사 "aper, apri, m. 멧돼지"의 어미변화와 같다. 따라서 단수 속격의 모음 'e'기 탈락하여 'pulchr'가 이근 역할을 하며 어미변화를 한다.

aeger, aegra, aegrum 병든   ater, atra, atrum 어두운

integer, integra, integrum 완전한, 공정한   niger, nigra, nigrum 검은

piger, pigra, pigrum 게으른   sacer, sacra, sacrum 거룩한

noster, nostra, nostrum 우리의   vester, vestra, vestrum 너희의

4. 형용사의 일치

형용사는 수식하는 명사와 성, 수, 격을 일치해야 한다. 라틴어 형용사는 명사 다음에 놓는데, 이것은 거명된 사람이나 사물이 첨가된 말, 꾸밈말보다 더 중요하다고 생각한 로마인들의 사고에서 기인한다. 그러나 지시형용사와 수사를 비롯해, 화자가 특별히 강조하기를 원하는 형용사는 명사 앞에 놓는다. 이 점에 대해서는 "형용사의 용법"에서 다시 살펴보도록 하자.

puer magnus 큰 아이

격\수	sg.	pl.
nom.	puer magnus 큰 아이가	pueri magni 큰 아이들이
gen.	pueri magni 큰 아이의	puerorum magnorum 큰 아이들의
dat.	puero magno 큰 아이에게	pueris magnis 큰 아이들에게
acc.	puerum magnum 큰 아이를	pueros magnos 큰 아이들을
abl.	puero magno 큰 아이에 의해서	pueris magnis 큰 아이들에 의해서
voc.	puer magne 큰 아이야	pueri magni 큰 아이들아

Magister est severus. (남)선생님은 엄하다.

Magistri sunt severi. (남)선생님들은 엄하다.

Magistra est severa. (여)선생님은 엄하다.

Magistrae sunt severae. (여)선생님들은 엄하다.

(dicit) In vino veritas! 포도주 속에 진실을 말한다(=취중 진담이다)!

Responsum falsum est! 틀린 대답이야![1]

Stultus quidlibet dicit. 어리석은 자가 무엇이든지 말하지.

---

responsum, -i, n. 대답   falsus, -a, -um, adj. 잘못된, 틀린

---

1) 'responsum' 명사가 중성이기 때문에 형용사도 중성인 'falsum'을 사용한다.

Exercitatio 1   (해답은 부록 104쪽 참조)

1. 해석 가능한 모든 의미를 옮기시오.

  1) adversae fortunae

  2) frondosa platanus

  3) multa aedificia

  4) integri arbitri

> adversus, −a, −um, adj. 거스르는, 반대의, 역경의
> platanus, −i, f. 플라타너스   frondosus, −a, −um, adj. 잎이 우거진
> aedificium, −ii, n. 건물

2. 다음 명사를 수식하는 알맞은 형용사를 고르고 우리말로 옮기시오.

  1) dominus
  a) saevi   b) saevus   c) saeve

  2) cerasus
  a) parva   b) parvus   c) parvi

  3) templa
  a) magna   b) magni   c) magnum

  4) poetae
  a) clari   b) clarae   c) claram

> saevus, −a, −um, adj. 사나운, 무자비한

3. 괄호 안에 알맞은 형용사를 쓰고 우리말로 옮기시오.

  1) (parvus, −a, −um) scintilla (magnus, −a, −um) flammas excitat.

2) (clarus, —a, —um) poeta (funestus, —a, —um) incendium Troiae cantat.

3) (antiquus, —a, —um) responsa oraculi (obscurus, —a, —um) sunt.

4) Puer amat (pulcher, pulchra, pulchrum) puellam.

5) (Varius, —a, —um) flores in horto nostro florent; flores horti nostri (pulcher, pulchra, pulchrum) sunt.

N.B. 꽃은 여성이라고 생각하기 쉽지만 flos, floris는 남성이다. 'flores'가 남성 복수 주격이기 때문에 형용사 'varius, —a, —um; pulcher, pulchra, pulchrum'은 주어 flores 와 일치해야 한다.

6) Homines (piger, pigra, pigrum) laborem non amant.

7) Homines pigri quietem (longus, —a, —um) amant.

8) Mater (malus, —a, —um) mores puerorum vituperavit.

9) Mores hominum (varius, —a, —um) sunt.

10) (Certus, —a, —um) ordo laborum hominibus (necessarius, —a, —um) est.

scintilla, —ae, f. 불씨	flamma, —ae, f. 불, 불꽃
excito 일으키다	funestus, —a, —um, adj. 비통한
incendium, —ii, n. 화재	
Troia, —ae, f. 트로이아; Equus Troiae 트로이아의 목마	
canto 노래하다	antiquus, —a, —um, adj. 옛날의
responsum, —i, n. (점쟁이의) 대답	oraculum, —i, n. 신탁
obscurus, —a, —um, adj. 모호한	varius, —a, —um, adj. 다양한, 여러 가지
piger, pigra, pigrum, adj. 게으른	longus, —a, —um, adj. 긴
malus, —a, —um, adj. 나쁜	vitupero 책망하다
certus, —a, —um, adj. 분명한	

III. 형용사 제2형

형용사 제2형은 단수 주격의 형태가 남성·여성·중성이 각기 다른 경우(acer, acris, acre), 남성과 여성은 같고 중성만 다른 경우(dulcis, dulce), 남성·여성·중성이 모두 같은 형태(vetus)의 형용사 등 세 가지로 구분된다.

형용사 제2형은 단수 탈격의 어미가 —i, 복수 속격의 어미가 —ium, 중성 복수의 주격과 대격의 어미가 —ia로 끝나는 것이 특징이다.

1. 형용사 제2형 1식: acer, acris, acre 날카로운, 뾰족한, 예리한

수 격 성	sg.			pl.		
	m.	f.	n.	m.	f.	n.
nom.	acer	acr-is	acr-e	acr-es	acr-es	acr-ia
gen.	acr-is	acr-is	acr-is	acr-ium	acr-ium	acr-ium
dat.	acr-i	acr-i	acr-i	acr-ibus	acr-ibus	acr-ibus
acc.	acr-em	acr-em	acr-e	acr-es	acr-es	acr-ia
abl.	acr-i	acr-i	acr-i	acr-ibus	acr-ibus	acr-ibus
voc.	acer	acr-is	acr-e	acr-es	acr-es	acr-ia

• 형용사 제2형 1식 "acer, acris, acre" 형태의 형용사는 주격과 호격을 제외하면, 남성과 여성의 어미변화가 모두 같다. 중성의 경우에도 주격, 대격, 호격을 제외하고 남성·여성과 어미변화가 같다.

• 형용사 제2형 1식 형태의 형용사는 달 이름을 나타내는 명사 "September(9월), October(10월), November(11월), December(12월)" 어미변화의 형태를 따른 것이다.

• 형용사 제2형 1식에서 —er, —ris, —re 형태의 어미는 모두 7가지이며, —ster, —stris, —stre 형태는 모두 6가지이다.

acer, acris, acre 날카로운, 뾰족한, 예리한
alacer, alacris, alacre 활발한, 발랄한, 재빠른, 유쾌한
celer, celeris, celere 빠른, 신속한
celeber, celebris, celebre 번화한, 유명한
puter, putris, putre 썩은, 악취 나는, 시든
saluber, salubris, salubre 건강에 좋은, 유익한

volucer, volucris, volucre 날아다니는, 날개 달린

campester, campestris, campestre 평야의, 들판의, 평탄한

equester, equestris, equestre 기병의, 기사의, 남작의

paluster, palustris, palustre 진흙의, 수렁의, 늪이 많은

pedester, pedestris, pedestre 도보의, 보병의

silvester, silvestris, silvestre 숲의, 야생의

terrester, terrestris, terrestre 지상의, 땅의, 육지의

2. 형용사 제2형 2식: fortis, fortis, forte 강한

수 격 \ 성	sg.			pl.		
	m.	f.	n.	m.	f.	n.
nom.	fort-is	-is	fort-e	fort-es	-es	fort-ia
gen.	fort-is	-is	fort-is	fort-ium	-ium	fort-ium
dat.	fort-i	-i	fort-i	fort-ibus	-ibus	fort-ibus
acc.	fort-em	-em	fort-e	fort-es	-es	fort-ia
abl.	fort-i	-i	fort-i	fort-ibus	-ibus	fort-ibus
voc.	fort-is	-is	fort-e	fort-es	-es	fort-ia

• 형용사 제2형 2식 "fortis, fortis, forte" 형태는 남성과 여성의 어미변화가 똑같다. 중성의 경우에 남성, 여성과 비교해서 주격, 대격 그리고 호격의 형태가 다르다. 그러나 중성의 주격과 대격 그리고 호격의 형태는 모두 같다.

• 제2형 2식 형용사는 달 이름 명사인 "Aprilis(4월), Quintilis(5월), Sextilis(6월)"의 어미변화 형태를 따른 것이다.

admirabilis, -e 감탄할   brevis, -e 짧은

civilis, -e 시민의, 시민적   communis, -e 공동의, 공통된

crudelis, -e 포악한, 잔악한   difficilis, -e 어려운

facilis, -e 쉬운   fidelis, -e 충실한, 충성스러운

fertilis, -e 비옥한   hilaris, -e 경쾌한, 쾌활한

infidelis, -e 불충실한   illustris, -e 유명한, 빛나는

humilis, -e 겸손한, 낮은   mortalis, -e 죽어 없어질

immortalis, -e 불사불멸의   omnis, -e 모든

mitis, -e 양순한   tristis, -e 우울한, 슬픈

principalis, -e 중요한, 주요한

similis, -e (여격 요구) 비슷한

utilis, -e (여격 요구) 유익한

turpis, -e 추악한, 더러운

dissimilis, -e (여격 요구) 비슷하지 않은

inutilis, -e (여격 요구) 무익한

3. 형용사 제2형 3식: audax, audacis 대담한, 담대한, 넉살 좋은

수 격　성	sg.			pl.		
	m.	f.	n.	m.	f.	n.
nom.	audax	audax	audax	audac-es	audac-es	audac-ia
gen.	audac-is	audac-is	audac-is	audac-ium	audac-ium	audac-ium
dat.	audac-i	audac-i	audac-i	audac-ibus	audac-ibus	audac-ibus
acc.	audac-em	audac-em	audax	audac-es	audac-es	audac-ia
abl.	audac-i	audac-i	audac-i	audac-ibus	audac-ibus	audac-ibus
voc.	audax	audax	audax	audac-es	audac-es	audac-ia

• 형용사 제2형 3식은 남성, 여성, 중성의 단수 주격 형태가 모두 같으며, 단수 속격부터
음절수가 늘어난다. 따라서 형용사 제2형 3식은 명사처럼 주격과 속격을 함께 외워야 명사
변화의 형식을 잘 알 수 있다. 이런 이유에서 주격(clemens)과 속격(clementis)을 병기한
것이다. 따라서 다른 형용사의 유형과 구분하여야 한다.
E.g. audax (아-우-닥스) 3음절 → audacis (아-우-다-치스) 4음절

• "audax, audacis" 형용사는 남성과 여성의 어미변화가 모두 같다. 다만 중성의 경우에만
단수 대격, 복수 주격과 대격, 호격의 형태가 다르다.
E.g. homo(m.) audax 대담한 남자
　　mulier(f.) audax 대담한 부인　animal(n.) audax 무모한 동물

clemens, clementis 어진, 관대한

concors, concordis 화목한

constans, constantis 꾸준한

felix, felicis 비옥한, 행복한

ingens, ingentis 거대한, 방대한

misericors, misericordis 자비로운

velox, velocis 빠른[2]

discors, discordis 불목한

diligens, diligentis 부지런한, 근면한

fugax, fugacis 도망(기피)하는, 비겁한, 기피하는

mendax, mendacis, 거짓말하는

potens, potentis 유능한, 능한

---

2) 이탈리아에서는 과속 방지 카메라를 'Autovelox'라고 부른다. Autovelox란 '차'를 의미하는 'auto'와
'속도'를 의미하는 라틴어 'velox'의 합성어이다.

prudens, prudentis 신중한, 현명한   rapax, rapacis 강탈하는, 욕심 많은

vehemens, vehementis, 난폭한

4. 형용사 제2형의 변화 예외: vetus, veteris, 옛, 낡은[3)]

수 성	sg.			pl.		
격	m.	f.	n.	m.	f.	n.
nom.	vetus	vetus	vetus	veter-es	veter-es	veter-a
gen.	veter-is	veter-is	veter-is	veter-um	veter-um	veter-um
dat.	veter-i	veter-i	veter-i	veter-ibus	veter-ibus	veter-ibus
acc.	veter-em	veter-em	vetus	veter-es	veter-es	veter-a
abl.	veter-e	veter-e(i)	veter-e(i)	veter-ibus	veter-ibus	veter-ibus
voc.	vetus	vetus	vetus	veter-es	veter-es	veter-a

• "vetus, veteris" 형태의 형용사는 다른 제2형 형용사들의 어미변화와 달리 탈격의 어미가
  -e, 복수 속격의 어미가 -um이 된다.

• 형용사 제2형의 변화 예외는 제3변화 명사 제1식의 어미변화를 따른다.

	abl. sg.	gen. pl.
dives, divitis 부요한, 부자의	divite	divitum
pauper, pauperis 가난한	paupere	pauperum
iuvenis, iuvenis 젊은	iuvene	iuvenum
senex, senis 늙은	sene	senum
particeps, participis (속격 요구) 참가한	participe	participum
princeps, principis 으뜸가는, 군주의	principe	principum
sospes, sospitis 무사한, 안전한	sospite	sospitum
superstes, superstitis 살아남은	superstite	superstitum

N.B. 이 유형의 형용사들 중에는 divites 부자들, pauperes 가난한 사람들, princeps 군주,
임금, 제후, 으뜸 등과 같이 명사화되어 사용되는 것들도 있다.

• 다음 형용사들은 단수 탈격 어미는 규칙대로 -i이며, 복수 속격만 -um이 된다.

	abl. sg.	gen. pl.
inops, inopis (속격 요구) 없는, 궁핍한	inopi	inopum

---

3) 'veteranus, -a, -um, adj. 옛, 늙은, 고참병의'에서 불어 'vétéran'이 유래한다.

memor, memoris (속격 요구) 기억하는   memori   memorum

immemor, immemoris (속격 요구) 기억하지 않는   immemori   immemorum

supplex, supplicis 간청하는, 애원하는   supplici   supplicum

vigil, vigilis 깨어 지키는, 야경하는   vigili   vigilum

IV. 형용사의 용법(Usus Adiectivorum)

형용사의 문법적 용법에는 크게 세 가지가 있다.

1. 한정 용법(Usus attributivus)

2. 서술 용법(Usus praedicativus)

3. 형용사의 명사적 용법(Usus substantivus)

이에 대한 자세한 용법에 대해서는 제2권 "Pars 1, Lectio II"를 참조하라.

1. 한정 용법

한정 용법의 형용사는 꾸며 주는 명사와 같은 성, 수, 격을 사용한다.

Pax romana 로마식의 평화, pax sinica 중국식의 평화

N.B. "pax"가 여성명사이므로 그것을 수식하는 형용사도 여성으로 일치시킨다.

> pax, pacis, f. 평화   romanus, −a, −um, adj. 로마인의, 로마식의
> sinicus, −a, −um, adj. 중국인의, 중국식의

vir fortis 용감한 사람   vir probus 정직한 사람

homo ignavus 게으름뱅이   homo doctus 박학한 사람

homo vere Romanus 진짜 로마인   verus amicus meus 나의 참 친구

* vere는 '참으로, 진짜의'라는 부사

pecunia magna 큰 돈(거액)

격 수	sg.	pl.
nom.	pecunia magna 거액이	pecuniae magnae 거액들이
gen.	pecuniae magnae 거액의	pecuniarum magnarum 거액들의
dat.	pecuniae magnae 거액에	pecuniis magnis 거액들에게
acc.	pecuniam magnam 거액을	pecunias magnas 거액들을

abl.	pecunia magna 거액으로	pecuniis magnis 거액들로
voc.	pecunia magna 기액이여!	pecuniae magnae 거액들이여!

2. 서술 용법

서술어를 꾸미는 형용사 역시 주어와 성·수·격이 일치해야 한다.

Deus(-i, m.) est bonus(m. adj.). 신(神)은 선하다.

Methodus(-i, f.) est bona(f. adj.). 방법이 좋다.

Puella(-ae, f.) est pulchra(f. adj). 소녀가 예쁘다.

Vita(-ae, f.) brevis(m./f. adj.) est. 인생은 짧다.

Periculum(-i, n.) est magnum(n. adj). 위험이 크다.

3. 형용사의 명사적 용법

형용사의 가장 일반적인 용법은 위에서 살펴봤듯이 명사나 대명사를 수식하거나 보어로 사용되는 것이지만, 단독으로 명사처럼 사용되는 경우도 있다. 이를 형용사의 명사적 용법 또는 형용사의 명사화라고 한다.

E.g. bonus(m.) 착한 사람, bona(f.) 착한 여자, bonum(n.) 선(善)

1) 형용사가 수식하는 명사 없이 단독으로 쓰여 특정인을 지칭하는 경우

가령 영어의 "*poor*, 가난한"이라는 형용사에 정관사 *the*를 붙여 "*the poor* 가난한 사람들"이 되는 경우로 이해하면 된다.

E.g. stultus, -a, -um, adj. 어리석은, 멍청한 → (명사화) m. 어리석은 사람

Experientia stultos docet. 경험은 어리석은 자들을 가르친다.

이런 유형의 형용사는 다음과 같다.

boni 착한 사람들	mali 나쁜 사람들
divites 부자들	pauperes 가난한 사람들
docti 현명(유식)한 사람들	indocti 무식한 사람들
stulti 어리석은 사람들	Romani 로마인들

Bonos laudat. 그는 착한 사람들을 칭찬한다.

Bonas laudat. 그는 착한 여자들을 칭찬한다.

2) 형용사가 명사로 고착된 경우

명사 "amicus, m. 친구; amica, f. 여자 친구"는 "amicus, amica, amicum, 친근한, 친구의"라는
형용사가 명사화되어, 고착된 경우이다.

vicinus 이웃 사람   vicina 이웃 여자

propinquus 친척, 이웃 사람   propinqua (여자) 친척, 이웃 여자.

3) 중성 형용사가 추상명사가 된 경우

bonum, -i, n. 좋은 것, 선, 행복   malum, -i, n. 나쁜 것, 악, 불행

novum, -i, n. 새로운 것, 뉴스   verum, -i, n. 진실

falsum, -i, n. 거짓   novissima, -orum, n. pl. 세상 종말

omnia, -ium, n. pl. 모든 것, 만사   plus, pluris, n. 더 많음

omnis, omnis, omne, adj. 전체의, 모든 (형용사 제2형 2식)

수 격 성	sg.		pl.	
	m./f.	n.	m./f.	n.
nom.	omn-is	omn-e	omn-es	omn-ia
gen.	omn-is	omn-is	omn-ium	omn-ium
dat.	omn-i	omn-i	omn-ibus	omn-ibus
acc.	omn-em	omn-e	omn-es	omn-ia
abl.	omn-i	omn-i	omn-ibus	omn-ibus
voc.	omn-is	omn-e	omn-es	omn-ia

omnes, m. pl. 모든 사람, 만민   omne, n. sg. 전부

omnia, n. pl. 만물, 만사, 모든 것   ante omnia 무엇보다도 먼저

Nemo potest omnibus placere. 아무도 모든 사람을 만족시키지 못한다.

4. 두 개 이상의 명사에 형용사의 성을 일치하는 법

1) 같은 성의 명사들이 주어인 경우, 형용사는 같은 성의 복수를 사용한다.

Pater et filius sunt boni. 아버지와 아들은 착하다.

Mater et filia sunt bonae. 어머니와 딸은 착하다.

2) 서로 다른 성의 명사들이 주어인 경우에는 남성, 여성, 중성의 순으로 통일시킨다.

Pater et mater aegroti sunt.[4] 아버지와 어머니가 아프시다.

> aegrotus, -a, -um, adj. 아픈

3) 추상명사 또는 사물 명사들이 주어인 경우에는 형용사는 주어와 같은 성을 써도 되지만, 중성 복수를 쓸 수도 있다. 아래 예문의 경우 superbia와 ira 모두 여성명사이지만, 추상적인 대상을 지칭하므로 중성 복수 형용사 noxia로도 수식할 수 있는 것이다.

Superbia et ira valde noxiae(noxia) sunt. 교만과 분노는 매우 해롭다.

> superbia, -ae, f. 교만   ira, -ae, f. 분노; cf. Dies irae 진노의 날
> noxius, -a, -um, adj. 해로운   valde, adv. 매우

4) 주어들이 성이 다를 때, 형용사는 중성 또는 형용사에 가까운 주어 명사의 성을 쓸 수 있다.

Divitiae et honores caduca sunt. 재산과 명예는 잠시 지나가는 것이다.[5]

Vitium et virtus contraria(contrariae) sunt. 악습과 덕은 반대된다.[6]

> divitiae, -arum, f. 재산, 재물   honor, -oris, m. 명예
> caducus, -a, -um, adj. 잠시 지나가는, 무상한 vitium, -ii, n. 악습
> virtus, virtutis, f. 덕   contrarius, -a, -um, adj. 반대되는

5) 주어가 사람과 사물일 때 형용사는 사람의 성을 따른다.

Incolae et aedificium parvi(parvae) sunt. 주민들과 건물이 작다.

> incola, -ae, m./f. 주민   aedificium, -ii, n. 건물

6) 주어가 동물과 사물일 때 형용사는 중성 복수로 한다.

Bestiae et aedificium erant parva. 짐승들과 건물이 작았다.

---

4) 남성명사 pater의 성을 따라 남성으로 일치시켜, 남성 복수 aegroti로 수식한다.
5) 이 예문에서 형용사 caduca는 중성 복수이다.
6) contraria는 여성명사 virtus의 성을 따라 사용한 것이다.

Exercitatio 2 　(해답은 부록 104쪽 참조)

1. 다음 가운데 형용사 제2형 1식, 2식, 3식을 구분하여 어미변화를 하고, 그 뜻을 쓰시오.

crudelis, clemens, audax, alacer, fertilis, terrester, misericors, communis, saluber, vehemens, brevis, difficilis, fugax, celer, silvester, humilis, prudens, felix, pedester, mendax, equester

N.B. 형용사 제2형 1식은 남성, 여성, 중성이 각기 다른 형태이며, 2식은 남성과 여성은 같고 중성만 다른 경우, 3식은 남성·여성·중성이 모두 같은 형태의 형용사이다.

1) 2형 1식:

2) 2형 2식:

3) 2형 3식:

2. 명사에 알맞게 형용사를 일치시키고, 우리말로 옮기시오.

　1) (facilis, −e) methodus 　　　　 2) (difficilis, −e) periodus

　3) (saluber, salubris, salubre) studium 　　 4) (alacer, alacris, alacre) filius

　5) (potens, potentis) magistra

3. 다음 문장을 우리말로 옮기시오.

　1) Ars longa, vita brevis (est).

　2) Via iustitiae non est facilis.

　3) Multa bella iniusta et inutilia sunt.

　4) Coreae agri fertiles sunt.

Loqui Latine! 라틴어로 말하기

유감 표현

Indignum!, Malum!, Dolendum est. 애석하다! 유감이다!

O factum male! 정말 운이 없네!

Pro dolor, infeliciter! 불행하게도, 유감스럽게도!

Veniam peto(-ere). 죄송합니다.

Quaeso(단수 1인칭)/Quaesumus(복수 1인칭). 제발, 청컨대(부탁인데).

Moram/retardationem meam excusate, quaeso. 늦어서 죄송합니다.

(Valde) doleo. (매우) 유감입니다!

Da mihi veniam, quod molestiam tibi affero. 방해해서 죄송합니다.

Veniam mihi date, Ignoscatis mihi. 저를 용서해 주세요.

Numeralia et Adiectiva Pronominalia
수사와 대명사적 형용사

수사는 사람이나 사물의 일정한 수와 순서를 나타내므로 형용사의 일부로 간주한다. 라틴어의 수사에는 기수(numeralia cardinalia), 서수(numeralia ordinalia), 배분수(numeralia distributiva), 숫자부사(adverbialia numeralia)가 있다. 이 가운데 기수와 서수를 가장 자주 접한다.

•기수는 '하나, 둘, 셋'과 같이 개수를 나타내는 수이다. 의문형용사 quot(몇, 얼마나)'로 묻는 질문에 기수로 답한다.
 N.B. 질문할 때는 복수를 써야 한다.
 E.g. Quot annos natus es? 너 몇 살이니? (너 몇 해에 태어났니?)

•서수는 '첫째, 둘째, 셋째'와 같이 순서를 나타내는 수이다. 의문형용사 'quotus, −a, −um(몇 번째의)'으로 묻는 질문에 서수로 답한다.

•배분수는 '하나씩, 둘씩'과 같이 각각 몇 개씩인지 나타내는 수이다. 의문형용사 'quoteni, −ae, −a(몇 개씩, 각각 얼마나 많은)'로 묻는 질문에 배분수로 답한다.

•숫자부사는 '한 번, 두 번, 세 번'과 같이 유일하게 형용사가 아니라 부사로 쓰이는 수사이다. 의문부사 'quotie(n)s, adv.(몇 번, 몇 번이냐)'로 묻는 질문에 숫자부사로 답한다.

|나이와 출생|
라틴어로 나이를 묻고 대답하는 것으로 살펴보면, 기수와 서수의 활용을 쉽게 이해할 수 있을 것이다.

•quot로 물으면 기수(numeralia cardinalia)로 답한다. natus(nascor, nasceris, natus sum, nasci)나 habeo 동사 다음에 오는 수사는 기수 대격을 쓴다.

Quot annos natus/a es? 너 몇 살이니? (너 몇 해에 태어났니?)

Natus/a sum viginti (unum, duos/duas, tres, quattuor, quinque, etc.) annos.
나는 스무 살이야.

Quot annos habes? 몇 살이니? (너 몇 해를 가졌니?)

Viginti (unum, duos/duas, tres, quattuor, quinque, etc.) annos habeo.

•quotus로 물으면 서수(numeralia ordinalia)로 답한다. ago 동사는 "ago+대격(acc.)" 형태를 취하기 때문에 'annus, -i, m. 해, 년(年)'은 대격 annum을 쓰고 quotum으로 묻는다.

Quotum annum agis? 너 몇 살이니? (몇 년을 살았니?)

Ago annum vicesimum(unum, alterum, tertium, quartum, etc.). 나는 스무 살이야.

•의문부사 "quando, 언제"라고 물으면 서수 탈격(abl.)으로 대답한다.

Quando natus/a es? (너) 언제 태어났니?

Natus/a sum anno millesimo nongentesimo sexagesimo tertio. (나는) 1963년에 태어났다.

Natus/a sum anno millesimo nongentesimo septuagesimo. (나는) 1970년에 태어났다.

	기수(n. cardinalia)	서수(n. ordinalia)	배분수(n. distributiva)	숫자부사(n. adverbia)
1 I	unus, -a, -um 하나	primus, -a, -um 첫째	singuli, -ae, -a 하나씩	semel 한 번
2 II	duo, -ae, -o 둘	secundus(alter), -a, -um	bini, -ae, -a	bis 두 번
3 III	tres, tria 셋	tertius, -a, -um	terni, -ae, -a	ter 세 번
4 IV	quattuor	quartus, -a, -um	quaterni, -ae, -a	quater
5 V	quinque	quintus, -a, -um	quini, -ae, -a	quinquies
6 VI	sex	sextus, -a, -um	seni, -ae, -a	sexies
7 VII	septem	septimus, -a, -um	septeni, -ae, -a	septies
8 VIII	octo	octavus, -a, -um	octoni, -ae, -a	octies
9 IX	novem	nonus, -a, -um	noveni, -ae, -a	novies
10 X	decem	decimus, -a, -um	deni, -ae, -a	decies
11 XI	undecim	undecimus, -a, -um	undeni, -ae, -a	undecies
12 XII	duodecim	duodecimus, -a, -um	duodeni, -ae, -a	duodecies
13 XIII	tredecim	tertius decimus	terni deni	ter decies
14 XIV	quattuordecim	quartus decimus	quaterni deni	quater decies
15 XV	quindecim	quintus decimus	quini deni	quindecies
16 XVI	sedecim	sextus decimus	seni deni	sedecies(sexies decies)
17 XVII	septendecim	septimus decimus	septeni deni	septies decies
18 XVIII	duodeviginti	duodevicesimus	duodeviceni	octies decies
19 XIX	undeviginti	undevicesimus	undeviceni	novies decies
20 XX	viginti	vicesimus(vigesimus)	viceni	vicies

21 XXI	viginti unus, -a, -um	unus et vicesimus	viceni singuli	vices semel
22 XXII	viginti duo, -ae, -o	alter et vicesimus	viceni bini	vicies bis
23 XXIII	viginti tres, tria	vicesimus tertius	viceni terni	vicies ter
28 XXVIII	duodetriginta	duodetricesimus	duodetriceni	duodetricies
29 XXIX	undetriginta	undetricesimus	undetriceni	undetricies
30 XXX	triginta	tricesimus(trigesimus)	triceni	tricies
40 XL	quadraginta	quadragesimus	quadrageni	quadragies
50 L	quinquaginta	quinquagesimus	quinquageni	quinquagies
60 LX	sexaginta	sexagesimus	sexageni	sexagies
70 LXX	septuaginta	septuagesimus	septuageni	septuagies
80 LXXX	octoginta	octogesimus	octogeni	octogies
90 XC(LXXXX)	nonaginta	nonagesimus	nonageni	nonagies
100 C	centum	centesimus	centeni	centies
101 CI	centum (et) unus	centesimus primus	centeni singuli	centies semel
200 CC	ducenti, -ae, -a	ducentesimus	duceni	ducenties
300 CCC	trecenti, -ae, -a	trecentesimus	treceni	trecenties
400 CCCC(CD)	quadringenti, -ae, -a	quadringentesimus	quadringeni	quadringenties
500 D(IƆ)	quingenti, -ae, -a	quingentesimus	quingeni	quingenties
600 DC	sescenti, -ae, -a	sescentesimus	sesceni	sescenties
700 DCC	septingenti, -ae, -a	septingentesimus	septingeni	septingenties
800 DCCC	octingenti, -ae, -a	octingentesimus	octigeni	octingenties
900 DCCCC(CM)	nongenti, -ae, -a	nongentesimus	nongeni	nongenties
1,000 M(CIƆ)	mille	millesimus	singula mila	millies
2,000 MM(Ⅱ)	duo milia	bis millesimus	bina milia	bis millies
10,000 CCIƆƆ	decem milia	decies millesimus	dena milia	decies millies
100,000 CCCIƆƆƆ(C̄)	centum milia	centies millesimus	centena milia	centies millies

I. 기수(Numeralia Cardinalia)

기수의 '하나, 둘, 셋'과 '2백'에서 '9백'까지는 형용사 어미변화를 하고, 나머지 숫자는 불변화 형용사이며, '2천'부터는 중성 복수 명사가 된다.

1. unus, duo, tres의 어미변화

1) unus, una, unum 하나(한), 유일한
　N.B. unus, -a, -um의 어미변화는 기본적으로 형용사 제1형 1식의 형태를 따르며, 단수

속격(gen.)과 여격(dat.)은 대명사의 형태를 따르므로 대명사적 형용사라 부른다.

수	sg.			pl.		
격 〉 성	m.	f.	n.	m.	f.	n.
nom.	unus	una	unum	uni	unae	una
gen.	unius	unius	unius	unorum	unarum	unorum
dat.	uni	uni	uni	unis	unis	unis
acc.	unum	unam	unum	unos	unas	una
abl.	uno	una	uno	unis	unis	unis
voc.	une	una	unum	uni	unae	una

•uni, −ae, −a의 복수의 용법

a) "유일한, 오직 하나"를 의미하는 경우

uni Romani 오직 로마인들만이

b) 복수형 명사를 수식할 때

una castra 하나의 병영　　　　　　　　unae nuptiae 단일혼

unae litterae 편지 한 장

c) alteri와 대조의 대상으로 쓰이는 경우

uni ~ alteri ~ 한편으로는 ~ 다른 한편으로는 ~

alteri 형용사의 어미변화

수	sg.			pl.		
격 〉 성	m.	f.	n.	m.	f.	n.
nom.	alter	altera	alterum	alteri	alterae	altera
gen.	alterius	alterius	alterius	alterorum	alterarum	alterorum
dat.	alteri	alteri	alteri	alteris	alteris	alteris
acc.	alterum	alteram	alterum	alteros	alteras	altera
abl.	altero	altera	altero	alteris	alteris	alteris
voc.	alter	altera	alterum	alteri	alterae	altera

Uni~ Alteri~

Uni Salus, Alteri Pernicies

Ut rosa mors, scarabaee, tibi est, apis una voluptas:

Virtus, grata bonis, est inimica malis. (Ioachim Camerarius, 3:92)

한편으로는 구원, 다른 한편으로 파멸

장미가 풍뎅이에게는 죽음이고, 꿀벌에게는 하나의 기쁨이듯이, 네게도 있다.

덕은, 착한 사람들에게 기분 좋은 것이고, 악인들에게는 달갑지 않다.

pernicies, −ei, f. 재앙, 파멸, 멸망	ut, adv. ~와 같이, 같은 모양으로
scarabaeus(scarabeus), −i, m. 풍뎅이	apis, −is, f. 꿀벌
gratus, −a, −um, adj. 마음에 드는, 달가운	inimicus, −a, −um, adj. 적대적인

d) 대명사적 형용사

라틴어에서는 어떤 형용사도 명사로 쓰일 수 있으나, 특히 대명사의 역할을 자주 하는 형용사들을 대명사적 형용사라 한다. 그 이유는 이들 형용사가 대명사와 같은 어미변화를 하기 때문이다. 즉 형용사 제1형의 어미변화를 따르면서 단수 속격의 어미가 대명사처럼 −ius, 여격 −i 형태가 된다.

unus, -a, -um 하나, 한, 홀로, 유일한   solus, -a, -um 혼자서, 다만, 오직

totus, -a, -um 온, 전(全)   alter, -a, -um (둘 중의) 다른 하나, 제2의

uter, -tra, -trum 둘 중 어느 것이든, 둘 다   neuter, -tra, -trum 둘 중 어느 것도 아닌

alius, -a, -ud 다른   ullus, -a, -um (nullus, -a, -um) 아무도

대명사적 형용사의 형태 변화

수	sg.			pl.		
격＼성	m.	f.	n.	m.	f.	n.
nom.	solus	sola	solum	soli	solae	sola
gen.	solius	solius	solius	solorum	solarum	solorum
dat.	soli	soli	soli	solis	solis	solis
acc.	solum	solam	solum	solos	solas	sola
abl.	solo	sola	solo	solis	solis	solis

2) duo, duae, duo 둘

격＼성	m.	f.	n.
nom.	duo	duae	duo
gen.	duorum	duarum	duorum
dat.	duobus	duabus	duobus
acc.	duos (duo)	duas	duo
abl.	duobus	duabus	duobus

duo부터는 단수 변화는 없고 복수 변화만 있다.

"ambo, ambae, ambo 둘 다, 양쪽 다"도 duo와 같이 어미변화를 한다.

 쉬어 가는 문법사 이야기

라틴어의 duo는 인도유럽어의 duwo/duo, 그리스어의 δύο를 그대로 옮겨 온 것으로, 고대에 한 쌍의 사람·동물·사물을 가리킬 때 사용하였다.

3) tres, tres, tria 셋

격 \ 성	m.	f.	n.
nom.	tres	tres	tria
gen.	trium	trium	trium
dat.	tribus	tribus	tribus
acc.	tres	tres	tria
abl.	tribus	tribus	tribus

N.B. tres, tria의 어미변화는 형용사 제2형 2식의 복수를 따른다.

2. centum 백

centum은 불변화 수사이다. 그러나 2백(ducenti, -ae, -a)부터 9백(nongenti, -ae, -a)까지는 형용사 제1형 1식 복수 "boni, bonae, bona"처럼 어미변화를 한다.

격 \ 성	m.	f.	n.
nom.	ducenti	ducentae	ducenta
gen.	ducentorum(-um)	ducentarum	ducentorum
dat.	ducentis	ducentis	ducentis
acc.	ducentos	ducentas	ducenta
abl.	ducentis	ducentis	ducentis

3. mille 천

• 숫자 천을 나타내는 mille는 불변화 수사이며, 명사처럼 복수 속격 명사의 수식을 받을 수 있다.

mille hominum 천 명의 사람

•Mille의 복수형 milia도 복수 속격 명사의 수식을 받아 "tria milia hominum(삼천 명의 사람)"이라 표현한다. Milia는 중성 복수 명사의 어미변화 형태를 따른다.

milia(nom.), milium(gen.), milibus(dat.), milia(acc.), milibus(abl.)

•그러나 milia 뒤에 백, 십 등의 다른 숫자가 따르면 다음과 같이 두 가지 방법으로 표현할 수 있다.

Consul in castra venit cum duobus milibus(2,000) militum et viginti tribus(23).

　　　　　　　 =duobus milibus viginti tribus(2,023) militibus.

집정관은 이천이십삼 명의 군사와 함께 진영에 도착했다.

N.B. cum+abl. ~와 함께, duobus milibus는 militum(m. pl. gen.)의 수식을 받는다. duobus milibus viginti tribus와 militibus는 각각 탈격 형태로 쓰인 것이다.

4. 기수의 표기법

라틴어도 여타 인도유럽어와 마찬가지로 십진법을 따른다.

•11부터 17까지는 덧셈법을 사용한다.

11: 1+10=undecim

12: 2+10=duodecim

　⋮

17: 7+10=septemdecim

•18, 19, 28, 29⋯ 등의 숫자는 뺄셈법을 사용한다.

18: 20−2=duodeviginti

19: 20−1=undeviginti

28: 30−2=duodetriginta

29: 30−1=undetriginta

•21, 22, 23⋯; 31, 32, 33⋯ 등의 숫자는 두 가지 방식으로 쓸 수 있다.

21: unus et viginti(1과 20) 또는 viginti unus(21)

33: tres et triginta(3과 30) 또는 triginta tres(33)

II. 서수(Numeralia Ordinalia)

서수는 형용사 제1형 1식인 bonus, -a, -um 형태로 변화한다. 서수는 quotus라는 의문형용사의 질문에 "첫째, 둘째, 셋째"라고 답할 때 사용한다.

1. 첫째, 둘째: primus, secundus(alter)

• 서수 "primus 첫째"는 두 대상 중에서 "더 먼저"라는 비교급 형용사 "prior"의 최상급 형태이다. 그 기원은 전치사 "prae, 앞에"에서 유래한다.

• 서수 "secundus 둘째"는 동사 sequor(뒤따르다)에 접미사 -undus가 붙은 형태이다.

• 20 이상의 숫자에 붙는 1과 2는 primus, -a, -um 대신에 unus, -a, -um을, secundus, -a, -um 대신에 alter, altera, alterum을 쓸 수 있다.

unus vicesimus=unus et vicesimus=vicesimus primus 스물한 번째

vicesimus alter=alter et vicesimus=vicesimus secundus 스물두 번째

2. 연(annus), 월(mensis), 일(dies), 시(hora)의 시간개념은 서수로 표현

1) annus(연)

Anno trecentesimo quinquagesimo quinto. 355년에.

Anno quadragesimo tertio ab Urbe condita(=U. c). 로마 건립으로부터 43년에.

N.B. 로마인의 역법은 기원 753년 로마 건립 원년 기준임.

quarto quoque anno 4년마다

centesimo primo quoque anno 100년 만에

2) mensis(월)와 dies(일)

Qui dies est hodie? 오늘은 며칠입니까?

Hodie (dies) est quartus (mensis) Ianuarii. 오늘은 1월 4일입니다.

N.B. 이와 같은 날짜 표기는 현대식 표기이다. 로마인의 날짜 표기법과는 다르다.

3) hora(시간)

Quota hora est? 몇 시입니까?

Hora quinta est. 다섯 시입니다

Quinta (hora) cum dimidia. 다섯 시 반입니다.

Est hora quinta cum quadrante. 다섯 시 15분입니다.

Est hora quinta cum dodrante. 다섯 시 45분입니다.

Est hora quinta cum viginti minutis. 다섯 시 20분입니다.

N.B. 1분(minutum)은 오늘날엔 60초이지만, 과거에는 한 시간의 10분의 1, 즉 6분가량
의 시간을 나타냈다. 따라서 여기에 제시하는 시간 표현은 현대화된 라틴어 표현이다.

Hora tertia cum decem minutis. 세 시 10분이다.

Est hora tertia minus quindecim minutis. 세 시 15분 전이다.

Est hora tertia minus viginti minutis. 세 시 20분 전이다.

Ante hanc semihoram. 30분 전에.

Iam hora abiit. 이미 한 시간이 지났다.

quadrans, −antis, m. (1/4) 15분	dimidia hora 30분(=semi hora)
dodrans, −antis, m. (3/4) 45분	minutum, −i, n. 분
minus, adv. 덜, 작은	abeo (시간이) 지나가다

 Exercitatio (해답은 부록 105쪽 참조)

1. 다음 숫자들을 기수와 서수로 구분하고 의미를 쓰시오.

　E.g. secundus (서수) 두 번째

　1) quindecim　　　　　　　2) quartus

　3) decimus　　　　　　　　4) undeviginti

　5) decem　　　　　　　　　6) tres

　7) primus　　　　　　　　　8) duodeviginti

　9) octo　　　　　　　　　　10) tertius

　11) nonus　　　　　　　　　12) novem

　13) viginti　　　　　　　　　14) mille

　15) septendecim

2. 다음 문장을 우리말로 옮기시오.

　　1) Natus sum anno millesimo nongentesimo octogesimo tertio.

　　2) Natus sum sexaginta quattuor annos.

　　3) Unam vicesimam amicam quaerit.

　　4) In oppido lato mille agricolae et viginti uni divites erant.

3. 다음 문장을 우리말로 옮기시오.

　　1) Est hora nona cum quadrante.

　　2) Est hora quinta cum dodrante.

　　3) Est hora septima cum viginti minutis.

　　4) Hora deca cum decem minutis.

　　5) Est hora tertia minus quindecim minutis.

　　6) Est quarta hora cum dimidia.

III. 배분수(Numeralia Distributiva)

　　배분수는 'quoteni, ─ae, ─a(몇 개씩, 각각 얼마나 많은)'로 묻는 질문에 답하는 것으로 반드시 복수로 쓰인다. 배분수 bini, ─ae, ─a는 형용사 제1형 1식의 복수 boni, ─ae, ─a와 같은 어미변화를 한다.

격 성	m.	f.	n.
nom.	bini	binae	bina
gen.	binorum(binum)	binarum	binorum
dat.	binis	binis	binis
acc.	binos	binas	bina
abl.	binis	binis	binis

－Quoteni consules creabantur quotannis Romae? 로마에서는 매년 집정관이 몇 명씩 뽑혔는가?

－Bini (consules). 두 명씩 (뽑혔다).

Mater poma bina filiis dedit. 어머니는 아들들에게 과일(들)을 두 개씩 주었다.

> pomum, －i, n. 과일

singulis annis 해마다   singulis mensibus 매달

IV. 숫자부사(Numeralia Adverbialia)

숫자부사는 quotie(n)s, adv.(몇 번, 몇 번이냐)로 묻는 질문에 "한 번, 두 번, 세 번"으로 대답할 때 쓰인다.

semel 한 번, bis 두 번, ter 세 번, decies 열 번, centies 백 번, milies 천 번 등이 자주 사용하는 숫자부사이다.

1) semel, adv. 한 번, 일회, 단 한 번

semel in anno 일 년에 한 번   semel modo 단 한 번만이라도

semel pro semper 한 번으로 영구히, 한 번이자 마지막으로

semel peccator, semper peccator 한번 죄인은 언제나 죄인

2) bis, adv. 두 번, 갑절로

bis in anno 일 년에 두 번   bis in die 하루에 두 번 (약어 b.i.d.: 복약 설명)

bis in mense 한 달에 두 번

Bis orat, qui bene cantat. 노래를 잘 부르는 것은 두 번 기도하는 것이다.

Non bis in idem. 동일한 것에 대해서는 다시 하지 않는다. (일사부재리의 원칙)

3) ter, adv. 세 번

ter in die 하루에 세 번 (약어 t.i.d.)

Ter in die manducamus. (우리는) 하루에 세 번 먹는다.

V. 로마숫자

로마인들은 아라비아숫자를 몰랐기에 특정 알파벳을 이용하여 숫자로 표시하였다. 이탈리아 반도에 아라비아숫자가 퍼지기 시작한 것은 15세기부터이다.

I	1(손가락)	V	5(다섯 손가락)
X	10(손을 위아래로)	C	100
L	50(C의 절반)	M=CIƆ	1,000
D=IƆ	500(CIƆ의 절반)	IƆƆ	5,000
IƆƆƆ	50,000	CCIƆƆ	500,000
X̄	10,000	C̄	100,000
X̄L̄	40,000	VII	7=(5+2)
XI	11=(10+1)	DX	510=(500+10)
MCCC	1,300=(1,000+300)	IV	4(5 - 1)
IX	9(10 - 1)	XC(LXXXX)	90(100 - 10)
CD(CCCC)	400(500 - 100)	CM(DCCCC)	900(1,000 - 100)
M/CM/XC/II	1992	MMM/CCM/XL/VI	3846
CD/XL/IV	444	MMXI	2011

VI. 사칙연산

1) 덧셈(additio, -onis, f.; summa, -ae, f.)

덧셈은 기수를 쓰며, "더하기(+)"는 et로, "등호(=)"는 sunt로 표현한다.

2+3=5 → Duo et tria sunt quinque.

3+5=8 → Tres et quinque sunt octo.

2) 뺄셈(subtraction, -onis, f.)

뺄셈은 기수를 쓰며, deduco, is, duxi, ductum, ere(빼다) 또는 removeo, es, movi, motum, ere(제거하다)라는 동사를 사용하여 표현한다.

8−5=3 → Quinque de octo deductis tres reliqui fiunt.

8에서 5를 빼면 3이 남는다.

8−2=6 → Duobus de octo deductis sunt sex.

8에서 2를 빼면 6이다.

9−5=4 → Si de novem quinque removes, superat quattuor.

만일 9에서 5를 제거하면, 4가 남는다.

> supero 남다, 능가하다

3) 곱셈(multiplicatio, -onis, f.)

곱셈은 곱하는 수(multiplicator), 즉 첫째 숫자는 숫자부사를 사용하고, 곱해지는 수(multi-plicandus)는 배분수의 중성 복수를 사용한다.

2×2=4 → Bis(숫자부사) bina(배분수) sunt quattuor.

2×3=6 → Bis terna sunt sex.

3×4=12 → Ter quaterna sunt duodecim.

10×2,000=20,000 → Decies bina milia.

N.B. 천 이상은 이런 식으로 표현하였다.

4) 나눗셈(divisio, -onis, f.)

나눗셈의 나뉘는 수(피제수)는 기수를, 나누는 수(제수)는 서수를, 몫은 기수로 표현하여, 'partior, partiris, partitus sum, partiri 나누다'라는 탈형동사로 표현한다.

100÷5=20 → Si centum in quinos partimur, fiunt eorum viginti partes.

만일 100을 5로 나누면, 그것(들)의 몫(들)은 20이 된다.

5) 분수

(1) 몇 분의 일

1/2 dimidia pars, 1/3 tertia pars, 1/4 quarta pars

1/5 quinta pars, 1/6 sexta pars, 1/7 septima pars

(2) 분자가 2 이상일 경우 분자는 기수로, 분모는 서수로 표현한다.

2/3 duae tertiae (partes), 7/10 septem decimae (partes)

15/20 quindecim vigesimae, 200/1,000 ducentae millesimae (partes)

6) 수사의 파생어

(1) 배수 형용사(몇 배, 몇 갑절, 몇 겹)

simplex, simplicis 한 겹의, 단순한   duplex, duplicis 두 겹의, 이중의

triplex, triplicis 세 겹의, 삼중의   quadruplex, quadruplicis 네 겹의, 사중의

decemplex, decemplicis 열 겹의, 십 배의   multiplex, multiplicis 여러 겹의, 여러 종류의

(2) 학년을 나타내는 명사

primarius 제1학년생, 제1군단의   secundanus 제2학년생

tertianus 제3학년생   quartanus 제4학년생

(3) 순서를 나타내는 부사

primo, primum 첫째로, 먼저   secundo, deinde 둘째로, 그다음에

tertio(tertium) 셋째로   quarto, quinto etc. 넷째로, 다섯째로…

ultimo, postremo 마지막으로   denique, demum 마침내

(4) 기간을 나타내는 명사와 형용사

|연간|

biennis, -e 2년간의   biennium, -ii, n. 2년간

triennis, -e 3년간의   triennium, -ii, n. 3년간

|월간|

bimestris, -e, adj. 2개월간의   trimestris, -e, adj. 3개월간의

semestris, -e, adj. 6개월간의, 반년의

|일간|

biduum, -i, n. 이틀   triduum, -i, n. 사흘

quatriduum, -i, n. 나흘   biduanus, -a, -um, adj. 이틀 된

triduanus, -a, -um, adj. 사흘 된

☕ 쉬어 가는 문법사 이야기

수학 용어

많은 수학 용어들이 라틴어에서 유래했다.

(라틴어)   (영어)

plus 더   plus 더

minus 덜   minus 덜

additio 더하기   addition 더하기

multiplicatio 곱하기	multiplication 곱하기
divisio 나누기	division 나누기
subtractio 빼기	subtraction 빼기
ratio 이성, 계산, 비율	ratio 비율
quotiens 몇 번이나, …할 때마다	quotient (나눗셈에서) 몫
summa 합, 전체 / summus 최상	sum 총합(合)
numerus 숫자	number, numeral 수, 수의
integer 온전한, 완전한	integer 정수(整數)
frangere 꺾다, 부러뜨리다	fraction 분수
per centum 백마다, 백분에	percent 퍼센트, 백분위

Adiectiva Comparativa et Superlativa

형용사의 비교급과 최상급

라틴어의 형용사에는 원급, 비교급, 최상급이 있다.

• 형용사의 원급(gradus positivus)

어떤 사물의 성질을 단순히 묘사할 뿐, 사물과 사람을 다른 사물 또는 사람과 비교하지 않는다.

　Paulus est probus. 파울루스는 정직하다.

　Hic mons altus est. 이 산은 높다.

　alumni diligentes 근면한 학생들

• 형용사의 비교급(gradus comparativus)

어떤 사람이나 사물을 다른 사람이나 사물과 비교할 때, 상대적으로 그중 하나가 다른 것보다 그 성질이나 상태의 정도가 더 심하거나 덜한 정도를 표현한다. 형용사의 비교급에는 우등 비교, 동등 비교, 열등 비교가 있다.

• 형용사의 최상급(gradus superlativus)

비교의 대상이 되는 것 가운데 성질, 상태의 정도가 최상인 것을 나타낸다.

I. 형용사의 비교급

1. 우등 비교

영어에서는 'good'보다 더하고, 'best'보다는 덜한 정도를 'better'로 나타내는데, 라틴어의 비교급을 만드는 데는 하나의 원칙이 있다.

- 형용사 원급의 어간+남성, 여성은 접미사 −ior, 중성은 접미사 −ius
- 형용사의 우등 비교는 우리말로 "더(magis) ~한"이라고 옮긴다.
- 형용사 원급의 어간은 형용사 제1형은 단수 속격에서 어미 −i, 형용사 제2형은 단수 속격에서 어미 −is를 제거한 형태이다.

원급			비교급		
nom.	gen.	어간	m./f. nom.	n. nom.	gen.
altus, -a, -um 높은	alti	alt-	altior	altius	altioris
pulcher, -a, -um 아름다운	pulchri	pulchr-	pulchrior	pulchrius	pulchrioris
crudelis, -e 잔인한	crudelis	crudel-	crudelior	crudelius	crudelioris
audax 대담한	audacis	audac-	audacior	audacius	audacioris

2. 비교급의 어미변화

형용사의 비교급은 제3변화 명사의 어미변화 형태를 따른다. 비교급 형용사의 남성과 여성은 consul, consulis 형태를 따르며, 중성은 flumen, fluminis 형태를 따른다.

altior, altius(altus, -a, -um의 비교급)

수	sg.		pl.	
격 \ 성	m./f.	n.	m./f.	n.
nom.	altior	altius	altiores	altiora
gen.	altioris	altioris	altiorum	altiorum
dat.	altiori	altiori	altioribus	altioribus
acc.	altiorem	altius	altiores	altiora
abl.	altiore	altiore	altioribus	altioribus
voc.	altior	altius	altiores	altiora

fortior, forties(fortis, forte의 비교급)

수	sg.		pl.	
격 \ 성	m./f.	n.	m./f.	n.
nom.	fortior	fortius	fortiores	fortiora
gen.	fortioris	fortioris	fortiorum	fortiorum
dat.	fortiori	fortiori	fortioribus	fortioribus
acc.	fortiorem	fortius	fortiores	fortiora
abl.	fortiore	fortiore	fortioribus	fortioribus
voc.	fortior	fortius	fortiores	fortiora

단수 탈격의 어미는 −e, 복수 속격의 어미는 −um, 중성 복수 주격과 대격 어미는 −a가 된다. 관용구나 경우에 따라 단수 탈격에 −e 대신에 −i를 쓰는 경우도 있다.

　E.g. a fortiori 하물며, 더구나

3. 비교급의 용법

1) 우등 비교 문장의 문장구조
우리말의 "더"라는 부사가 사용될 경우의 비교를 우등 비교라 한다.
　Marius altior est quam Lucius. 마리오는 루치오보다 키가 더 크다.

•비교급 형용사를 사용한 비교급 문장은 비교의 기준이 되는 첫 번째 단어에 비교급 형용사의 성·수·격을 일치시켜야 한다. 이 문장에서 비교의 기준이 되는 첫 번째 단어 Marius에 형용사의 성·수·격을 일치시킨다.

•비교의 대상이 되는 Lucius는 'quam, ~보다'라는 부사를 사용하며, 비교의 기준이 되는 첫 번째 단어와 같은 격을 쓴다.
　Petrus diligentior est quam Paulus. 베드로는 파울루스보다 더 부지런하다.
　Pilum est longius quam gladium(=gladio). 창은 칼보다 길다.
　Aurum pretiosius est quam argentum. 금은 은보다 더 귀하다.

•비교의 대상이 되는 명사나 대명사가 주격(nom.) 또는 대격(acc.)일 경우에 비교부사 quam을 생략하고, 비교의 대상이 되는 명사나 대명사를 탈격(abl.)으로 쓸 수 있다. 이런 경우 탈격을 비교 탈격(ablativus comparationis)이라고 하며, "quam"이 없더라도 "~보다"라고 옮겨야 한다.
　Marius altior est Lucio(=quam Lucius). 마리오는 루치오보다 키가 크다.
　Aurum pretiosius est argento(=quam argentum). 금은 은보다 귀하다.
　Sunt facta verbis(=quam verba) difficiliora. (Cic. *ad Q. fr.* 1, 4, 5)
　행동(들)이 말(들)보다 더 어렵다.
　Nihil est incertius vulgo(=quam vulgus). (Cic.) 대중보다 더 불확실한 것은 없다.

---

factum, −i, n. 사실, 사건, 실제 행동　　　　vulgus, −i, n. 민중, 대중

2) 두 개의 형용사 비교

라틴어는 두 개의 형용사를 비교할 때, 두 개의 형용사 모두 비교급을 써서 quam으로 이어 주거나, 둘 다 원급 형용사를 쓰고 비교의 기준이 되는 형용사 앞에 magis를 붙여 준다. 이 경우 magis는 "차라리, 오히려 더"라는 의미이다.

• 비교급＋quam＋비교급

Haec via longior est quam latior. 이 길은 넓다기보다는 오히려 긴 편이다.

• magis＋원급 ～ quam＋원급

Haec via magis longa est quam lata. 이 길은 넓다기보다는 차라리 더 긴 편이다.

Pauli Aemilii contio fuit verior quam gratior populo.

Pauli Aemilii contio fuit magis vera quam grata populo.

파울루스 애밀리의 연설은 백성에게 유쾌하다기보다는 오히려 진실된 편이다.

---

contio, contionis, f. 연설

---

3) 두 개의 동사 비교

Canis timidus vehementius latrat quam mordet![7] (Curt.)

겁 많은 개는 물어뜯기보다는 더 맹렬히 짖는다.

---

canis, canis, f./m. 개	timidus, −a, −um, −adj. 겁내는, 무서워하는
vehemens, vehementis, adj. 난폭한	latro 짖다
mordeo 물어뜯다	

---

4) 생략된 비교급(comparatio compendiaria)

라틴어의 비교급 문장에서 비교의 기준이 되는 말과 비교의 대상이 되는 말이 같을 때 생략되 곤 한다. 이를 생략된 비교급 문장이라 한다.

Morbi perniciosiores sunt animi quam (morbi) corporis. (Cic.)

마음의 병(들)이 신체의 (병들)보다 더 해롭다.

Animi lineamenta sunt pulchriora quam (lineamenta) corporis. (Cic. *Fin.* 3, 75)

영혼의 선(생김새)이 육체의 선(외형)보다 더 아름답다.

---

7) 'vehementius'는 'vehemens'의 비교급 형용사이다.

morbus, −i, m. 병, 질환   perniciosus, −a, −um, adj. 해로운, 위험한
lineamentum, −i, n. 선(線), 얼굴 생김새, 윤곽

5) 절대 비교급

라틴어의 비교급 문장에는 가끔 비교의 대상이 되는 말이 없이 단독으로 사용되는 경우가 있다. 이 경우 비교급은 "비교적, 꽤, 상당히, 너무, 어지간히"의 뜻을 가지고 있다.

Senectus est natura loquacior. (Cic.)
노인은 천성적으로 아주 말이 많아진다. (노인이 되면 말이 많아진다.)
Longiorem orationem causa forsitan postulet. (Cic. *Lig.* 38)
소송은 아마도 상당히 긴 변론을 요구할 것이다.
Canis iste acrior est. 저놈의 개는 어지간히도 사납다.

senectus, senectutis, f. 노인, 노년기   loquax, loquacis, adj. 수다스러운, 말 많은
oratio, −onis, f. 말, 연설, 변론   postulo 요구하다, 부탁하다
acrius, −a, −um, adj. 사나운, 엄한, 치열한

4. 동등 비교와 열등 비교

1) 동등 비교

우열의 비교에서는 형용사나 부사를 비교급으로 쓰지만, 동등 비교는 "tam(ita, aeque, idem, non secus)+형용사 원급, quam(ut, ac/atque)"의 형식으로 쓴다.

•tam ~ quam, ~만큼, ~ 그만큼
Petrus tam diligens est quam Paulus. 베드로는 파울루스만큼 부지런하다.
Nihil est tam fallax quam vita humana. (Sen.)
인간의 삶만큼 기대에 어긋나는 것도 없다.
Nil tam incertum nec tam inaestimabile (est) quam animi multitudinis. (Liv. 31, 34, 3)
민중의 마음만큼이나 불확실하고 무가치한 것도 없다.
Non tam praeclarum est scire Latinum quam turpe nescire.
라틴어를 모르는 것이 추하지 않은 것만큼 라틴어를 아는 것도 고상하지 않다.

fallax, fallacis, adj. 속이는, 기만적인, 사기적인, 기대에 어긋나는
inaestimabilis, −e, adj. 평가할 수 없는, 헤아릴 수 없는

praeclarus, -a, -um, adj. 화려한, 고귀한
turpis, -e, adj. 추한, 더러운, 수치스러운, 불명예스러운

2) 열등 비교

두 가지를 비교함에 있어서 그중 하나가 다른 하나보다 "덜하다"라고 할 때, 이를 열등 비교라고 한다. 라틴어에서 열등 비교는 그리 많이 사용되지 않았다. 로마인은 반의어 형용사를 사용하여 우등 비교로 표현하는 것을 선호하였다.

•열등 비교는 "minus(덜)+원급+quam" 형식으로 표현한다.
 Ursus est minus fortis quam leo. 곰은 사자보다 덜 용맹하다.

•형용사끼리의 열등 비교: "minus+원급, quam+원급"
 Ferrum est minus pulchrum quam utile. 철은 아름답기보다 유익하다.

II. 형용사의 최상급

비교의 대상이 되는 것 가운데 성질, 상태 등의 정도가 가장 큰 것을 나타낸다. 우리말로는 "제일, 가장, 대단히, 매우, 극히"라는 뜻을 가진 부사를 적절히 선택하여 형용사에 붙여 주어 "~ 가운데 가장 ~하다"라고 옮긴다. 우리가 일상에서 접할 수 있는 라틴어 형용사의 최상급은 주로 fortissimo, pianissimo와 같은 음악의 셈여림 기호이다.

1. 최상급 만드는 방법

•형용사 제1형은 속격 -i, 형용사 제2형은 속격 -is를 제거하고 -issimus, -issima, -issimum을 붙이면 된다.

원급		어간	최상급		
nom.	gen.		m.	f.	n.
clarus 유명한	clar-i	clar-	clar-**issimus**	clar-**issima**	clar-**issimum**
fortis 강한	fort-is	fort-	fort-**issimus**	fort-**issima**	fort-**issimum**
audax 대담한	audac-is	audac-	audac-**issimus**	audac-**issima**	audac-**issimum**

•최상급의 어미변화는 형용사 제1형 bonus, bona, bonum을 따라 한다.

수	sg.			pl.		
격 성	m.	f.	n.	m.	f.	n.
nom.	fortissimus	fortissima	fortissimum	fortissimi	fortissimae	fortissima
gen.	fortissimi	fortissimae	fortissimi	fortissimorum	fortissimarum	fortissimorum
dat.	fortissimo	fortissimae	fortissimo	fortissimis	fortissimis	fortissimis
acc.	fortissimum	fortissimam	fortissimum	fortissimos	fortissimas	fortissima
abl.	fortissimo	fortissima	fortissimo	fortissimis	fortissimis	fortissimis

2. 남성 단수 주격이 -er와 -ilis로 끝나는 형용사의 최상급

1) 남성 단수 주격이 -er로 끝나는 형용사의 최상급

남성 단수 주격에 그대로 -rimus, -rima, -rimum을 붙이면 된다. -rimus를 붙여 최상급을 만드는 형용사도 비교급은 규칙적으로 만들어진다.

원급	비교급	최상급
celeber, celebris, celebre 유명한	celebr-ior, -ius	celeber-**rimus**, celeber-**rima**, celeber-**rimum**
miser, misera, miserum 불쌍한	miser-ior, -ius	miser-**rimus**, miser-**rima**, miser-**rimum**
niger, nigra, nigrum 검은	nigr-ior, -ius	niger-**rimus**, niger-**rima**, niger-**rimum**
pulcher, pulchra, pulchrum 아름다운	pulchr-ior, -ius	pulcher-**rimus**, pulcher-**rima**, pulcher-**rimum**

2) -ilis로 끝나는 형용사 가운데 다음 6개만 -limus, -lima, -limum 형태의 최상급을 가진다.

원급	비교급	최상급
facilis, -e 쉬운	facilior, -ius	facil-**limus**, facil-**lima**, facil-**limum**
difficilis, e 어려운	difficilior, -ius	difficil-**limus**, difficil-**lima**, difficil-**limum**
similis, e 비슷한	similior, -ius	simil-**limus**, simil-**lima**, simil-**limum**
dissimilis, e 닮지 않은	dissimilior, -ius	dissimil-**limus**, dissimil-**lima**, dissimil-**limum**
humilis, e 낮은, 비천한	humilior, -ius	humil-**limus**, humil-**lima**, humil-**limum**
gracilis, e 연약한	gracilior, -ius	gracil-**limus**, gracil-**lima**, gracil-**limum**

위의 6개 형용사 외에 -ilis로 끝나는 형용사는 모두 -issimus 형태의 최상급 형용사를 가진다.

nobilis, -e 고귀한 → nobilissimus, nobilissima, nobilissimum

utilis, -e 유익한 → utilissimus, utilissima, utilissimum

3. 최상급의 용법

1) 절대적 최상급(superlativus absolutus)
다른 것과 비교의 대상 없이 단독으로 쓴 최상급으로 우리말로 "가장, 대단히, 매우, 극히" 등의 부사와 함께 옮긴다.

Minervae signum pulcherrimum (Cic. *Br.* 257) 가장 아름다운 미네르바(의) 신상
Admodum sumus iam defatigati.[8] (Cic. *Fam.* 12, 25a, 1) 우리는 이미 극도로 피곤했다.
Homo est fortissimus. 인간은 지극히 강한 존재이다.

> signum, -i, n. 신호, 신상(神像)   admodum, adv. 완전히, 극도로
> defatigo 피로하다, 지치다

2) 상대적 최상급(superlativus relativus)
상대적 최상급은 같은 것 "~ 가운데 가장 ~하다"라는 의미로 라틴어에는 세 가지 표현 방식이 있다.

•복수 속격(분할 속격)
Cicero fuit eloquentissimus omnium oratorum Romanorum(=ex oratoribus Romanorum).
치체로는 모든 로마의 웅변가들 가운데 가장 달변이었다.
Iugurtha, homo omnium sceleratissimus (Sall. *Iug.* 14, 2)
모든 이들(사람들) 가운데서 가장 흉악한 인간, 유구루타
Valetudo est omnium bonorum maximum. 건강은 모든 행복 가운데 제일 크다.[9]

> sceleratus, -a, -um, adj. 흉악한, 끔찍한   valetudo, -dinis, f. 건강

•전치사 ex, de+복수 탈격(abl.)
Audacissimus ego ex omnibus (Cic. *S. Rosc.* 2)
모든 이들 가운데 가장 용기 있는 나
Populus est altissima ex arboribus. 포플러는 나무들 가운데 가장 키가 크다.

---

8) sumus defatigati는 defatigo 동사의 수동 단순과거 복수 3인칭.
9) bonorum이 중성이므로 최상급 형용사도 중성을 쓴다. "maximus, -a, -um"은 다음 단원 "Ⅲ. 비교급과 최상급의 예외"에서 다시 설명할 것이다.

• 전치사 inter/apud + 복수 대격(acc.)

Iustitia est nobilissima inter omnes virtutes.

정의는 모든 덕목(들) 가운데서 가장 고귀하다.

3) 최상급의 강조 용법

최상급은 종종 multo(많이, 훨씬), longe(길게, 장구하게, 아주, 매우, 훨씬), vel([최상급과 함께] 완전히, ~조차)이라는 부사나 unus, una, unum이라는 수사와 함께 강조의 의미를 더 많이 나타내기도 한다.

Alcibiades[10] omnium aetatis suae multo formosissimus erat. (Nep. *Alc.* 1, 2)

알치비아데스는 당대의 모든 사람들 가운데 제일 잘생겼다.

Heliodorus,[11] Gracorum longe doctissimus (Hor. *Sat.* 1, 5, 2-3)

그리스인 가운데 가장 현명한 헬리오도루스

In fidibus musicorum aures vel minima sentiunt. (Cic.)

음악가들의 귀(들)는 현악기에 가장 작은 소리조차도 듣는다.

Cadit et Ripheus, iustissimus unus (Verg. *Aen.* 2, 426)

유일하게 가장 공평한 카디트와 리페우스

---

formosus, -a, -um, adj. 잘생긴, 아름다운, 우아한

fides, fidei, f. 믿음   fides, fidis, f. 현악기

auris, -is, f. 귀, 청각   sentio 듣다, 느끼다

III. 비교급과 최상급의 예외

1. -dicus, -ficus, -volus로 끝나는 형용사의 비교급과 최상급

maledicus(욕하는, 비방하는), beneficus(남에게 잘해 주는, 자비로운), benevolus(호의적인), honorificus(영예롭게 하는, 경의를 표하는) 등의 형용사는 부사(male, bene, etc.)와 "dico, facio, volo" 등의 동사 어근과 합성된 동사적 형용사이다. 따라서 이들 형용사의 비교급과 최상급은 dico, facio, volo 동사의 현재분사 형태가 나타난다.

---

10) B.C. 450?~404. 아테네의 정치가.

11) "태양의 선물"이라는 뜻의 그리스 이름으로 아우구스투스 황제 시대의 연설가이다.

•비교급은 −entior, −ius, 최상급은 −entissimus, −a, −um 형태로 만든다.

원급	비교급	최상급
maledicus, -a, -um 욕하는	maledic**entior**, -ius	maledic**entissimus**, -a, -um
magnificus, -a, -um 웅장한	magnific**entior**, -ius	magnific**entissimus**, -a, -um
beneficus, -a, -um 남에게 잘해 주는	benefic**entior**, -ius	benefic**entissimus**, -a, -um
benevolus, -a, -um 호의적인	benevol**entior**, -ius	benevol**entissimus**, -a, -um

•형용사와 동사 어근이 합성된 형용사는 같은 방식으로 비교급과 최상급을 만든다.

원급	비교급	최상급
egenus, -a, -um 필요한, 궁핍한(egeo 동사에서 유래)	eg**entior**, -ius	eg**entissimus**, -a, -um
providus, -a, -um 예상하는(provideo 동사에서 유래)	provid**entior**, -ius	provid**entissimus**, -a, -um
validus, -a, -um 유효한(valeo 동사에서 유래)	val**entior**, -ius	val**entissimus**, -a, -um

2. −eus, −ius, −uus로 끝나는 형용사의 비교급과 최상급

형용사 제1형 남성 단수 주격 −us에 모음 e, i, u가 붙은 이들 형용사의 비교급은 부사 magis (더), 최상급은 부사 maxime(가장, 극히, 제일, 특히)를 덧붙여 표현한다.

원급	비교급	최상급
dubius, -a, -um 의심스러운	**magis** dubius, -a, -um	**maxime** dubius, -a, -um
idoneus, -a, -um 적당한	**magis** idoneus, -a, -um	**maxime** idoneus, -a, -um
necessarius, -a, -um 필요한	**magis** necessarius, -a, -um	**maxime** necessarius, -a, -um
strenuus, -a, -um 용감한	**magis** strenuus, -a, -um	**maxime** strenuus, -a, -um
vacuus, -a, -um 비어 있는	**magis** vacuus, -a, -um	**maxime** vacuus, -a, -um

•−eus, −ius, −uus로 끝나는 형용사라도 규칙대로 비교급과 최상급을 가지는 형용사

원급	비교급	최상급
aequus, -a, -um 동등한	aequior, -ius	aequissimus, -a, -um
antiques, -a, -um 옛날의	antiquior, -ius	antiquissimus, -a, -um
assiduus, -a, -um 꾸준히	assiduior, -ius (magis assiduus)	assiduissimus (maxime assiduus)
pius, -a, -um 경건한	magis pius	piissimus, -a, -um (maxime pius)

3. 고유의 비교급과 최상급을 가지는 형용사들

원급	비교급	최상급
bonus, -a, -um 좋은, 착한	melior, -ius (속격: melioris) 더 좋은, 더 나은, 더 착한	optimus, -a, -um 가장 좋은, 제일 훌륭한, 최선의
malus, -a, -um 나쁜, 악한	peior, peius (속격: peioris)	pessimus, -a, -um
magnus, -a, -um 큰, 위대한	maior, maius	maximus, -a, -um
parvus, -a, -um 작은	minor, minus (속격: minoris)	minimus, -a, -um
multus, -a, -um 많은	plus, n. (속격: pluris) 더 많은	plurimus, -a, -um 대다수의, 대단히 많은, 가장(제일) 많은

4. multus의 비교급 plus

Plus는 격 부족 명사처럼 단수는 중성 주격과 대격뿐이고 남성과 여성 단수형은 없다. Plus는 단수에서 명사로 사용되며, 복수는 정상적인 형용사 기능을 한다.

	단수 중성	복수 남성, 여성	복수 중성
nom.	plus	plures	plura
gen.	pluris	plurium	plurium
dat.	-	pluribus	pluribus
acc.	plus	plures	plura
abl.	-	pluribus	pluribus

• 단수의 plus는 "더 많은"이라는 뜻을 가진 중성명사로 주격(nom.)과 대격(acc.)으로만 사용된다. 그러나 문장상 우리말로는 "더 많은, 더 많이"로 번역된다. 속격 pluris는 "더 많이, 더 크게, 더 비싸게"라는 의미의 가치, 평가의 표시 부사로 사용된다("Pars 5, Lectio I" 참조).
E.g. plus vini 더 많은 포도주, plus cibi 더 많은 음식, plus pecuniae 더 많은 돈

• 단수 속격 pluris는 "더 많이, 더 크게, 더 비싸게" 등의 가치, 평가를 드러내는 부사로 사용된다. 이를 가치부사어라고도 한다.
aliquem(aliquid) pluris aestimare 아무(무엇)를 더 중요하게 여기다(평가하다)
pluris aestimare pecuniam 돈을 더 중히 여기다
pluris emere 더 비싸게 사다
pluris facere libertatem quam pecuniam 돈보다 자유를 더 중히 여기다

•plus가 부사로 사용될 경우 "더 많이, 더, 더 이상"의 뜻을 가진다.

dimidio plus 빈 이싱

Ne plus ultra. 여기 이상 더 넘어가지 마라.

non plus quam semel 한 번 이상은 아니

plus annum 일 년 이상을

plus iusto 정당한 것 이상으로

•plus의 복수는 각 성의 모든 격을 다 갖추고 있으며, "더(수) 많은, 여러"의 뜻을 가진
형용사로 쓰인다.

Plures milites ceciderunt. 수많은 병사들이 쓰러졌다.

emo 사다	aestimo 평가하다
cado 쓰러지다, 죽다	

5. 전치사와 부사에서 유래하는 비교급과 최상급

전치사에서 유래한 다음의 형용사들은 비교급과 최상급만 있으며, 비교급이 원급에 해당하
는 본래의 전치사 의미도 담고 있다.

기원	비교급	최상급
supra 위에(super, superus)	superior 위의	supremus 최고의, 최후의
infra 밑에, 아래(infer, inferus)	inferior 아래의	infimus(=imus) 최하의
intra 안에, 이내에(intus, intra)	interior 안의	intimus 내밀한
extra 밖에(exter, externus)	exterior 밖의	extremus 극도의, 최후의
citra 이편에(citer)	citerior 이쪽의	citimus 가장 가까운
ultra 저편에	ulterior 저쪽의	ultimus 최후의, 마지막
prae 앞에	prior 앞의, 더 먼저	primus 첫째, 제일
ante 앞에, 먼저	anterior 앞의, 이전의	
post 뒤에	posterior 뒤의	postremus 최후의
de 아래로	deterior 더 못한	deterrimus 가장 못한
prope 가까이	propior 더 가까운	proximus 가장 가까운, 이웃
potis 능한	potior 더 나은	potissimus 가장 나은

6. 비슷한 의미의 다른 형용사로 비교급과 최상급을 만드는 형용사

일반적으로 라틴어 문법책에서는 비교급이 없는 원급의 형용사의 비교급을 만들기 위해
비슷한 의미의 다른 형용사를 사용하여 그 비교급과 최상급을 만든다고 설명한다.

원급	비교급	최상급
iuvenis, is 젊은	i(j)unior	admodum iuvenis, minimus natu
senex, -is 늙은	senior	admodum senex, maximus natu
vetus, veteris 늙은, 낡은, 옛	vetustior	veterrimus, -a, -um/vetustissimus
novus, -a, -um 새로운	recentior	novissimus, -a, -um/recentissimus
sacer, sacra, sacrum 거룩한	sanctior	sacerrimus, -a, -um/sanctissimus
ferus, -a, -um 사나운	ferocior	ferocissimus, -a, -um
fidus, -a, -um 성실한	fidelior	fidelissimus, -a, -um
dives, divitis 부유한	divitior/ditior	divitissimus, -a, -um/ditissimus

N.B. iuvenis, senex의 비교급은 중성이 없다.

 Exercitatio   (해답은 부록 106쪽 참조)

1. 다음 형용사의 비교급 문장을 우리말로 옮기시오.

   1) Senes sapientiores sunt quam iuvenes.

   2) Aurum pretiosius est quam ferrum.

   3) Ferrum utilius est quam aurum.

   4) Lenia verba saepe utiliora sunt quam aspera.

   5) Flumina profundiora sunt quam rivi.

   6) Aestas hominibus iucundior est quam hiems.

   7) Montes Asiae altiores sunt quam Europae.

8) Confutius sapientior quam Mentius fuit.

9) Pauperes saepe feliciores sunt quam divites.

10) Duces debent fortiores esse quam milites.

11) Nihil rei publicae periculosius est quam bellum civile.

12) Bonis civibus patria carior quam vita est.

13) Ferrum durius est quam lapis.

14) Nihil populis gratius quam libertas est.

15) In horto vestro flores pulchriores sunt quam in nostro.

16) Sensus multarum bestiarum acriores sunt quam hominum.

17) Quando noctes breviores sunt, aestate an hieme?

senex, senis, m. 늙은이, 노인	bellum, −i, n. 전쟁
lapis, −idis, m. 돌, 경계석, 묘	gratius, −a, −um, adj. 달가운, 고마운
sensus, −us, m. 감각, 감정, 의미	Confucius(=Confutius), −ii, m. 공자
Mentius, −ii, m. 맹자	

2. 다음 형용사의 최상급 문장을 우리말로 옮기시오.

1) Rex vester fortissimus est.

2) Hic fluvius est longissimus et latissimus.[12]

3) Roma erat urbs clarissima.

---

12) latissimus는 "latus, −a, −um 넓은" 형용사의 최상급 남성 주격.

4) Senum praecepta iuvenibus utilissima sunt.

5) Filius bonus patri carissimus est.

6) Antiquissimis temporibus Sinae iam habebant oppida firmissima.

7) Mendici miserrimi et infelicissimi sunt.

8) Viri nobilissimi saepe pauperrimi fuerunt.

9) Illustrissimorum virorum mors saepe miserrima fuit.

10) Regiones pulcherrimae non semper fertilissimae sunt.

11) Urbes Italiae celeberrimae sunt.

12) Hominibus pigris labores molestissimi sunt.

13) Qualis homo est miserrimus? Qualis felicissimus?

---

rex, regis, m. 왕, 임금
clarus, −a, −um, adj. 유명한, 빛나는
carus, −a, −um, adj. 귀한, 사랑스러운
oppidum, −i, n. 성곽도시
mendicus, −i, m. 거지
pauper, −is, adj. 가난한, 불쌍한
mors, mortis, f. 죽음
regio, −onis, f. 곳, 장소
molestus, −a, −um, adj. 귀찮은, 불쾌한
qualis, −e, prom. adj. 어떤, 어떻게("Pars 3, Lectio III. 의문사" 참조)

fluvius, −i, m. 강
praeceptum, −i, n. 훈계, 명령, 가르침
Sina, −ae, f. 중국(복수로 쓰는 수도 있음)
firmus, −a, −um, adj. 튼튼한, 견고한
nobilis, −e, adj. 알려진, 고귀한, 귀족의
illustris, −e, adj. 밝은, 저명한
miser, misera, miserum, adj. 불쌍한, 가엾은
celeber, −bris, −bre, adj. 번화한, 유명한

3. 다음 비교급과 최상급의 예외 문장을 우리말로 옮기시오.

1) Virtus melior est quam aurum.

2) Homines pauperes plures sunt quam divites.

3) Luna minor est quam terra.

4) Vita turpis peior est quam mors.

5) Fur est malus, latro peior, homicida est pessimus.

6) Plurimae aves autumno in calidiores regiones migrant.

7) Fluvius Caeruleus maximum flumen Sinae est.

8) Consilium meum est bonum, tuum est melius, consilium amici mei est optimum.

9) Minimae res saepe causae maximorum bellorum fuerunt.

10) Valetudo melior est quam divitiae.

---

fur, furis, m. 도둑	latro, −onis, m. 강도
homicida, −ae, m. 살인자, 살인범	calidus, −a, −um, adj. 따듯한, 더운
plurimus, −a, −um, (multus의 최상급) adj. 가장 많은	
migro 이사하다, 이동하다	fluvius Caeruleus 양자강

숨은 라틴어 찾기

라틴어 명문과 함께 쉬어 가기

이번 단원에서는 문장을 아름답게 꾸며 주는 형용사에 대해 배웠다. 그런 의미에서 이번 단원 끝 숨은 라틴어 찾기는 배운 내용을 상기시키고, 덤으로 라틴어 공부하는 "티"를 내는 데 유용한(^ ^) 라틴어 명문들로 준비했다.

문장 속 형용사들의 쓰임을 눈여겨보는 동시에, 각 명문이 담고 있는 깊은 뜻을 함께 느껴 보자.

1) Sola lingua bona est lingua morta.
단지 좋은 말은 죽은 말이다.
Cf.) Si cor non orat in vanum lingua laborat.
마음이 말하지 않는다면, 혀의 노동은 헛된 것이다.
=진심이 담기지 않은 말은 아무 소용이 없다.

2) Amicus certus in re incerta cernitur.
분명한 친구는 불확실한 상황에서 분명히 드러난다.
=필요할 때 친구가 진짜 친구이다.

3) Amicus verus est rara avis.
참 친구는 희귀조이다.
=참 친구는 찾기 어렵다.

Pars 3
Pronomen
대명사

이 장에서는 흔히 명사를 대신하는 정도의 역할로만 생각했던 대명사가 라틴어에서 수행하는 다양한 기능과 역할에 대해 배운다. 처음에는 문법 용어들과 설명들이 길고 복잡해 보이겠지만, 예문을 따라 차근차근히 읽어 나간다면 그리 어렵지만은 않을 것이다.

Pronomia Demonstrativa

지시대명사

라틴어 대명사(pronomen)[1]의 종류에는 크게 지시대명사, 인칭대명사, 관계대명사가 있다. 대명사의 문법적 용법은 명사를 대신하여 쓰이며, 인칭대명사를 제외하고 모두 형용사의 역할도 겸한다. 따라서 어미변화 형태도 대체로 "–us, –a, –um"의 형용사 제1형 제1식을 따르지만, 곳곳에 예외가 있기 때문에 주의해야 한다.

라틴어 지시대명사는 크게 지시와 한정의 의미를 담고 있고, 사전을 찾아보면 마치 형용사와 같이 남성 단수 주격, 여성과 중성이 함께 표기되어 있다.

I. hic, iste, ille 지시대명사 겸 형용사

라틴어의 지시대명사 demonstrativa는 동사 demonstrare에서 파생한 것으로 hic, iste, ille가 있다. 이는 영어의 *this*/*these*, *that*/*those*, *it*에 해당하는 대명사 겸 형용사 역할을 한다.

hic, iste, ille 이 세 지시대명사는 일반적으로 사람이나 사물을 가리키며, hic은 그 대상이 말하는 자와 가까울 때(hic liber 이 책), iste는 청자(聽者)와 가까울 때(iste liber 그 책), ille는 hic과 iste로부터 떨어진 거리(ille liber 저 책), 즉 말하는 이와 가까이에 있지 않은 사람이나 사물을 가리킬 때 사용한다.

> hic, haec, hoc, pron. 이것, 이 사람, 후자, *this*; adj. 이
> iste, ista, istud, pron. 그것, 그 사람, *that*; adj. 그런, 그러한
> ille, illa, illud, pron. 저것, 저 사람, 전자, *it*; adj. 저

---

1) pro(대신에)와 nomen(이름, 명사)이 결합된 말이다.

수	sg.			pl.		
격 \ 성	m.	f.	n.	m.	f.	n.
nom.	hic	haec	hoc	hi	hae	haec
gen.	huius	huius	huius	horum	harum	horum
dat.	huic	huic	huic	his	his	his
acc.	hunc	hanc	hoc	hos	has	haec
abl.	hoc	hac	hoc	his	his	his
nom.	iste	ista	istud	isti	istae	ista
gen.	istius	istius	istius	istorum	istarum	istorum
dat.	isti	isti	isti	istis	istis	istis
acc.	istum	istam	istud	istos	istas	ista
abl.	isto	ista	isto	istis	istis	istis
nom.	ille	illa	illud	illi	illae	illa
gen.	illius	illius	illius	illorum	illarum	illorum
dat.	illi	illi	illi	illis	illis	illis
acc.	illum	illam	illud	illos	illas	illa
abl.	illo	illa	illo	illis	illis	illis

N.B. 중성 지시대명사는 단수, 복수에서 모두 주격과 대격의 형태가 같다.

1. 지시대명사의 성과 문장 속 위치

지시대명사는 문장 속의 일정한 명사를 대신하는 역할을 하기 때문에 지시대명사의 성, 수, 격은 대신하는 명사의 성, 수, 격에 의해서 결정된다. 그리고 지시대명사는 일반적으로 수식받는 명사 앞에 놓는다.

가령 "이 책, 그 책"을 라틴어로 옮기려면 어떻게 해야 할까?

우선 '책'이라는 명사가 라틴어로 어떻게 되는지 찾아봐야 할 것이고, 그다음 이 명사의 성이 무엇인지 알아야 한다. 사전을 보면 '책'이라는 명사는 라틴어로 "liber, libri, m. 책"이라고 기술되어 있다. '책'이라는 명사가 남성이므로, 이 명사를 대신하는 지시대명사도 남성을 써야 하고, 그 위치는 수식받는 명사 앞이다. 그래서 hic liber 이 책, ille liber 그 책이 된다.

Hoc animal est canis. 이 동물은 개이다.

Hic est canis. 이것은 개이다.

N.B. animal이 중성이므로 지시대명사도 중성을 사용한다. canis가 남성이므로 남성 지시대명사를 사용한다.

2. 지시대명사의 용법

1) hic, haec, hoc, pron. 이것, 이 사람, 후자, *this*; adj. 이

(1) hic homo 이 사람, hic dies 오늘

(2) "즉, 다음과 같은"이라는 의미

Metalla sunt haec: aurum, argentum, cuprum, ferrum.

금속은 다음과 같다. 즉 금, 은, 동, 철이다.

metallum, -i, n. 금속, 철물	cuprum, -i, n. 구리, 동
ferrum, -i, n. 쇠, 철	

(3) "hic, haec, hoc+의문접미사 ne" → hiccine, haeccine, hoccine, 바로 이 ~냐? 이런 ~냐?
Hiccine percussit? 바로 이자가 때렸어?

percutio (손, 발 등으로) 때리다; (돈을) 주조하다

(4) de hac re=de hoc 이 일에 대해서, de his rebus=de his 이 일들에 대해서

2) iste, ista, istud, pron. 그것, 그 사람, *that*; adj. 그런, 그러한

이 지시대명사는 위의 뜻 외에도 가끔 경멸의 의미로 "이따위, 그까짓"이라는 의미도 있다.

Isti proditores debent capite damnari. 이따위 매국노들은 사형에 처해져야 한다.

Homo iste 그까짓 놈(인간)

proditor, -oris, m. 매국노, 반역자, 밀고자	damnare aliquem capite (Cic.) 사형에 처하다

3) ille, illa, illud, prom. 저것, 저 사람, 전자, *it*; adj. 저

(1) 인명(人名) 고유명사 뒤에 ille, illa, illud를 쓰면 "저 유명한"이라는 뜻을 가진다.

Xenophon, Socraticus ille (Cic.)

저 유명한 소크라테스의 제자, 크세노폰(434?~355? B.C.)

Alexander ille 저 유명한 알렉산더 (대왕)

(2) 중성 illud는 "저 유명한 말, ~의 격언"이라는 뜻을 가진다.

Illud Catonis (Cic.) 카토의 저 유명한 말

Illud Aristotelis 아리스토텔레스의 저 유명한 말

쉬어 가는 문법사 이야기

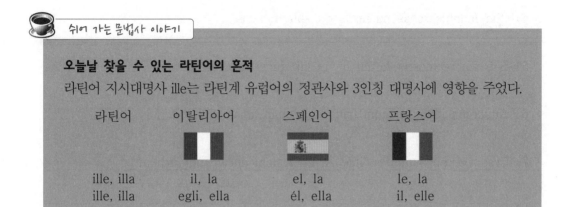

오늘날 찾을 수 있는 라틴어의 흔적

라틴어 지시대명사 ille는 라틴계 유럽어의 정관사와 3인칭 대명사에 영향을 주었다.

라틴어	이탈리아어	스페인어	프랑스어
ille, illa	il, la	el, la	le, la
ille, illa	egli, ella	él, ella	il, elle

4) hic(=iste) ~ ille ~, 후자는 ~ 전자는 ~

영어의 *"the former ~, the latter ~"* 표현처럼 어떤 두 가지를 말하고 난 뒤 "전자는 ~, 후자는 ~"이라고 할 때 지시대명사 ille/illa/illud는 문장 중에서 먼 것을 가리켜 전자(前者)라고 하고, hic/haec/hoc은 문장 중에서 가까운 것을 가리켜 후자(後者)라 한다. 여기에서도 앞에 말한 명사와 성과 수를 일치시켜야 한다.

이해를 위해 쉬운 예문을 들어 보자.

Cain et Abel fuerunt fratres; hic erat pastor, ille autem Agricola (fuit).

카인과 아벨은 형제였다. 후자(아벨)는 목자였고, 전자(카인)는 농부였다.

N.B. autem은 연결 어법에서 사용하는 것으로 첫말 다음에 놓는다. autem은 일반적으로 "그러나, 하지만, 다른 한편"이라는 의미의 반대 접속사로 사용한다. 그러나 앞에 서술한 내용에 대한 논리적 연결을 분명히 하기 위한 연계 접속사(그리고, 그런데, 그래서)의 의미를 가지기도 한다. "Pars 5, Lectio III. 접속사와 감탄사"편의 autem 참조.

Exercitatio 1 (해답은 부록 108쪽 참조)

1. 다음 문장을 우리말로 옮기고, 밑줄 친 지시대명사의 성·수·격을 쓰시오.

1) <u>Illi</u> agricolae multos servos monstrant.

2) <u>Huic</u> viro panem nigrum cum piscibus dabunt.

3) Fabulas iucundas <u>huic</u> puellae narrabat senex.

4) Illis feminis rosas pulchras donabit dominus.

5) Sub umbra mortis fatum huius viri incertum est.

6) Adversus illum amicum hanc epistulam amicus scribit.

7) Cras martem huius puellae ad ecclesiam ducam per urbem.

8) Quod est nomen istius nautae?

9) Iste vir hos milites monere non debet.

10) Nautae et agricolae diversi (sunt): hi stabilem habent sedem, sed illi locum semper mutant.

11) Antonii consilium et Octaviani recusamus: istud iniustum, illud est periculosum.

monstro 가리키다, 보여 주다	fabula, −ae, f. 동화, 신화
iucundus, −a, −um, adj. 재미있는	scribo 쓰다
dono 선물하다, 증정하다, 하사하다; Dona nobis pacem.[2] 우리에게 평화를 주소서.	
fatum, −i, n. 운명(*fate*)	ecclesia, −ae, f. 교회(εκκλησια)
adversus (+acc.) 대항하여	ad (+acc.) ~에, 으로
per (+acc.) 통하여, 거쳐서	duco 데리고 가다
stabilis, −e, adj. 안정된, 변함없는	sedes(=sedis), sedis, f. 좌석, 거처
locus, −i, m. 장소, 신분	consilium, −ii, n. 의견, 결정, 의도
recuso 거절하다, 기피하다(*recuse*)	periculosus, −a, −um, adj. 위험한

II. is, idem, ipse 한정 지시대명사

지시대명사 앞에 '한정'이라는 단어를 추가했는데, 그 이유는 "is, ea, id, 그, 그 사람, 그것; idem, eadem, idem, 같은, 동일한; ipse, ipsa, ipsum, 자신, 자체"라는 지시대명사는 방금 언급한

---

2) dona는 dono 동사의 단수 2인칭 명령형.

사물이나 사람을 반복하거나, 그것을 부연하여 설명할 때 사용하기 때문이다. 즉 앞에 언급한 내용을 한정하거나, 문장 속에서 앞에 나온 단어를 가리키거나 그것을 대신하기 위해 쓰는 용법이다. 이를 영어는 '*anaphora*[3]'라고 하여 우리말로 대용(代用)이라고 한다. 그래서 '한정'이라는 말을 추가하였고, 다른 문법서에서는 '강의 대명사'라고 부른다.

1. is, ea, id, pron. 그, 그 사람, 그것

라틴어 지시대명사 is, ea, id는 지시대명사뿐 아니라, 3인칭 대명사로도 사용되기에 매우 중요하다. 형태 면에서 is, ea, id 대명사는 단수 속격과 여격을 제외하고 형용사 제1형의 어미변화를 따른다. 또한 복수 주격에서는 ei보다는 ii 형태를 더 많이 사용하며, 복수 여격과 탈격은 iis보다 eis 형태를 더 자주 사용한다.

수	sg.			pl.		
격 \ 성	m.	f.	n.	m.	f.	n.
nom.	is	ea	id	ei(ii)	eae	ea
gen.	eius	eius	eius	eorum	earum	eorum
dat.	ei	ei	ei	eis(iis)	eis(iis)	eis(iis)
acc.	eum	eam	id	eos	eas	ea
abl.	eo	ea	eo	eis(iis)	eis(iis)	eis(iis)

1) 3인칭 대명사 is, ea, id
라틴어에서 3인칭 대명사 "그, 그녀, 그것"을 직접적으로 가리키는 단어는 없고, 이를 지시대명사 is, ea, id를 사용하여 표현한다.

Venit obviam tuus puer: is mihi litteras abs te reddidit. (Cic. *Att.* 2, 1, 1)
네 아이가 만나러 왔다. 그(네 아이)가 나에게 네(너로부터의) 편지를 전해 주었다.
Semper ille antea cum uxore (erat), tum sine ea. (Cic. *Mil.* 55)
전에 그는 늘 아내와 함께 있었다. 그다음에 그녀 없이 있었다.
Eis dant aquam puellae. 소녀들이 그들에게 물을 준다.
Videsne eam. 너 그녀를 보니?

obviam, adv. 만나러	abs＝a, ab ~에서, ~로부터
reddo (편지, 명령 등을) 전해 주다	antea, adv. 전에, 이전에
uxor, -oris, f. 아내	tum, adv. 그다음에

---

3) 이 용어는 원래 "다시 부르다"라는 그리스어 αναφέρειν에서 유래하였다.

2) 3인칭 재귀대명사

3인칭 재귀대명사 suus, sua, suum은 문장에서 3인칭 주어와 같은 대상을 지칭할 때 쓰고, 주어와 다른 제3자를 지칭하는 경우에는 is, ea, id의 속격 eius, eorum, earum을 사용한다.

다시 쉽게 설명하면 주어가 화자와 같은 경우에는 suus, sua, suum을 쓰고, 화자와 다를 경우에는 eius, eorum, earum을 쓴다.

Parentes valde amant liberos[4] suos. 부모는 자기 자식(들)을 매우 사랑한다.

Pater amat liberos suos; sed vitia eorum vituperat.

아버지는 자기 자식들을 사랑하지만, 그들(자녀들)의 악습(들)을 책망한다.

Magister laudavit alumnos et eorum parentes.

선생님은 학생들과 그들(학생들)의 부모를 칭찬했다.

3) 대용 용법

문장 속에서 앞에 나온 말을 가리키거나 그것을 대신하기 위해 쓰는 용법이다.

Cum bonum coniugium coniugii elementum essentiale sit,

eius exclusio matrimonium irritum reddit ad normam.

좋은 부부 생활(부부의 선익)은 결혼의 본질적 요소이기 때문에,

그것의 배제는 법규에 따라 혼인 무효가 된다.

---

cum (종속접속사) ~하기 때문에(접속법 동사 사용)

coniugium, -ii, n. 부부, 부부 생활, 결혼   reddo (+acc.) 되게 하다, 만들다

irritus, -a, -um, adj. 무효의, 법적 가치가 없는

---

4) id est. 또는 i.e.: 즉, 다시 말하면(*that is*)

Fundamentum autem est iustitiae fides, id est dictorum conventorumque constantia et veritas. (Cic. *Off.* 1, 23)

그러나 정의의 기초는 신의이다. 즉 말과 약속의 한결같음과 진실성이다.

5) 이미 나온 말에 대해 et, atque, -que 접속사와 함께 "게다가, 덧붙여, 그뿐인가, 그나마"라는 부가적 설명, 강조, 한정의 의미를 표현한다.

Antonius... cum una legione et ea vacillante Lucium fratrem expectat. (Cic. *Phil.* 3, 31)

안토니오는 한 군단, 그나마 비틀거리는 한 개 군단과 함께 형제 루치오를 기다린다.

---

4) 복수로 쓰여 '자식들, 아이들"의 의미를 갖기도 한다.

2. idem, eadem, idem, pron. 같은, 동일한(*the same man, woman, thing*)

idem, eadem, idem 대명사는 is, ea, id 대명사에 −dem을 덧붙여 만든 대명사이므로 단수 주격과 대격, 복수 속격에서 발음의 용이함을 위해 생긴 약간의 철자 변화만 주의하면 된다.

단수 주격 is+dem → idem, id+dem → idem

단수 대격 eum, eam+dem → eundem, eandem

복수 속격 eorum, earum, eorum+dem → eorundem, earundem, eorundem

N.B. m이 n으로 바뀐다.

수		sg.			pl.	
격　성	m.	f.	n.	m.	f.	n.
nom.	idem	eadem	idem	iidem	eaedem	eadem
gen.	eiusdem	eiusdem	eiusdem	eorundem	earundem	eorundem
dat.	eidem	eidem	eidem	iisdem	iisdem	iisdem
acc.	eundem	eandem	idem	eosdem	easdem	eadem
abl.	eodem	eadem	eodem	iisdem	iisdem	iisdem

1) idem, eadem, idem 대명사는 수식하는 명사를 강조하거나, 앞에서 언급한 인물이나 사물과 같음을 가리킨다. 우리말로는 "같은 사람, 같은 것"이라고 옮긴다. 중성 idem은 "같은 것"이라는 의미이며, idem의 반의어는 "alius, −a, −ud, pron. 서로 다른 것"이다.

Idem velle atque idem nolle, ea demum firma amicitia est. (Sall. *Cat.* 20, 4)

같은 것을 원하고 같은 것을 원하지 않는 것, 그것은 그야말로 확실한 우정이다.

Tu semper eadem dicis.[5] 너는 늘 같은 것을 이야기한다.

---

volo 원하다, 주장하다, 의미하다(*want, maintain, mean*)

nolo 원하지 않다　　　　　　　　　　　　firmus, −a, −um, adj. 튼튼한, 견고한, 확실한(*firm*)

demum, adv. (is, hic, ille 등의 지시대명사 뒤에) 그야말로, 바로, 특히

---

2) idemque 동시에

Aristoxenus fuit musicus idemque philosophus. (Cic.)

아리스토크세누스는 음악가이자 동시에 철학자였다.

---

5) 여기서 eadem은 중성 복수이고 늘 같은 말을 되풀이한다는 뜻이다.

3. ipse, ipsa, ipsum 그 사람 자신, 바로 그 사람, 바로 그것

로마인들은 문장의 주어 또는 술어에서 어떤 사람을 지칭하는 명사나 대명사를 강조하기 위해 ipse, ipsa, ipsum 대명사를 사용하였다. 이러한 이유에서 ipse 대명사는 앞에서 언급한 is, idem 대명사보다 수식하거나 대신하는 명사를 더 강조하며, 앞에서 언급한 인물과 사물이 같을 때 사용하는 대명사이다.

영어로는 인칭과 수에 따라 *myself/ourselves, yourself/yourselves, himself/herself/itself/themselves* 라고 옮기지만, 우리말로는 단순히 "그 사람 자신, 바로 자신, 친히, 몸소"라고 옮기면 된다.

수	sg.			pl.		
격 　　성	m.	f.	n.	m.	f.	n.
nom.	ipse	ipsa	ipsum	ipsi	ipsae	ipsa
gen.	ipsius	ipsius	ipsius	ipsorum	ipsarum	ipsorum
dat.	ipsi	ipsi	ipsi	ipsis	ipsis	ipsis
acc.	ipsum	ipsam	ipsum	ipsos	ipsas	ipsa
abl.	ipso	ipsa	ipso	ipsis	ipsis	ipsis

1) 강조 용법: 몸소, 친히, 직접, 자체, 자기 자신

Cicero vidit Caesaris litteras ipsas.
치체로(키케로)는 캐사르(카이사르)의 친서를 보았다.
Cicero ipse laudavit me. 치체로는 친히 나를 칭찬했다.
Ego ipse te videbam. 내가 직접 너를 보았다.
Libertas ipsa est bonum hominum. 자유 자체가 인간(들)의 선(善)이다.

•수식하거나 강조하는 명사와 성을 일치하여야 한다.

Dux milites in hiberna reduxit, ipse in Italiam venit.
장군은 병사들을 겨울 병영으로 인솔하였고, 자기 자신은 이탈리아로 왔다.

dux, ducis, m./f. 장군, 인도자	miles, militis, m. 군인
hiberna, -orum, n. pl. 겨울 진영	reduco 데려오다, 인솔하다

2) 인칭대명사에 접미어 -met를 붙이고 뒤에 ipse, ipsa, ipsum을 쓰면 인칭대명사와 동격으로 인칭대명사의 뜻을 강조한다.

　　egomet ipse(egometipse) 나 자신이　　　　nosmet ipsos(nosmetipsos) 우리 자신을

sibimet ipsi 자기 자신에게

Iubet nos Pythius Apollo noscere nosmet ipsos. (Cic. *Fin.* 5, 44)
피티우스 아폴로는 우리가 우리 자신을 알도록 권고한다.

> i(j)ubeo 명령하다; iubeo+acc.+inf. (간곡히) 권고하다, 초대하다
> nosco 알다, 깨닫다, 이해하다

3) 저절로, 스스로

Valvae se ipsae aperuerunt. 문(들)이 저절로 열렸다.
Veritas se ipsa defendet. 진리는 스스로 지킬 것이다.

> valva, -ae, f. 문   aperio 열다
> defendo 지키다, 방어하다

 Exercitatio 2 (해답은 부록 108쪽 참조)

1. 괄호 안의 알맞은 대명사를 고르고 다음 문장을 우리말로 옮기시오.

1) Donum video. (Is, Ea, Id) videsne?
   N.B. 질문할 단어 끝에 의문접사 -ne를 붙이면 "~하느냐?"는 의문문이 됨. 제2권 "Pars 4, VI. 직·간접 의문문"을 참조하라.

2) (Hic, Haec, Hoc) bellum malum est. (Is, Ea, Id) timeo.

3) In (hoc, hac) signo vinces.

4) (Eorum, Earum) munus est docere discipulos.

> signum, -i, n. 표지, 표징, 신호, 징표, 군기(*sign*)
> munus, muneris, n. 직무, 책임, 임무

2. 다음 문장을 우리말로 옮기시오.

1) Filii eiusdem matris sunt.

2) Panes aquamque eidem nautae dabo sub tecto templi.

3) Eadem puella me docebat[6] odium cordis amoremque.

4) In eodem horto easdem arbores videbam.

5) Hic magister ipse me docebat finem vitae.

6) Aut inveniam viam aut faciam ego ipse.

7) Te ipsam cognoscere desiderabam per epistulam.

8) Idem iis erat pater, eadem mater, idem municipium; sed de eadem patria non eadem cogitabant.

9) Si eandem culpam iisdem saepe committes, nullam veniam ab eis accipies.

---

tectum, -i, n. 지붕	odium, -ii, n. 미움, 증오
hortus, -us, m. 정원, 뜰	arbor, -oris, f. 나무
aut ~ aut ~, conj. ~하거나 ~하거나 (*either ~ or*)	
invenio (+acc.) ~을 찾다, 발견하다	municipium, -ii, n. 자치도시, 지방자치
culpa, -ae, f. 잘못, 죄	saepe, adv. 종종, 누차
committo (잘못을) 저지르다, 위탁하다	accipio 받다(*accept*)
venia, -ae, f. 친절, 온정, 허가, 용서; veniam accipio 용서를 받다	
cognosco 알다, 인식하다	cogito 생각하다, 상상하다

---

6) doceo 동사는 이중 대격(목적격)을 가진다.

Loqui Latine! 라틴어로 말하기

이것은/저것은/그것은 무엇입니까?

Q: Quid hoc est? 이것은 무엇입니까?

R: Hic est liber. 이것은 책입니다.

R: Haec est graphis. 이것은 연필입니다.

R: Hoc est exemplum. 이것은 보기(예)입니다.

📖 라틴어로 "이것은 무엇입니까?"라는 질문에 우리말은 모두 "이것은"이라고 표현하지만, 라틴어는 "hic, haec, hoc"이라는 각기 성이 다른 지시대명사를 사용하였다. 그 이유는 앞에서 설명한 대로 지시대명사는 대신하는 명사의 성, 수, 격을 따르기 때문이다.

따라서 "liber, libri, m. 책; graphis, graphidis, f. 연필, 소묘, 도안; exemplum, −i, n. 보기" 명사의 성을 따라 "hic, haec, hoc"이 되는 것이다.

반면 질문할 때는 항상 지시대명사의 중성을 사용한다.

Q: Quid istud est? 그것은 무엇입니까?

R: Iste est liber. 그것은 책입니다.

R: Ista mensa est. 그것은 책상입니다.

R: Istud est donum. 그것은 선물입니다.

Q: Quid illud est? 저것은 무엇입니까?

R: Ille aper est. 저것은 멧돼지입니다.

R: Illa casa est. 저것은 집입니다.

R: Illud templum est. 저것은 신전입니다.

---

mensa, −ae, f. 책상	donum, −i, n. 선물
aper, apri, m. 멧돼지	templum, −i, n. 성전(聖殿), 신전

Pronomina Personalia et Adiectiva Possessiva

인칭대명사와 소유형용사

I. 인칭대명사

라틴어의 인칭대명사(ego, tu, etc.)는 인도유럽어의 유산을 물려받아 화자의 관점에서 특정한 사람을 가리키기 위해 명사를 대신하여 사용하는 말이다. 따라서 인칭대명사는 문법상 명사이며, 성(性)에 따른 구분을 하지 않고 여성과 남성 모두 같은 형태를 사용한다. 1인칭 대명사는 화자 자신을 가리키고, 2인칭 대명사는 화자의 상대방을 가리킨다. 마지막으로 3인칭 대명사는 화자도 청자도 아닌 대상을 가리킨다.

그러나 라틴어는 문장에 쓰인 동사의 어미로 주어의 인칭을 알 수 있기 때문에, 라틴어 문장에서 주격 인칭대명사는 대부분 생략한다. 로마인들은 주어를 강조하고 싶을 경우, 즉 뜻을 명확히 하거나 주체의 의지를 강조하기 위한 경우에만 인칭대명사를 사용하였다.

Puellam video. (나는) 소녀를 본다(보고 있다).
Ego puellam video. 내가 소녀를 본다(보고 있다).
O Deus, ego amo te! 오 신이시여, 나는 당신을 사랑합니다.

1. 1·2인칭 대명사

인칭	1인칭		2인칭	
격 수	sg.	pl.	sg.	pl.
nom.	ego 나는/내가(I)	nos 우리는/가(we)	tu 너는/네가(you)	vos 너희는/가(you)
gen.	mei(목적 속격) 나를, 나에 대한/대해서(of me; myself)	nostri(목적 속격) 우리를, 우리에 대한/대해서 nostrum(분할 속격) 우리 중의/가운데(of us; ourselves)	tui 너를, 너에 대한(of you)	vestri(목적 속격) 너희를, 너희에 대한/대해서 vestrum(분할 속격) 너희 중의, 가운데(of you)

dat.	mihi 나에게, 나를 위해(to/for me; myself)	nobis 우리에게, 우리를 위해(to/for us; ourselves)	tibi 너에게, 너를 위해(to/for you)	vobis 너희에게, 너희를 위해(to/for you)
acc.	me 나를(me; myself)	nos 우리를(us; ourselves)	te 너를(you)	vos 너희를(you)
abl.	me (by/with/from me; myself)	nobis (by/with/from us; ourselves)	te (by/with/from you)	vobis (by/with/from you)
	전치사(e.g. cum)와 함께 사용			

N.B. 라틴어 인칭대명사 속격은 "나의, 너의, 자기의, 우리의, 너희의"와 같이 소유 관계를 나타내는 것이 아니라, 목적과 분할의 의미를 가진다. 소유 관계는 소유대명사로 나타낸다.

1) 인칭대명사와 재귀대명사의 용례 비교

(1) 인칭대명사의 의미를 가질 때: 주어와 다른 사람을 언급할 때.

(Ego) provideo tibi. (나는) 너를 위해 준비한다.

[영: I *prepare* for you. (인칭대명사)]

(Tu) provides mihi. (너는) 나를 위해 준비한다.

[영: You *prepare* for me. (인칭대명사)]

(2) 재귀대명사의 의미를 가질 때: 주어의 동작이 다시 주어로 되돌아가는 경우.

(Ego) provideo mihi. (나는) 나 자신을 위해 준비한다.

[영: I *prepare* for myself. (재귀대명사)]

(Tu) provides tibi. (너는) 너 자신을 위해 준비한다.

[영: You *prepare* for yourself. (재귀대명사)]

이 예문에서 볼 수 있듯이 라틴어는 인칭대명사와 재귀대명사를 따로 구분하지 않는다. 재귀대명사는 언어의 발전과 더불어 후대에 세분화되어 현대어에 들어서 좀 더 명확히 구분되었다. 재귀대명사는 주어의 동작이 다시 주어로 되돌아가는 관계를 나타낸다. 따라서 주어로 사용될 수 없기에 주격이 없다. 이는 3인칭 대명사에 잘 나타난다. 반면 인칭대명사는 주어와 다른 인칭을 언급한다. 따라서 문장에서 인칭대명사로 쓰였는지, 재귀대명사로 쓰였는지를 구분하여야 한다.

2) 인칭대명사 속격의 용법

라틴어 인칭대명사 속격은 목적과 분할의 의미를 지닌다. 따라서 라틴어의 인칭대명사 속격은 명사와 달리 "나의, 너의, 자기의, 우리의, 너희의" 등의 소유를 나타내지 않는다. 소유를 나타내기 위해서는 인칭대명사의 속격을 쓰지 않고 소유대명사를 쓴다.

(1) 속격의 목적격 용법

라틴어에서 mei, tui, sui; nostri, vestri, sui 등의 인칭대명사 속격이 속격을 요구하는 동사, 형용사와 함께 쓰일 경우, "~를, 에 대한"이라고 해석한다.

•라틴어의 속격 요구 형용사에는 "memor, memoris, 기억하는"이 있다.

Parentes semper memores sunt nostri. 부모님은 늘 우리를 기억한다.

Memor sis mei! 나를 기억하라!

Amor nostri 우리에 대한 사랑

수	sg.			pl.		
격 〵 성	m.	f.	n.	m.	f.	n.
nom.	memor	memor	memor	memores	memores	memoria
gen.	memoris	memoris	memoris	memorium	memorium	memorium
dat.	memori	memori	memori	memoribus	memoribus	memoribus
acc.	memorem	memorem	memor	memores	memores	memoria
abl.	memori	memori	memori	memoribus	memoribus	memoribus

•속격 요구 동사: indigeo 필요하다, 결여되다

Deus non indiget nostri, sed nos indigemus Dei.

신이 우리를 필요로 한 것이 아니라, 우리가 신을 필요로 한다.

(2) 속격의 분할적 용법

1인칭 대명사 nostrum, vestrum은 "~ 중의, ~ 중에서, ~ 가운데"라는 뜻을 가진다.

Unus nostrum 우리 중의(가운데) 한 사람

Unus vestrum 너희 중의 하나가

Nemo nostrum 우리 가운데 아무도

N.B. unus, nemo는 일반명사의 복수 속격과 쓰일 때도 분할의 의미를 가질 수 있다.

E.g. Unus militum 군인 가운데 한 사람

miles, militis, m. 군인

2. 3인칭 대명사

라틴어는 "그, 그녀, 그것" 등을 표현하는 3인칭 대명사가 따로 없기 때문에 앞에서 살펴본 지시대명사 is, ea, id로 대체된다. 그 대신, 라틴어의 3인칭 대명사는 재귀대명사로만 사용된다. 재귀대명사는 주어의 동작이 다시 주어로 되돌아가는 관계를 나타내기 때문에 주격으로 사용할 수 없다. 또한 단·복수의 구분이 없으므로 문장에 따라 구분하여야 한다.

	3인칭	
	sg.	pl.
nom.	-	-
gen.	sui 자기를, 자기에 대한	
	(of himself/herself/itself)	(of themselves)
dat.	sibi, 자기에게, 자기를 위해	
	(to/for himself, etc.)	(to/for themselves)
acc.	se, 자기를	
	(himself, herself, itself)	(themselves)
abl.	se	
	(by/with/from himself, etc.)	(by/with/from themselves)

• 3인칭 재귀대명사와 인칭대명사 용례 비교
Cicero laudavit se. 치체로(키케로)는 자기 자신을 칭찬했다.
(영: *Cicero praised himself.*)
Cicero laudavit eum. 치체로는 그(≠치체로)를 칭찬했다.
(영: *Cicero praised him.*)

• 3인칭 재귀대명사의 용법
Virtus est amans sui. (Cic.)
덕이란 자기에 대해(자기를) 사랑하는 것이다.
Se ipsum amat. (Cic.) (그는) 자기 자신을 사랑한다.
Quisquis amat se ipsum. 누구나 자기 자신을 사랑한다.
Nemo habet odium sui ipsius. 아무도 자기에 대한 미움을 갖지 않는다.

• "~와 함께"라는 의미의 전치사 cum은 명사의 탈격(abl.) 앞에 위치하지만, 예외적으로 인칭 대명사 탈격 뒤에 붙는다.
mecum 나와 함께   tecum 너와 함께

secum 자기와 함께   nobiscum 우리와 함께

vobiscum 니희와(여러분과) 함께

secum 자기들과 함께(문맥에 따라 단·복수를 구분해야 한다.)

• 전치사 inter＋인칭대명사 대격(nos, vos, se)을 사용하면 "~ 사이에, 서로, ~끼리"라는 의미이다.

inter nos (우리) 서로, 우리 사이에, 우리끼리   inter vos (너희) 서로

inter se 서로

Amare inter se. 서로 사랑하다. Amate inter se. (너희는) 서로 사랑하여라.

II. 소유대명사와 소유형용사

라틴어에서 "나의, 너의, 그의, 우리의, 너희의, 그들의"라는 소유형용사 표현은 어떻게 사용할까? 라틴어에서 이러한 표현은 인칭대명사의 속격(gen.)을 사용하지 않고, 인도유럽어의 영향을 받아 소유형용사를 사용한다.

1) 라틴어의 소유대명사와 소유형용사는 그 형태가 모두 같다. 소유대명사와 소유형용사의 차이는 소유대명사는 단독으로 사용하고, 소유형용사는 명사를 수식한다는 점이다.

sg.		pl.	
meus, mea, meum	나의	noster, nostra, nostrum	우리(의)
tuus, tua, tuum	너의	vester, vestra, vestrum	너희(의)
자기(의) suus, sua, suum 자기들의			
eius	그의	eorum, earum, eorum	그들의

• 소유대명사와 소유형용사의 용례

Meus liber et tuus sunt in mensa. 나의 책과 너의 것이 책상에 있다.

이 문장에서 "meus 나의"는 명사 liber를 수식하기에 소유형용사이고, "tuus 너의 것"은 소유대명사이다.

2) 소유대명사는 문법상 형용사이며 어미변화는 형용사 제1형 1식과 같이 변화한다. 따라서 꾸며 주는 명사의 성·수·격에 일치하여야 한다. 또한 소유형용사로 쓰일 때의 의미와 소유형용

사가 명사화되었을 때의 의미는 아래와 같다.

meus, -a, -um, adj. poss. 나의; m. pl. 내 가족; n. sg. 내 본분, 의무; n. pl. 내 것

tuus, -a, -um, adj. poss. 너의; m./f. 너의 사람; n. 너의 것; m./f./n. pl. 네 부모

수 격　성	sg.			pl.		
	m.	f.	n.	m.	f.	n.
nom.	me-us	me-a	me-um	me-i	me-ae	me-a
gen.	me-i	me-ae	me-i	me-orum	me-arum	me-orum
dat.	me-o	me-ae	me-o	me-is	me-is	me-is
acc.	me-um	me-am	me-um	me-os	me-as	me-a
abl.	me-o	me-a	me-o	me-is	me-is	me-is

이것은 나의 책이다. Hic est liber meus.[7]

이것은 너의 책상이다. Haec est mensa tua.[8]

이것은 그의 책이다. Hic est liber eius.

어디에 나의 책들이 있느냐? Ubi sunt libri(m. pl) mei.

(나는) 나의 아버지를 보았다. Vidi patrem meum.

(너는) 너의 아버지를 보았다. Vidisti patrem tuum.

3) 소유대명사 3인칭 suus, sua, suum은 같은 문장에서 suus, -a, -um이 가리키는 대상이 주어와 같은 경우에 쓰고, suus, -a, -um이 가리키는 대상이 주어와 다를 경우에는 is, ea, id의 속격인 eius(단수), eorum(복수 남성, 중성), earum(복수 여성)을 사용한다.

다시 말해, 소유대명사와 주어가 일치할 경우에는 suus, sua, suum을 쓰고, 소유대명사와 주어가 일치하지 않을 경우에는 지시대명사 is, ea, id를 쓴다.

다음 두 경우를 비교하면 좀 더 쉽게 이해할 수 있을 것이다.

(1) 주어와 같은 경우

Marcus(주어) pervenit cum suis amicis.

마르코는 자기 친구들과 함께 도착했다. (Marcus＝suis)

Parentes valde amant liberos suos.

부모는 자기 자녀들을 매우 사랑한다. (parentes＝suos)

---

7) Hic(liber에 일치) est liber(sg. m. nom.) meus(liber에 일치).

8) Haec(mensa에 일치) est mensa(sg. f. nom.) tua(mensa에 일치).

(2) 주어와 다른 경우

Vidi Marcum(목적어) cum eius amicis.

나는 그의 친구들과 함께 마르코를 보았다. (나≠eius, Marcum=eius)

Magister laudavit alumnos et eorum parentes.

선생님은 학생들과 그들(학생)의 부모를 칭찬했다. (alumnos=eorum)

Pater amat liberos suos, sed inertiam eorum vituperat.

아버지는 자기 자녀들을 사랑하지만, 그들(자녀들)의 무능은 책망한다. (liberos=eorum)

---

inertia, -ae, f. 무능, 무력, 타성

---

4) 소유대명사는 noster와 mi를 제외하고 호격이 없다.

E.g. Mi bone Deus! 오 내(나의) 좋으신 하느님(하나님)!

  Fili mi! 내 아들아! Amice mi! 내 벗이여!

5) 소유대명사는 보통 명사 뒤에 놓는다. 그러나 강조하기 위해 명사 앞에 놓을 수도 있다.

E.g. Pater noster, noster pater 우리 아버지

  regina patriae nostrae 우리나라의 여왕

 Exercitatio   (해답은 부록 109쪽 참조)

1. 다음 문장을 우리말로 옮기시오.

1) Quomodo te habes?

-Optime(pessime) me habeo.

-Bene(moderate/male) me habeo.

2) Si me amas, fili mi, debes bene laborare.

3) Notum est vobis dictum Aristotelis: "Homo est animal politicum."

4) Pax tecum (sit)! Dominus vobiscum (sit)! (기원문)

5) Memoriam vestri servabimus sub pectore.

6) Imperator nos ad se vocat per nuntios.

7) Donum puellae mihi valde placet.

8) Hodie mihi, cras tibi! (공동묘지 입구에 새겨진 명문)

9) Sorores inter se amant.

---

se habeo 지내다, 건강이 어떻다(좋다, 나쁘다) notus, −a, −um, adj. 잘 알려진, 잘 아는
dictum, −i, n. 말, 명언   politicus, −a, −um, adj. 정치적인
pectus, pectoris, n. 가슴, 심장; sub pectore 가슴속에 (깊이)
soror, −oris, f. 자매, 누이

---

2. 다음 문장을 우리말로 옮기시오.
   E.g. Vir filios eius laudat. 남자는 자기 아들들을 칭찬한다.

1) Magister eorum erat infirmus.

2) Hic Romanus milites suos laudare non poterit.

3) Marcus mittebat per servum epistulas amicae tuae.

4) Cor nostrum est caecum amore.

5) Antonius desiderat me ducere secum (ad) Syracusas.

6) Proximus sum egomet ipse mihi.

---

infirmus, −a, −um, adj. 병약한, 허약한, 노쇠한
Syracusae, −arum, f. pl. (시칠리아에 있는 지명) 시라쿠사
proximus, −a, −um, adj. 가장 가까운, 바로 이웃의, 친근한

3. 다음 문장을 우리말로 옮기시오.

Cicero, De Natura Deorum 1.5.10. 신들의 본성에 대해

Magistri boni discipulis sententias suas non semper dicere debent. Discipuli Pythagorae in disputationibus saepe dicebant: "Ipse dixit!" Pythagoras, eorum magister philosophiae, erat "ipse": sententiae eius etiam sine ratione valuerunt. In philosophia autem ratio sola, non sententia, valere debet.

sententia, −ae, f. 생각, 의견, 판결, 선고	disputatio, −onis, f. 논쟁, 토론
philosophia, −ae, f. 철학(φιλοσοφια)	ratio, −onis, f. 이성, 계산, 양식, 원칙
solus, −a, −um, adj. 오직 ~만이, 유일한	

Pronomina Interrogativa

의문사

라틴어의 의문사에는 의문대명사, 의문형용사, 의문부사가 있다.

의문대명사: quis? m./f. 누가? quid? n. 무엇이

의문형용사: qui?, quae?, quod? 어떤, 어느

대명사와 형용사로 쓰이는 의문사: uter?, utra?, utrum? 둘 중에 누가? 둘 중 어느 것?

I. 의문대명사

1. 의문대명사의 용법

•의문대명사는 문장에서 직·간접 의문문을 이끈다.

•라틴어의 의문대명사 quis, quid는 영어의 의문대명사(*who, whose, whom, what, which*)와 마찬가지로 사람이나 사물의 정체를 묻는다.

Quis hoc dixit? 누가 이것을 말했는가?

Quid ille dixit? 그는 무엇을 말했는가?

Quis illum librum legit? 누가 그 책을 읽고 있는가?

Quid legis? 너는 무엇을 읽고 있니?

수 격 성	sg.		pl.	
	m./f.	n.	m./f.	n.
nom.	quis?	quid?	qui?	quae?
gen.	cuius?	cuius (rei)?	quorum?	quorum(quorum rerum)?
dat.	cui?	cui (rei)?	quibus?	quibus(rebus)?
acc.	quem?	quid?	quos?	quae?
abl.	quo?	quo (qua re)?	quibus?	quibus (rebus)?

• 의문대명사는 항상 문장의 첫머리에 놓는다. 의문대명사는 각 격에 따라 위의 표에서와 같이 사용한다.

• 중성 의문대명사 quid는 "res, rei. f."라는 명사로 대치되거나 결합하여 쓰이며, 이때 res도 의문대명사와 함께 격변화를 한다.

Quis est Alexander? 누가 알렉산더인가?

Cuius haec navis est? 이 배는 누구의 것인가?

Cui desideras nuntiare hoc factum?

(너는) 이 사실을 누구한테 알리기 바라는가?

Quem vidistis, pastores? 목동들아, (너희는) 누구를 보았는가?

Quo vadis? (너) 어디로 가니?

• 라틴어의 의문대명사 복수는 관계대명사의 복수와 형태가 같다.

• 라틴어의 의문대명사의 남성과 여성은 단·복수 모두 형태가 같다.

• 중성 의문대명사 quid는 종종 "왜, 무엇 때문에, 어찌하여"라는 부사적인 의미로 사용된다. 이에 대해서는 "Pars 5, Lectio I"의 의문부사 용법에서 자세히 설명하기로 한다.

Sed quid haec loquimur? (Cic. *Fam.* 9, 16, 9)

그러나 (우리는) 왜 이것을 말하는가?

Quid enim expectas? Bellum? Quid ergo? (Cic. *Catil.* 2, 18)

(너는) 과연 무엇을 기다리는가? 전쟁? 그래서 무엇 때문에?

2. quis, quid의 합성어

의문대명사와 의문형용사를 역설하기 위하여 quis에다 접미어 –nam, 접두어 num– 또는 ec–을 붙인다. 이 경우 접미어와 접두어는 변하지 않고 quis와 quid만 성, 수, 격에 따라 변화한다.

1) quisnam 도대체 누가; quidnam 도대체 무엇이? (의문대명사)

quinam, quaenam, quodnam 도대체 어떤, 어느, 무슨? (의문형용사)

Quisnam venit? 도대체 누가 왔느냐?

Quidnam est homo? 도대체 인간이란 무엇인가?

2) numquis, 누가 ~하였단 말이냐?; numquid 도대체 ~란 말이냐? 무엇이 ~이란 말이냐?

Numquis venit? 누가 왔느냐? 누가 왔단 말이냐?

Nemo. 아무도 오지 않았습니다.

Numquid invenisti? 그래 무엇을 찾았느냐?

Nihil inveni. (=Minime.) 결코 아무것도 (찾지) 못했습니다.

Numquid Mariam vidisti? 그래 마리아를 보았단 말이냐?

Minime. 아니요, (보지) 못했습니다.

> invenio 발견하다, 찾다, 발명하다

3) ecquis? ecquid? 도대체 누가? 도대체 무엇이? ~하기는 했단 말인가?

('아니다'라는 부정적인 대답을 전제로 한다.)

Ecquis venit? Nemo. 도대체 누가 왔니? 아무도 안 왔습니다.

Ecquis id dixerit[9]? Certe nemo! (Cic. *Tusc.* 1, 87)

도대체 누가 그것을 말할 수 있었겠는가? 분명 아무도 (말할 수 없었습니다).

II. 의문형용사

라틴어의 의문형용사 qui, quae, quod는 영어의 의문형용사 *which, what, what kind of*와 같이 이해하면 된다. 우리말로는 "어느, 무엇, 어떤"이라고 옮긴다. 또한 라틴어의 관계대명사도 의문형용사와 같다.

수	sg.			pl.		
성 격	m.	f.	n.	m.	f.	n.
nom.	qui	quae	quod	qui	quae	quae
gen.	cuius	cuius	cuius	quorum	quarum	quorum
dat.	cui	cui	cui	quibus	quibus	quibus
acc.	quem	quam	quod	quos	quas	quae
abl.	quo	qua	quo	quibus	quibus	quibus

1) 라틴어의 의문형용사는 사람과 사물의 성질을 자세히 물으며, 형용사와 마찬가지로 수식하는 명사에 성·수·격을 일치시켜야 한다.

---

9) 이 문장에 사용된 'dixerit'는 직설법 미래완료와 접속법 과거의 형태가 같다. 우리말로는 가능의 형태로 "~할 수 있었겠는가?" 정도로 옮길 수 있다.

Qui(m.) vir(m.), quae(f.) mulier(f.) est? 어떤 남자, 어떤 여자인가?

Quod(n.) animal(n. s.) hoc umquam fecit? 일찍이 어떤 동물이 이것을 했었단 말이냐?

Quae(n. pl.) animalia(n. pl.) tunc in terra et in mari vivebant?

그 당시 땅과 바다에는 어떤(무슨) 동물들이 살고 있었는가?

Cuius iudicis(m. s. gen.) causam audisti?

(너는) 어느 재판관(판사)의 소송을 들었느냐(심리하였느냐)?

Quorum militum(m. pl. gen.) haec arma(n. pl. nom.) erunt[10]?

이 무기는 어느 병사들의 것이 될 것인가?

---

umquam(=unquam), adv. 1. (부정사 뒤에) 한 번도 못 하다; 2. (의문문) 일찍이, 언제고

miles, militis, m. 군인, 병사   arma, -orum, n. pl. 병기, 무기

---

2) 의문대명사 quis와 의문형용사 qui의 차이점

의문대명사 quis, quid는 정체에 대해 묻고, 의문형용사 qui, quae, quod는 성질이나 자격을 묻는다.

Quis est orator? Paulus. 누가 연설가인가? 파울루스입니다.

Qui orator est? Optimus. 어떤 연설가인가? 제일 훌륭합니다.

Quis fuit igitur? Iste Chaerea. 그래 누가 있었는가? 그는 캐레아입니다.

Qui Chaerea? Iste ephebus, frater Phaedriae.

캐레아는 어떤 사람인가? 그는 청소년이며, 패드리아의 형제입니다.

---

ephebus, -i, m. (그리스) 16~20세의 청소년

 Exercitatio 1   (해답은 부록 110쪽 참조)

1. 다음 의문대명사와 의문형용사 문장을 우리말로 옮기시오.

  1) Qui vir es tu?

  2) Quis fuit praetor eo anno?

  3) Cui parere debemus nos? Caesari an Deo?

---

10) erunt는 sum 동사의 직설법 미래 복수 3인칭.

4) Cuius servus es tu? Pompei an meus?

5) Quis veniet ad cenam nostram?

6) Quam universitatem visitavistis cum magistris?

7) In qua parte steterant partes eorum in bello?

8) Quid vidisti in via?

9) Quis quem ex quo amaverat?

10) De quibus rebus in alio libro post primum tractavisti?[11]

11) Numquid cogitas?

12) Quisnam pecunias tuas portavit?

13) Quidnam dixerunt isti iudices?

Caesar, -aris, m. Iulia 씨족의 씨족명, 황제의 별칭
universitas, -atis, f. 일반, 전체, 종합대학교, 우주
visito 자주 보다, 방문하다, 구경하다
pars, partis, f. 부분, 조각, 편, 면(面), 입장; pl. 정당, 소송당사자
sto 서 있다, 있다

---

11) quibus (rebus)는 의문대명사 중성 복수 탈격. alius, -a, -ud, adj. et pron.: 다른, 별개의; 열거할 때는 "둘째의"라는 뜻이 있음. 따라서 이 문장은 서수의 탈격 형태를 사용하여 in secundo libro라고 표현할 수도 있다.

III. uter, utra, utrum(사람이나 사물 가운데)

둘 중 하나, 둘 중 누구, 둘 중 어느 것

수 성 격	sg.			pl.		
	m.	f.	n.	m.	f.	n.
nom.	uter	utra	utrum	utri	utrae	utra
gen.	utrius	utrius	utrius	utrorum	utrarum	utrorum
dat.	utri	utri	utri	utris	utris	utris
acc.	utrum	utram	utrum	utros	utras	utra
abl.	utro	utra	utro	utris	utris	utris

1. uter의 용법

- uter, utra, utrum은 의문대명사와 의문형용사 기능을 하며, 같은 성질의 두 사람이나 사물 가운데 어느 것이 비교 우위를 가지는지에 대한 질문에 사용된다. 따라서 uter는 형용사와 마찬가지로 관련하는 단어의 성과 수에 일치하여야 한다.

Videamus uter plus[12] scribere possit! (Hor. *Sat.* 1, 4, 16)
(우리는) 둘 가운데 누가 더 오랫동안 쓸 수 있는지 봅시다!
Utra(f.) causa(f.) popularis debet videri[13]? (Cic.)
두 소송 가운데 어느 것이 백성에게 이롭게 보여야 하는가?
Utra(f.) manus(f.) validior est? Dextra.
두 손 가운데 어느 손이 더 힘이 센가? 오른손입니다.

- 명사나 인칭대명사의 분할 2격(복수 속격)을 사용할 경우

Uter nostrum popularis est? (Cic. *Rab. Perd.* 11)
우리 둘 가운데 누가 민중의 환심을 사는가?
Utrum poetarum anteponis?[14] 두 시인 가운데 누구를 선호합니까?

---

popularis, -e, adj. 민중의 환심을 사는
antepono 앞에 놓다, ~보다 낫게 여기다, 더 좋아하다

---

12) "Pars 2, Lectio III. 형용사의 비교급과 최상급" 참조. 이 문장에서는 부사로 사용된 경우임.
13) 'videri'는 video 동사의 수동 원형. videor, videris, visus sum, videri ~처럼 보이다, ~같다(*seem*).
14) 이 문장에서 'utrum'은 단수 대격이다.

•uter의 복수는 두 집단을 언급할 때만 사용한다.

Certamen (erat) utri prius angustias montesque occuparent. (Caes. *B. C.* 1, 70, 1)

두 (군대) 사이에서 협곡과 산을 먼저 점령하려는 전투가 있었다.

certamen, −minis, n. 전투, 경기	prius, adv. 먼저
angustiae, −arum, f. pl. 협곡	occupo 차지하다, 점령하다

2. 의문대명사 quis와 uter의 차이

•quis는 셋 이상, 여럿 중에 하나를 지칭할 때 사용하고, uter는 둘 사이에 하나를 지칭할 때 사용한다.

Quis nostrum hoc audivit? 우리 가운데 누가 이것을 들었는가?

Uter nostrum hoc audivit? 우리 둘 가운데 누가 이것을 들었는가?

•비교문에서 quis는 최상급, uter는 비교급을 사용한다.

Croeso duo filii fuerunt; uter maior natu fuit?[15]

크레소는 두 아들이 있었다. 둘 가운데 누가 (더) 큰 (아들로) 태어났는가? (둘 가운데)

Filiorum Priami quis maximus natu fuit?

프리아미의 아들 가운데 누가 제일 큰 아들로 태어났는가? (셋 이상, 여럿 중에)

IV. 그 밖의 의문사(대명사, 형용사)

라틴어에는 성질, 크기, 수를 묻기 위한 그 밖의 의문대명사들이 있다. 이들 의문대명사는 관계사, 감탄사의 의미도 있다.

1. qualis(m./f.), quale(n.) (성질, 품질, 특성 표시)
   어떠한, 어떤, 어떻게, 얼마만큼

qualis, quale 의문대명사는 형용사 제2형 제2식 fortis, forte와 같은 어미변화를 한다. 의문형용사 qui, quae, quod와 같은 의미이나, qualis가 더 자주 사용되었다.

---

15) maior는 magnus의 비교급이다.

수	sg.			pl.		
격 성	m./f.		n.	m./f.		n.
nom.	qual-is	-is	qual-e	qual-es	-es	qual-ia
gen.	qual-is	-is	qual-is	qual-ium	-ium	qual-ium
dat.	qual-i	-i	qual-i	qual-ibus	-ibus	qual-ibus
acc.	qual-em	-em	qual-e	qual-es	-es	qual-ia
abl.	qual-i	-i	qual-i	qual-ibus	-ibus	qual-ibus

Quales(m. pl.) esse debent discipuli(m. pl.)? 학생들은 어떠한 사람이어야 하는가?
Discipuli debent esse industrii. 학생들은 부지런한 사람이어야 한다.
Quale(n.) tibi consilium(n.) Pompei videtur? 폼페이의 계획은 네게 어떻게 보이는가?
In primis autem constituendum est quos nos et quales esse velimus.16) (Cic. Off. 1, 117).
그러나 우리는 무엇을 그리고 어떤 것을 원하는지 무엇보다도 먼저 정해야 한다.
N.B. "constituendum est"는 수동태의 당위적 미래분사 −ndus, −nda, −ndum과 sum 동사가 결합하여 "~하여야 한다"라는 의무와 필연 같은 당위성을 표현한다. 이를 수동태의 용장활용(coniugatio periphrastica passiva)이라 하며 라틴어에서 자주 사용하는 문장 표현 방식이다.

industrius, −a, −um, adj. 부지런한, 열심히 하는
constituo 세우다, 제정하다, 결정하다   volo 원하다

2. quantus, −a, −um, adj. 얼마나 큰, 얼마만큼

형용사 제1형 제1식 bonus, bona, bonum과 같은 어미변화를 하며, 수(數)가 아니라 크기를 묻는 형용사이다. 감탄사나 관계사로도 사용된다.
Quantus consistit sumptus? 얼마나 큰 소비인가?
Videte quanta sit vis huius legis. (Cic. Dom. 130)
(당신들은) 이 법의 효력이 얼마나 큰지 보아라.
Cum quanta gravitate causas audit! (Cic.)
(그는) 얼마만큼 신중하게 소송들을 심리하는가! (감탄사)
Dedit mihi quantum maximum potuit.
그는 자기가 할 수 있었던 최대한의 것을 내게 주었다.17) (관계사)

---

16) velimus는 volo 동사의 접속법 현재 복수 1인칭이다.
17) maximus, plurimus를 동반하면서 posse와 함께 가능한 최대를 의미한다.

consisto 멈춰서다, 구성하다, 있다	sumptus, -us, m. 소비

3. quot? (불변화사) 몇, 얼마나?

의문형용사 quot는 복수로 묻는 질문에만 사용되며, 숫자로 답해야 할 경우 기수(unus, duo, tres, quattuor, etc.)로 답해야 한다. quot로 묻는 질문은 앞의 "Pars 2, Lectio II"의 수사 편에서 '나이'를 묻는 질문을 통해 살펴보았다. 때로는 감탄사로 사용될 경우도 있다.

Orationis quot sunt partes? Quattuor. (Cic. *Partit.* 4, 21)
연설의 부분(들)은 몇인가? 넷입니다.
Quot sunt pueri in horto? Octo sunt.
정원에 소년(들)이 몇 명 있습니까? 여덟 명 있습니다.
Quot et quanti poetae exstiterunt! (Cic.)
얼마나 위대한 시인들이 존재했던가! (감탄사)

4. quotus, -a, -um? 몇 번째의, 몇?(*which, what in number*)

의문형용사 quotus는 몇 번째라는 순서를 묻기에 서수(primus, secundus, tertius, etc.)로 답해야 한다. 시간과 나이를 물을 때도 사용된다.

Quota hora est? Sexta est.[18] 몇 시입니까? 여섯 시입니다.
Quota pars Macedonum saevitiae tuae superest? (Curt. 8, 7, 4)
마케도니아 사람들의 몇 명이 너의 잔혹함에 살아남았느냐?

Macedones, -um, m. pl. 마케도니아 사람들	saevitia, -ae, f. 잔인, 잔혹
supersum 살아남다	

•quotus가 미한정 대명사 quisque(누구든지)와 함께 붙여서 사용될 때, "quotus quisque, quotus quaeque, quotus quodque, adj. 얼마나 작은(소수의, 드문)"이라는 의미를 가진다.
Quotus quisque accusator culpa vacat? (Sen. *Clem.* 1, 6, 2)
얼마나 소수의 원고가 죄가 없는가?

accusator, -oris, m. 고발자, 원고	vaco 없다, 비어 있다, 쉬다

---

18) hora가 여성이므로 답하는 서수도 여성을 사용한다.

Quotus quisque iuris peritus est? (Planc. 25, 62) 법률 전문가가 얼마나 드문가?

V. 의문부사

라틴어의 대표적인 의문부사들은 다음과 같고, 간단한 일상 회화에 사용할 수 있다. 여기서는 간략히 소개하지만 "Pars 5, Lectio I. 부사"편에서 자세히 설명하도록 한다.

ubi? 어디에?   unde? 어디에서?

quo? 어디로(행선지)?

qua? 어디를 거쳐서(통과 지점), 어디로 해서, 어느 길로?

quando? 언제?   quamdiu? 얼마 동안?

quotiens? 몇 번이나?   quomodo? 어떻게?

cur? 왜?   quanti? 얼마에?

Exercitatio 2   (해답은 부록 111쪽 참조)

1. 다음의 의문형용사와 의문부사를 우리말로 옮기시오.

  1) Quot annos erimus in Italia?

  2) Qualis orator et quantus homo fuit!

  3) Quando Romam proficisceris?

  4) Ubi est mater eius?

  5) Quamdiu Romae gerebant officium consules?[19]

  ┌───┐
  │ gero 지니다, ~의 역할을 하다, (일, 임무) 수행하다, 이행하다 │
  └───┘

---

19) gerebant는 gero 동사의 직설법 미완료 복수 3인칭.

Loqui Latine! 라틴어로 말하기

질문하기와 답하기(Q&R: Quaestio et Responsio)

Q: Ubi habitas? (당신은) 어디에 사십니까?

R: Habito Romae. 로마에 삽니다.

Q: Ubi possum id invenire? 어디에서 그것을 찾을 수 있습니까?

R: Potes id invenire in mea domo. 내 집에서 그것을 찾을 수 있습니다.

Q: Unde venis? (당신은) 어디에서 옵니까?

R: Venio a schola. 학교에서 옵니다.

Q: Quo is? (너) 어디로 가니?

R: Eo Romam. 로마로 가.

Q: Qua transis? 어디를 (거쳐서) 통과하니?

R: Transeo ponte. 다리를 거쳐 통과해.

Q: Quando venies? 언제 올 거니?

R: Veniam cras. 내일 올 거야.

Q: Quamdiu studuisti? (너) 얼마 동안 공부했니?

R: Studui duas horas. (나) 두 시간 공부했어.

Q: Quomodo hoc fecisti? 어떻게 이것을 했니?

R: Feci hoc magno labore. 애써서 이것을 했다.

　Feci hoc auxilio amici mei. 내 친구의 도움으로 이것을 했다.

Q: Cur hoc fecisti? 왜 이것을 했니?

R: Hoc feci quia eram fessus. 지쳐서 이것을 했어.

Q: Quanti constat? 얼마입니까?

R: Magno pretio constat. 비싼 가격이다.

　Carissime constat. 아주 비싸다.

　Gratis constat. 공짜입니다.

eo 가다	transeo 통과하다, 넘어가다
facio 하다, 만들다	fessus, −a, −um, adj. 지친, 녹초가 된
consto 값이 얼마이다, 성립되다	pretium, −ii, n. 값, 가격, 상, 보수

Pronomina Indefinita

미한정 대명사

라틴어에서는 일정한 대상을 지칭하지 않고 "어떤, 누구든지, 각자, 무엇이든지 간에"라는 의미를 가진 대명사를 미한정 대명사라고 한다.

라틴어의 미한정 대명사는 quis와 uter에 접미사나 접두사를 붙여 만든 형태이다. 따라서 어미변화도 quis, uter와 같은 형태의 변화를 한다.

라틴어의 미한정 대명사는 다음과 같이 구분된다.

I. "어떤 것, 어떤 사람, 무언가"를 의미하는 미한정 대명사

1. aliquis, aliquid(대명사)과 aliqui, -a, -od(형용사)

aliquis와 aliqui는 접두어 ali-(alius, -a, -ud, adj. '어떤'에서 유래)와 대명사 quis, 형용사 qui의 합성어로 각각 대명사와 형용사로 사용된다. aliquis와 aliqui는 자주 사용하는 미한정 대명사이다.

1) aliquis와 aliquid의 어미변화

aliquis, aliquid 어떤 것/사람, 누가, 무엇

수 격 성	sg.		pl.	
	m./f.	n.	m./f.	n.
nom.	aliquis	aliquid	aliqui	aliqua
gen.	alicuius	alicuius rei	aliquorum	aliquorum rerum
dat.	alicui	alicui rei	aliquibus	aliquibus rebus
acc.	aliquem	aliquid	aliquos	aliqua
abl.	aliquo	aliqua re	aliquibus	aliquibus rebus

aliqui, aliqua, aliquod, adj. 어떤, 무슨

수	sg.			pl.		
격　　성	m.	f.	n.	m.	f.	n.
nom.	aliqui	aliqua	aliquod	aliqui	aliquae	aliqua
gen.	alicuius	alicuius	alicuius	aliquorum	aliquarum	aliquorum
dat.	alicui	alicui	alicui	aliquibus	aliquibus	aliquibus
acc.	aliquem	aliquam	aliquod	aliquos	aliquas	aliqua
abl.	aliquo	aliqua	aliquo	aliquibus	aliquibus	aliquibus

2) aliquis와 aliqui의 용법

• aliquis(대명사)와 aliqui(형용사)는 존재가 인정되는 "누군가, 어떤 사람, 무언가"를 의미하지만, 특정을 정확히 명시할 수 없거나 명시하기를 원하지 않을 경우에 사용한다. 이러한 이유로 aliquis는 긍정문에서 사용된다.

Haec deus aliquis gubernabit. (Cic. *Att.* 6, 3, 3)
어떤 신이 이것들을 통치하게 될 것이다.

Est tamen hoc aliquid, tametsi non est satis. (Cic. *Div.* 47)
비록 (이것이) 충분하지 않더라도, 이것은 어떤 것이다.

Quotiens alicuius scelus loquitur, de suo cogitat. (Sen.)
누군가의 범죄에 대해 말할 때마다, (그는) 자신에 대해 생각한다.

Exspectabam aliquem meorum. (Cic. *Att.* 13, 15)
(나는) 나와 관계되는 누군가를 기다리고 있었다.

• 중성 aliquid가 속격을 동반하면 "약간의"라는 의미를 가진다.

Aliquid temporis tui sume etiam tibi.[20] (Sen. *Br. Vit.* 18, 1)
너의 시간 가운데 약간은 너를 위해서도 써라.

• 불변화사 aliquot: 몇몇

Id aliquot de causis acciderat. (Caes. *B. G.* 3, 2, 2)
그것은 몇몇 소송들에 대해 발생했었다.

---

tamen, conj. (접속사 앞뒤) 비록 ~하더라도, ~하다

tametsi, conj. 비록 ~하더라도　　　　　　quotiens, adv. ~할 때마다

scelus, sceleris, n. 흉악한 범죄, 죄악　　　sumo 가지다, 취하다, (힘, 노력) 쓰다

accido 떨어지다, 발생하다

---

20) Aliquid(n. pl. gen. 시간 중에) tui(temporis 수식) sume(명령법 2인칭 단수) etiam tibi.

2. Quisquam(대명사)과 Ullus(형용사)

quisquam과 ullus의 경우 aliquis와는 대조적으로, 없거나 없어야 하는 사람이나 사물을 가리키기 위한 대명사와 형용사로 부정문에서만 사용된다.

- quisquam, m./f.; quidquam, n. pron. (부정사 뒤에) 아무것도 아니; (함축적으로 부정적 대답, 결론이 전제되는 의문문에) 누가, 어떤 사람; 어떤 것, 무엇
- ullus, ulla, ullum, adj. 어떤(아무) ~도 아닌

1) quisquam과 ullus 어미변화

- quisquam/quidquam

quisquam은 중성 속격(gen.), 여격(dat.), 탈격(abl.)과 모든 복수가 없다.
부족한 격과 복수는 ullus, ulla, ullum 형용사로 대체된다.

격 \ 성	m./f.	n.
nom.	quisquam	quidquam (quicquam)
gen.	cuiusquam	(ullius rei)
dat.	cuiquam	(ulli rei)
acc.	quemquam	quidquam
abl.	quoquam	(ulla re)

- ullus, ulla, ullum

대명사적 형용사와 같은 형태의 어미변화를 한다. 즉 형용사 제1형의 어미변화를 따르면서 대명사처럼 단수 속격의 어미는 -ius, 여격의 어미는 -i 형태가 된다.

수 \ 성 격	sg.			pl.		
	m.	f.	n.	m.	f.	n.
nom.	ullus	ulla	ullum	ulli	ullae	ulla
gen.	ullius	ullius	ullius	ullorum	ullarum	ullorum
dat.	ulli	ulli	ulli	ullis	ullis	ullis
acc.	ullum	ullam	ullum	ullos	ullas	ulla
abl.	ullo	ulla	ullo	ullis	ullis	ullis

2) quisquam과 ullus의 용법

- quisquam과 ullus는 부정 접속사(nec, neque, nemo, etc.) 뒤에 놓여 "아무것도 ~아니, 아무도

~아니"라는 의미로 쓰인다.

Neque ex castris Catilinae quisquam omnium discesserat. (Sall.)

모든 사람 가운데 아무도 카틸리나의 진지에서 벗어나지 못했었다.

Numidae neque moribus, neque legibus, neque imperio cuiusquam regebantur[21].
(Sall. *Iug.* 10, 2)

알제리 사람들은 어느 관습이나, 법률, 통치에도 지배되지 않았었다.

Neque praeter mercatores adit ad illos quisquam, neque iis ipsis quicquam(=quidquam)
praeter oram maritimam notum erat.[22] (Caes. *B. G.* 4, 20, 3)

상인들 외에는 아무도 그들에게 가지 못하고, 그들 자신도 바닷가 연안 외에는 아무것도 몰랐다.

---

discedo 벗어나다, 헤어지다, 사라지다

Numidiae, −arum, m. pl. 누미디아 사람(현재의 알제리)

rego 통치하다, 지배하다, 다스리다   praeter (+acc.) 제외하고, 이외에

adeo ~로 가다   ora, −ae, f. 해안, 한계, 지역

nosco 알다, 알아보다

•ullus, −a, −um은 형용사로 사용되며, 드물게 quisquam의 부족한 격과 복수를 보충한다.

In me mora non erit ulla. (Verg. *Buc.* 3, 52)

내 안에 어떠한 지체(망설임)도 없을 것이다.

•ullus, ulla, ullum의 관용어적 표현

sine ulla spe 아무런 희망도 없이   sine ullo auxilio 어떠한 도움도 없이

nec quisquam 아무도 아니

Nec quisquam unus dictatori contradicere poterat.

단 한 명(아무)도 독재자에게 이의를 제기할 수 없었다.

3. quidam, 어떤(사람, 것), 어느, 아무

대명사 quidam, quaedam, quiddam과 형용사 quidam, quaedam, quoddam은 "어떤, 모종의,
일종의"라는 의미로 가장 광범위하게 사용한다. quidam은 quis/qui에 접미사 −dam을 붙인

---

21) regebantur는 rego 동사의 수동태 미완료 3인칭 복수 형태.

22) adit는 adeo 동사의 3인칭 현재; notum erat는 nosco 동사의 수동태 직설법 과거완료.

것으로 규칙적으로 어미변화를 한다.

Quidam 대넝사와 형용사는 중성 단수 주격과 대격만 제외하고 나머지는 모두 같다. 대명사 중성 단수 주격과 대격이 quiddam이라면 형용사는 quoddam이다.

1) quidam의 어미변화

수 격　　성	sg.			pl.		
	m.	f.	n.	m.	f.	n.
nom.	quidam	quaedam	quiddam/ quoddam	quidam	quaedam	quaedam
gen.	cuiusdam	cuiusdam	cuiusdam	quorundam	quarundam	quorundam
dat.	cuidam	cuidam	cuidam	quibusdam	quibusdam	quibusdam
abl.	quendam	quandam	quiddam/ quoddam	quosdam	quasdam	quaedam
acc.	quodam	quadam	quodam	quibusdam	quibusdam	quibusdam

2) quidam의 용법

•quidam은 익명의 사람이나 사물을 가리킬 때 사용한다. 따라서 우리말로 "어떤 사람/것"이라는 의미를 가지게 된다.

Accurrit quidam notus mihi nomine tantum. (Hor. *Sat.* 1, 9, 3)
어떤 사람이 와서 내게 이름만을 알려 주었다.

Erant in quadam civitate rex et regina. (Apul. *Met.* 4, 28)
어떤 도시에 왕과 여왕이 있었다.

•quidam은 종종 명사나 은유를 약화시키기 위해 사용하였으며, 우리말로 "말하자면(*as it were, so to speak*), 일종의, 모종의"라고 옮긴다.

Vultus sermo quidam tacitus mentis est. (Cic. *Pis.* 1)
얼굴은, 말하자면, 정신(영혼)의 말없는 말이다.

•quidam이 형용사로 사용될 때, 일반적인 범주에서 벗어난 탁월한 어떤 것을 꾸미는 말로 사용된다. 우리말로 "정말, 아주"라고 옮긴다.

Habuit divinam quandam memoriam Hortensius. (Cic.)
호르텐시오는 정말 탁월한 기억력을 가졌다.

accurro 달려가다(오다)　　　　　civitas, civitatis, f. 도시, 국가, 도시국가

vultus, -us, m. 얼굴   sermo, -onis, f. 말, 이야기, 논설
tacitus, -a, -um, adj. 말없는, 침묵하는, 암시적

4. quispiam

대명사 quispiam, quidpiam과 형용사 quispiam, quaepiam, quodpiam은 quis/qui에 접미사
-piam을 붙인 것으로 단수 속격은 cuiuspiam, 단수 여격은 cuipiam으로 변한다. quispiam은
가능과 가정을 나타내는 문장에 사용되며, 우리말로 "어떤 사람, 혹자, 아무, 무엇, 무슨"이라고
옮긴다.

Forsitan quispiam dixerit... (Cic. *Off.* 3, 29)
아마도 혹자는 ~라고 말하였을 것이다.
Hereditas est pecunia quae, morte alicuius, ad quempiam pervenit iure. (Cic. *Top.* 29)
유산이란, 어떤 사람의 죽음으로, 어떤 사람에게 법률에 의해 차지하게 되는 돈이다.
Pecuniam si cuipiam fortuna ademit... (Cic.)
만일 행운이 어떤 사람에게 돈을 뺏는 것이라면….

hereditas, -atis, f. 유산   adimo 빼앗다, 탈취하다, 박탈하다
pervenio 도착하다, (누구에게) 돌아가다, (누구의) 차지가 되다

II. "누구든지, 무엇이든지"를 의미하는 미한정 대명사

대명사 quivis, quaevis, quidvis(형용사 quivis, quaevis, quodvis); quilibet, quaelibet, quidlibet
(형용사 quilibet, quaelibet, quodlibet); quicumque, quaecumque, quodcumque(미한정 관계);
quisquis, quidquid(미한정 관계) 모두 다 우리말로 "누구든지"라는 의미이다.

1. quivis, quaevis, quidvis(quodvis, adj.)

quivis는 qui, quae, quid(형용사 quod)와 volo(원하다) 동사의 직설법 2인칭 vis가 결합하여
"네가 원하는 것은 무엇이든지"라는 의미로 "누구든지, 무엇이든지; 아무(어느, 어떤, 무슨)
~든지(가릴 것 없이, 마음대로)"라는 의미로 쓰인다.
quis 대명사와 동일하게 어미변화를 하며, 접미사 -vis는 변하지 않는다.
따라서 cuiusvis, cuivis, quemvis 등이 된다.

Quovis sermone (Hor.) 어떤 연설이든지

Dicere hic quidvis licet. 여기서는 무엇이나 말할 수 있다.

licet (비인칭동사) 할 수 있다, 허락되다, 해도 좋다, 가하다

2. quilibet, quaelibet, quidlibet(quodlibet, adj.)

quilibet는 "마음에 든다, 뜻에 맞는다, ~하고 싶다"라는 비인칭동사 libet와 결합된 형태로 그 의미는 "마음에 드는 무엇이든지"라는 의미이다. 우리말로 "아무(어느, 무슨) ~든지, 닥치는 대로, 가리지 않고"라고 옮긴다.

quivis와 마찬가지로 앞의 qui가 quis 대명사와 동일하게 어미변화를 하며, 접미사 libet는 변하지 않는다. 따라서 cuiuslibet, cuilibet, quemlibet 등이 된다.

Quibuslibet temporibus. (Liv.) 아무 때라도.

Stultus quidlibet dicit. 어리석은 자는 가리지 않고 말한다.

libet 마음에 든다, 뜻에 맞는다, ~하고 싶다

E.g. Id quod mihi maxime libet. 가장 내 마음에 드는 그것.

3. 미한정 관계대명사 quicumque와 quisquis

quicumque와 quisquis는 종속 관계사절에 사용된다. 이에 대해서는 "Pars 3, Lectio V. 관계대명사" 편을 참조하라.

Egredere, o quicumque es![23] (Verg. *Aen.* 8, 122)

당신이 누구든지 간에, (배에서) 나와라!

Obsecro te, quisquis es, operam mihi ut des. (Plaut. *Men.* 501)

네가 누구든지 간에, 나에게 도움을 주길 간청한다.

•quicumque, quaecumque, quodcumque가 관계사로 쓰이지 않고 형용사로 쓰일 경우

quocumque modo, quoquo modo 어떠한 방식으로든지

quacumque ratione 무슨 수를 써서라도

quocumque tempore 어떠한 환경(형편)에서도

quocumque loco 어디에 있든지

---

23) egredere는 egredior 탈형동사의 명령형 단수 2인칭.

egredior, dep. 나가다, (배에서) 내리다

obsecro 간청하다, 탄원하다   opera, −ae, f. 일, 노동, 수고, 도움, 노동자

III. "각자, 각각"을 의미하는 미한정 대명사

1. quisque, quidque

1) 어미변화

quisque, quidque (대명사)

격 \ 성	m./f.	n.
nom.	quisque	quidque
gen.	cuiusque	cuiusque
dat.	cuique	cuique
acc.	quemque	quidque
abl.	quoque	quoque

quisque, quaeque, quodque (형용사)

격 \ 성	m.	f.	n.
nom.	quisque	quaeque	quodque
gen.	cuiusque	cuiusque	cuiusque
dat.	cuique	cuique	cuique
acc.	quemque	quamque	quodque
abl.	quoque	quaque	quoque

quisque는 대명사와 형용사 복수형 명사를 수식할 때에만 복수형으로 드물게 사용되며, 개별적 가치를 가진다.

고전 라틴어에서는 "cuiusque modi 각각의 방식의", "cuiusque generis 각 종류의" 등의 관용어적 표현으로만 사용하였다.

(In Britannia) materia cuiusque generis est. (Caes. *B. G.* 5, 12, 5)

(영국에는) 각 종류의 목재(나무)가 있다.

materia, −ae, f. 물질, 재료, 원료, 나무, 목재, 주제, 문제

2) quisque, quidque의 용법

(1) 재귀대명사 다음에

Se quisque amat. 각자는 자기를 사랑한다.

Suum cuique pulchrum est. (Cic. *Tusc.* 5, 63) 각자에게는 자기 것이 귀중하다.

Minime sibi quisque notus est, et difficillime de se quisque sentit. (Cic. *De Orat.* 3, 33) 각자는 결코 자기에 대해 잘 알지 못하며, 각자는 매우 어렵게 자기에 대해 안다.

> minime, adv. 결코 아니, 절대로 아니   notus, -a, -um, adj. 잘 아는, 잘 알려진

(2) 의문대명사, 관계대명사 뒤에

Videndum est non modo quid quisque loquatur, sed etiam quid quisque sentiat. (Cic. *Off.* 1, 147)

각자가 무엇을 말하는지뿐 아니라, 각자가 무엇을 생각하는지도 잘 알아야 한다. (의문대명사)

N.B. "videndum est"는 수동태의 당위적 미래분사 -ndus, -nda, -ndum과 sum 동사가 결합하여 "~하여야 한다"라는 의무와 필연 같은 당위성을 표현한다. 이를 수동태의 용장 활용(coniugatio periphrastica passiva)이라 하며 라틴어에서 자주 사용하는 문장 표현 방식이다. 이에 대해서는 제2권 "Pars 2. 동사의 용법" 편에서 다시 살펴보기로 하자.

Quod quisque amat, desiderat. 각자는 좋아하는 것을 원한다. (관계대명사)

> non modo ~, sed etiam, conj. ~뿐 아니라 ~ 또한

(3) optimus quisque와 같이 최상급 다음에

최상급 형용사와 미한정 대명사 quisque가 결합하면 "더 훌륭한(우수한) 사람", "더 좋은 것"이라는 강조의 의미를 갖는다.

Optimus et gravissimus quisque confitetur multa se ignorare. (Cic. *Tusc.* 3, 69) 더 훌륭하고 신중한 사람은 많은 것(들)을 모른다고 인정한다.

Doctissimus quisque. (직역) 가장 현명한 각자, 더 현명한 사람은 모두.

> confiteor, dep. 자백하다, 인정하다, 시인하다, 고백하다

(4) 서수 다음에

Quotus quisque? 각각 몇째의?

Quinto anno quoque. 5년마다.

3) quisque, quidque의 상관관계문
상관관계를 나타내 우리말로 "~하면 할수록 더"라고 옮긴다.
(1) 최상급 다음에 다른 최상급이 있을 때

 In omni arte... optimum quidque rarissimum est. (Cic. *Fin.* 2, 81)
 모든 방법에서 더 좋은 것일수록 더 드물다.
(2) quo+quisque (quaeque, quodque)+비교급, eo가 올 때
 (Scalae) quo quaeque altiores, eo infirmiores. (Liv. 26, 45, 21)
 (사다리들은) 더 높을수록, 더 약하다.
(3) ut+quisque+최상급, ita+최상급
 Ut quisque est vir optimus, ita difficillime esse alios improbos suspicantur. (Cic. *ad Q. fr.* 1, 1, 12) 더 선량한 사람일수록, 다른 사람(들)이 나쁘다고 의심하는 것이 더 힘들다.

> improbus, −a, −um, adj. 나쁜, 불량한, 부정직한 suspicor, dep. 의심하다, ~라는 생각을 가지다

2. unusquisque, 각자, 누구나, 모두

unusquisque는 기수 unus, una, unum에 quisque가 결합돼 만들어진 것으로 대명사 unus−quisque, unumquidque와 형용사 unusquisque, unaquisque, unumquodque가 있다. 그 의미는 "각자, 누구나, 모두"를 의미하며, 앞에서 살펴본 quisque의 용법 외에 사용한다.

1) unusquisque의 어미변화
unusquisque는 접미사 −que를 제외하고 기수 unus와 대명사 quis가 격변화한다.

격 \ 성	m./f.	n.
nom.	unusquisque	unumquidque
gen.	uniuscuiusque	uniuscuiusque rei
dat.	unicuique	unicuique rei
acc.	unumquemque	unumquidque
abl.	unoquoque	unaquaque rei

2) unusquisque의 용법
(1) unusquisque는 quisque와 달리 문장의 첫머리에 놓는다.

Unusquisque vitae cupidus est, quamvis infelix sit.[24]

아무리 불행할시라노, 누구나 생명을 갈망한다.

Unusquisque se non corpus suum, sed coniugem ac liberos parvos armis protegere putet. (Liv. 21, 41, 16) 누구나 자기 몸이 아니라, 아내와 어린 자식(들)을 전쟁에서 보호하려고 생각한다.

---

cupidus, -a, -um, adj. (속격 요구) 갈망하는, 좋아하는

corpus, -poris, n. 몸, 육신, 주요부, 전집   arma, -orum, n. pl. 무기, 병기, 전쟁, 군대

Ⅳ. "둘 다, 양쪽 다; 둘 중 아무도"를 의미하는 미한정 대명사

의문대명사 uter, utra, utrum("둘 가운데 누가/무엇이")에서 미한정 대명사 uterque, utraque, utrumque("둘 다 각각, 양쪽 다")가 유래한다. uterque 미한정 대명사는 대명사와 형용사의 문법적 기능을 한다.

1. uterque의 어미변화

미한정 대명사 uterque는 의문대명사 uter와 접미사 -que가 결합하여 형성되었다. 따라서 접미사 -que는 변하지 않고 uter만 어미변화를 한다. 복수 utrique, utraeque, utraque는 아주 드물게 사용되며, 어미변화는 uter의 복수 어미에 -que를 붙인 형태이다.

격 \ 성	m.	f.	n,
nom.	uterque	utraque	utrumque
gen.	utriusque	utriusque	utriusque
dat.	utrique	utrique	utrique
acc.	utrumque	utramque	utrumque
abl.	utroque	utraque	utroque

2. uter의 다른 합성어

1) utervis, utravis, utrumvis

•utervis는 uter와 volo(원하다) 동사의 직설법 단수 2인칭 vis가 결합하여 "둘 중 네가 원하는 것은 누구든지(무엇이든지)"라는 의미이다.

---

24) quamvis는 종속절에서 접속법 동사와 함께 "아무리 ~할지라도"라고 옮긴다.

• 어미변화는 uterque와 마찬가지로 접미사 −vis를 제외하고 uter만 변한다. 따라서 utriusvis (gen.), utrivis(dat.), utrumvis(acc.), utrovis(abl.)로 활용한다.

2) uterlibet, utralibet, utrumlibet

• uterlibet는 quilibet와 마찬가지로 "마음에 든다, 뜻에 맞는다, ~하고 싶다"라는 비인칭동사 libet와 결합된 형태로 그 의미는 "둘 중 누구든지 한 사람, 둘 중 무엇이든지 하나"이다.

• 어미변화는 uterque와 마찬가지로 접미사 −libet를 제외하고 uter만 변한다. 따라서 utrius− libet(gen.), utrilibet(dat.), utrumlibet(acc.), utrolibet(abl.)로 활용한다.

3) alteruter, alterutra, alterutrum

• 이 대명사는 alter, altera, alterum과 uter, utra, utrum이 결합된 것으로, "둘 중 어느 것이든 하나, 어느 하나, 이것 혹은 저것"이라는 뜻이다.

• 어미변화는 uter에 제한되어 변한다. alterutrius(gen.), alterutri(dat.), alterutrum(acc.), alterutro(abl.)로 활용한다. 그러나 두 대명사를 떼어 쓸 때는 alter와 uter가 각각 어미변화를 해야 한다. alterius utrius(gen.), alteri utri(dat.), alterum utrum(acc.) 등이다.

• alteruter는 양자택일의 가능성이 없을 때 사용한다.
Video esse necesse alterutrum. (Cic. *Div.* 58)
(나는) 둘 중 어느 하나가 필요하다고 본다. (그러나 실질적으로 선택할 수 없음을 의미한다.)

4) neuter, neutra, neutrum

• 부정부사 ne와 uter가 결합된 대명사로, "둘 중에 아무도 아니, 중성의, 무관한"이라는 의미이다.

• 어미변화는 접두사 역할을 하는 부정부사 ne는 변하지 않고, uter만 변한다. 따라서 속격은 neutrius, 여격 neutri, 대격 neutrum/neutram/neutrum, 탈격 neutro/neutra/neutro로 변한다.

3. uterque의 용법

• uter와 마찬가지로 uterque도 명사를 꾸미는 형용사 기능을 할 때 관련하는 단어의 단수와

일치하여야 한다.

uterque puer(m.) 아이 둘 다   utraque puella(f.) 소녀 둘 다

utrumque praemium(n.) 포획물 둘 다   utervis liber (m.) 두 책 다

•복수 속격 (지시, 인칭) 대명사로 한정되는 대명사 기능을 할 때

uterque horum 이(들) 가운데 양쪽 다   alteruter vestrum 너희 가운데 어느 한 명

neuter nostrum 우리 가운데 아무도

•uterque 단독으로 대명사로 사용할 수 있다.

Utrumque facere potes. 당신은 둘(양쪽) 다 할 수 있습니다.

•uterque와 neuter는 복수로만(tantum pluralia) 사용되는 명사나 두 집단 모두를 지칭하는 의미이다.

utraque castra(-orum, n. pl.) 두 진영 모두

V. "아무도 ~아니"를 의미하는 부정대명사

라틴어의 부정대명사는 nemo(남성과 여성), nihil(중성)과 형용사 nullus, nulla, nullum이다.

1. nemo와 nihil의 어미변화

격　수	sg.		pl.	
nom.	nemo	nihil	nulli	nulla
gen.	(nullius)/neminis	(nullius rei)	nullorum	(nullarum rerum)
dat.	nemini	(nulli rei)	nullis	(nullis rebus)
acc.	neminem	nihil	nullos	nulla
abl.	(nullo)/nemine	(nulla re)	nullis	(nullis rebus)

•nemo와 nihil의 격변화에서 괄호로 표시한 부분은 부족한 격변화를 형용사 nullus, nulla, nullum으로 보충한 부분이다. nemo의 속격과 탈격으로 neminis와 nemine가 아주 드물게 사용된다. 또한 단수 여격은 nemini이지만, 캐사르는 nulli를 선호하였다.

•nemo는 주로 남성으로 사용되나 아주 가끔 여성으로 사용될 때도 있고, nihil은 중성으로

사용한다. nemo는 "ne-homo, 사람이 없다"에서, nihil은 "ne-hilum, 조금도 아니다"에서, nullus는 "ne-ullus, 아무도 아니"에서 유래하였다.

•nihil은 계약서에서 종종 줄여 "nil"25)이라고 표기하기도 하였다. 때로는 "아니다"라는 단순 부정의 의미를 갖기도 한다.

•nihil 격변화에는 사라졌지만 남아 있는 관용어적 표현

　속격 nihili: nihili facere 아무것도 아닌 것으로 여기다.

　대격 nihilum: ad nihilum reducere 무(無)로 돌아가게 하다.

　탈격 nihilo: pro nihilo habere 무시하다, 아무것도 아닌 것으로 여기다.

　→ Nihili facio amici consilium.

　＝Pro nihilo habeo(＝duco, puto) amici consilium. (나는) 친구의 의견을 무시한다.

2. nemo, nihil, nullus의 용법

1) nemo, m./f. 아무도 아니, 아무도 ~않다(못하다, 없다)

•nemo는 대상이 정확히 지시되지 않는 미한정 대명사 가운데 문장 전체(동사)를 부정하는 대명사 기능을 하며, 사람과 관련되어 사용된다.

Nemo venit. 아무도 오지 않는다.

Omnia habere nemo potest. (Sen. *Ep.* 62, 3) 아무도 모든 것(들)을 가질 수 없다.

Agros Sulla nemini dedit. (Cic.) 술라는 아무에게도 밭을 주지 않았다.

Neminem adversa fortuna comminuit, nisi quem secunda decepit. (Sen. 5)
만일 행운을 잊지 못하였다면, 불행은 아무도 겪을 수 없었다.

•nemo가 형용사적 기능을 할 때

　nemo poeta 아무것도 아닌 시인　　　　　nemo orator 보잘것없는 연설가

adversa fortuna 불행	comminuo 깨부수다, 감소시키다
fortuna secunda 행운	decipio 속이다, 잊다, (마음을) 달래다

---

25) Nil은 영국 영어에서도 그 흔적을 찾아볼 수 있다. 영국 Premier League 경기에서 어떤 아나운서가 "Two-Nil win, victory~ victory~!"라고 환호성을 올렸다면, "2 대 0으로 승리"했다는 의미가 된다.

2) nihil(=nil), n. 무(無), 아무것도 아니, 무의미한 것

•nihil은 항상 중성대명사의 의미이다.

Nil honestum esse potest quod iustitia vacat. (Cic. *Off.* 1, 62)
정의 없이 아무것도 정직할 수 없다.

•nihil은 부사로서 단순 부정의 의미를 가진다.

Nil vi, nil secessione opus est. (Sall. *Iug.* 31, 6) 폭력도, 반란도 필요 없다.
Beneficio isto... nihil utitur. (Cic. *Agr.* 61) 이 특권을 사용하지 않는다.

•nihil 다음에 형용사가 올 때
 – 형용사 제1형(-us/-er, -a/-[e]ra, -um[-erum])은 속격을 사용한다.
Nil(Nihil) novi sub sole. (Ecclesiaste 1, 9) 태양 아래 새로운 것은 없다. (코헬렛 1, 9)
 – 형용사 제2형(-is, -is, -e)은 nihil이 중성명사이므로 중성 형용사로 일치한다.
Nihil difficile amanti puto. (Cic. *Or.* 33) (나는) 사랑하는 사람에게 어려움은 없다고 생각한다.

vaco 비어 있다, 쉬다, 자유롭다	secessio, -onis, f. 봉기, 반란
opus est 필요하다	beneficium, -ii, n. 특권, 특전, 은혜
utor, dep. (+abl.) ~을 사용하다	

3) nullus, -a, -um, adj. 아무 ~도 아니, 하나도 없는, 아닌

•nullus는 형용사로 사용되며, 대명사 nemo의 격변화에서 부족한 속격과 탈격에 사용된다.

Nullius gloria permanet semper. 그 누구의 영광도 늘 영원하지 않다.

•nullus는 가끔 선행하는 주어나 목적어를 단순 부정한다.

Philotimus nullus venit. (Cic. *Att.* 11, 24, 4) 필로티모는 오지 않았다.

permaneo 지속하다, 영속하다

3. nemo, nihil, nullus의 이중부정

•라틴어에서 이중부정은 부정이 아니라 강한 긍정이 된다.

"Neminem vidi. (나는) 아무도 보지 못했다." 부정의 의미이다.
"Non neminem vidi. (나는) 누군가를 보았다." 이중부정은 긍정을 의미한다.

•부정대명사 nemo, nihil, nullus는 부정어 non의 위치에 따라 뜻이 달라진다.

부정대명사 앞	부정대명사 뒤
non nemo 누군가, 어떤 사람	nemo non 모두, 모든 이가 다
non nihil 무언가, 어떤	nihil non 모두, 모든
non nullus 어떤	nullus non 모두
non nulli 어떤 것	

Nemo non miser est. (Cic.) 모두가 불행하다.

Non nemo miser est. 누군가는 불행하다.

4. 부정부정사

접속사 et, ut 다음에 nemo, nihil, nullus가 올 때 아래와 같이 변한다.

et	ut
et nemo → nec quisquam	ut nemo → ne quis
et nihil → nec quidquam	ut nihil → ne quid
et nullus → nec ullus	ut nullus → ne ullus

이를 부정부정사라고 하는데, 이러한 현상이 생긴 까닭은, 라틴어가 부정사를 가능한 한 앞에 놓는 것을 선호했기 때문이다. 즉 접속사 et나 ut가 부정사 앞에 오면, 부정접속사 nec으로 바뀌고, nemo, nihil, nullus 등에서 부정의 의미가 없어지며, 긍정 미한정 대명사인 quisquam, quidquam, ullus로 바뀌는 것이다.

Nec quidquam sine virtute laudabile est. (Cic.) 덕 없이 칭찬받을 만한 것은 아무것도 없다.

Philosophia iacuit usque ad hanc aetatem, nec ullum(n.) habuit lumen(n.) litterarum Latinarum. (Cic.)

이 시대까지 철학은 멸시받았으며, 라틴 문학의 아무런 빛도 가지지 못하였다.

---

laudabilis, −e, adj. 칭찬받을 만한   iaceo 누워 있다, 등한시되다, 멸시받다

usque ad ~까지

VI. "다른, 나머지"를 의미하는 미한정 대명사

우리말의 "다른, 나머지"를 의미하는 라틴어의 단어는 alius, alter, ceteri, reliqui 등이 있는데, 의미는 같지만 어감이 조금씩 다르다.

1. alius, alter, ceteri, reliqui의 어미변화

alius, alia, aliud(pron. et adj.): 다른, 별개의
형용사 제1형과 같이 어미변화를 한다.
단, 예외적으로 단수 속격은 alius, 단수 여격은 alii로 변하며, 대격은 alium, aliam, aliud, 단수 탈격은 alio, alia, alio로 변화한다.

수 격　성	sg.			pl.		
	m.	f.	n.	m.	f.	n.
nom.	alius	alia	aliud	alii	aliae	alia
gen.	alius	alius	alius	aliorum	aliarum	aliorum
dat.	alii	alii	alii	aliis	aliis	aliis
acc.	alium	aliam	aliud	alios	alias	alia
abl.	alio	alia	alio	aliis	aliis	aliis

alter, altera, alterum(pron. et adj.): 둘 중 하나, 다른 하나,
제2형용사 제1형과 같이 어미변화를 한다.
단, 단수 속격은 alterius, 단수 여격은 alteri로 대격은 alterum, alteram, alterum, 단수 탈격은 altero, altera, altero이다.

ceteri, ceterae, cetera(pron. et adj.): 그 밖의, 나머지, 다른
형용사 제1형의 어미변화를 따르는데, 단수는 아주 드물게 사용한다.
　ceterorum, ceterarum(pl. gen.); ceteris(dat.); ceteros, ceteras, cetera(acc.)

reliqui, reliquae, reliqua(pron. et adj.): 그 밖의, 나머지의
형용사 제1형의 어미변화를 따르며, 복수 형태만을 가진다. 복수 속격은 relquorum, reliquarum이며, 복수 여격은 reliquis이다.
단수 reliquus, -a, -um은 형용사로만 사용되며, "남은, 남아 있는, 남겨진"이라는 뜻이다.

2. alius와 alter의 용법

1) alius와 alter의 의미

(1) alius는 "많은 것" 가운데 "다른" 것을 나타내며, 가끔 "idem, 같은, 동일한"의 반의어로 "다른"의 의미를 가진다. alius는 대명사와 형용사로도 사용된다. 영어의 *other*나 *another*와 유사한 의미이다.

> Est proprium stultitiae aliorum vitia cernere, oblivisci suorum. (Cic. *Tusc.* 3, 3)
> 자기 것에 대해서는 망각하고, 다른 사람의 결점을 판단하는 것이 어리석음의 특성이다.
> Sed haec alia quaestio est. (Cic. *Tusc.* 3, 11) 그러나 이것은 다른 문제이다.
> Alii ita dicunt. 다른 사람들은 이렇게 말한다.

(2) alter는 두 사람이나 사물, 두 집단 사이에서 "다른"이라는 의미이다.

> Alter exercitus. (Liv.) (둘 가운데) 다른 군대.
> (Amicus) est tamquam alter idem. (Cic. *Lael.* 80) 친구는 마치 다른 자기 자신과 같다.
> Alter ego est amicus. 친구는 또 다른 나(자아)이다.

proprium, -ii, n. 특성, 특징	stultitia, -ae, f. 어리석음
vitium, -ii, n. 결점, 흠	cerno 분별하다, 판단하다, 구별하다, 판결하다
obliviscor, dep. 망각하다	
tamquam(=tanquam) conj., adv. 마찬가지로, 같이, 마치	

2) 열거, 상관, 여러 문장에서 alius와 alter가 같은 격으로 반복될 때

• alius ~ alius ~ alius 어떤 이는 ~ 어떤 이는

> Homo alius est bonus, alius est malus. 어떤 사람은 선하고, 어떤 사람은 악하다.
> Homines alii sunt boni, alii sunt mali. 어떤 사람들은 선하고, 어떤 사람들은 악하다.
> Divitias alii praeponunt, bonam alii valetudinem, alii potentiam, alii honores. (Cic.)
> 어떤 사람들은 재산(들)을, 어떤 사람들은 좋은 건강을, 어떤 사람들은 권력을, 어떤 사람들은 명예를 더 중히 여긴다.

• alia ~ alia, aliud ~ aliud 서로 다른

> Alia est natura spiritus, alia est natura materiae. 정신의 본성과 물질의 성격은 서로 다르다.
> Aliud est legere, aliud est intelligere. 읽는 것과 이해하는 것은 서로 다른 것이다.

• alter ~ alter ~ 하나는 ~ 다른 하나는

Alterius factionis principes erant Haedui, alterius Sequani. (Caes.)
한 당파의 우두머리는 해두이였고, 다른 정당의 (우두머리는) 세콰니였다.

---

praepono 앞에 놓다, 더 중히 여기다   factio, —onis, f. 행위, 정당, 당파

---

3) 같은 문장 안에서 격이 다르게 쓰였거나 alibi(다른 곳에), aliunde(다른 곳에서), alio(다른 곳으로), aliter(다르게)와 같은 부사와 함께 사용될 때
• "저마다 각각 다른, 서로 다른"이라는 개별의 의미

Alius aliud dicit.
(직역) 하나는 이렇게 말하고, 다른 하나는 저렇게 말한다.
(의역) "저마다 서로 다르게 말한다."는 의미로, 사람마다 서로 말하는 것이 다르다는 의미이다.

Alius alio more vivebat.
(직역) 하나는 한 방식으로 살고, 다른 하나는 다른 방식으로 산다.
(의역) 사람은 저마다 다른 방식으로 산다.

Paupertatem, luctum, contemptionem alius aliter sentit. (Sen.)
가난, 슬픔, 무시를 사람은 저마다 다르게 느낀다.
Alius aliunde venit. 서로 다른 데서 왔다.

• "서로"라는 상호적 의미

Alius alium timet. (Cic.)
(직역) 하나가 다른 하나를 두려워한다.
(의역) 서로 두려워한다.

---

mos, moris, m. 관례, (생활) 방식   paupertas, —atis, f. 가난, 빈곤
luctus, —us, m. 슬픔, 비애   contemptio, —onis, f. 멸시, 경멸, 무시

---

3. ceteri와 reliqui

ceteri, ceterae, cetera는 "모든 다른 것"이라는 의미에서 "다른 사람들, 다른 것들"이라는 말이다. 반면 reliqui, reliquae, reliqua는 "relinquo 남겨 놓다"라는 동사에서 유래하였기 때문에

"전체에서 남아 있는 나머지"라는 뜻에서 "그 밖의 다른 것들, 나머지"라는 말이다. 그러나 ceteri와 reliqui의 의미는 서로 혼용되어 사용된다.

Ubii paulo sunt ceteris humaniores.[26] (Caes.)

우비 민족은 다른 사람들에 비해 조금 더 교양 있다.

Sed de ceteris et diximus multa et saepe dicemus. (Cic. *Sen.* 3)

그러나 (우리는) 다른 것들에 대해서는 많이 말하였고 가끔 말할 것이다.

Non queo reliqua scribere, tanta vis lacrimarum est. (Cic.)

눈물의 양이 이렇게 많아, (나는) 다른 것들을(나머지를) 쓸 수 없다.

Ubii, -orum, m. pl. 우비(라인 강변에 거주했던 독일 민족의 이름)

queo 할 수 있다("possum"과 같은 뜻이지만 부정문에서 "할 수 없다"를 표현하는 데 사용)

tantus, -a, -um, adj. 이렇게 큰

VII. "모두, 모든"을 의미하는 미한정 대명사

라틴어에는 "모두, 모든"이라는 개념을 표현하는 "totus, omnis, cunctus, universus" 등의 형용사가 있고 각각 미묘하게 어감이 다르다.

1. totus와 omnis의 어미변화

totus, tota, totum

수	sg.			pl.		
격 \ 성	m.	f.	n.	m.	f.	n.
nom.	totus	tota	totum	toti	totae	tota
gen.	totius	totius	totius	totorum	totarum	totorum
dat.	toti	toti	toti	totis	totis	totis
acc.	totum	totam	totum	totos	totas	tota
abl.	toto	tota	toto	totis	totis	totis

• totus는 단수 속격과 여격만 대명사의 어미변화를 하고, 그 외는 형용사 제1형의 어미변화를 한다. 이를 대명사적 형용사라 하는데 이에 대해서는 93쪽을 참조하라.

---

26) Ubii가 남성 복수 주격이기 때문에 형용사의 비교급(humaniores)도 남성 복수 주격을 사용함.

•omnis, omne의 어미변화는 형용사 제2형 제2식과 마찬가지로 어미변화를 한다. omnis의 어미변화는 85쪽을 참조하라.

2. totus와 omnis의 용법

1) totus: 온전한, 전부의, 전체적, 모두
•totus는 "모두 함께"라는 의미로 "다른 것과 구별되지 않는 전체"라는 개념을 강조한다.
Non sum uni angulo natus, patria mea totus hic mundus est. (Sen. *Ep.* 28, 4)
나는 단지 한구석을 위해 태어난 것이 아니라, 나의 조국은 이 세상 전부이다.

•"총체적 참여나 몰두"라는 개념을 시사하기도 한다.
(Caesare) totus et mente et animo in bellum Treverorum et Ambiorigis insistit. (Caes. *B. G.* 6, 5, 1)
(캐사르는) 온 정신과 마음으로 트레베(Trèves)와 암비오리제와의 전쟁에 전념하였다.

•totus는 전치사 없이 장소 전체를 표현한다.
Totis trepidatur castris.[27)] (Caes. *B. G.* 6, 37, 6) 전 진지에서 두려워 떨게 된다.

tota res publica 나라 전체, 온 나라   **urbe tota** 도시 전체에, 온 도시에

---

angulus, -i, m. 모퉁이, 각, 구석, 공부방
insisto 위에 서 있다, 뒤쫓아가다, 노력하다, 추구하다, 고집하다; insistere in bellum 전쟁에 전념하다
trepido 동요하다, 무서워하다

---

2) omnis: 전체의, 전부의, 하나하나 모두, 온
•omnis는 totus와 달리 "부분들이 모인" 전부, 모두라는 의미이다.
Gallia est omnis divisa in partes tres.[28)] (Caes. *B. G.* 1, 1, 1)
갈리아는 모두 세 부분으로 나누어졌다.

•omnis는 종종 "각, 하나하나 모두"라는 의미를 가진다.
omnibus mensibus 다달이

---

27) trepidatur는 trepido의 수동형 직설법 현재 단수 3인칭.
28) "est ~ divisa"는 divido 동사의 수동형 완료 단수 3인칭.

> divido 나누다, 구분하다, 구별하다

3) totus와 omnis의 구별

• totus는 "다른 것과 구별되지 않는 전체"라는 뜻에서 "온, 전(全)"이라는 의미를 가지고, omnis는 "각 부분들이 모인 전부"라는 의미를 가진다.

tota schola 온 학교, 학교 전체   omnis schola 각 학교

omnes scholae 모든 학교들

VIII. "대부분의, 대다수"를 의미하는 미한정 대명사

"대부분의, 대다수의"라는 표현은 라틴어로 plerique, pleraeque, pleraque를 사용한다.

격 ＼ 성	m.	f.	n.
nom.	plerique	pleraeque	pleraque
gen.	plerorumque	plerarumque	plerorumque
dat.	plerisque	plerisque	plerisque
acc.	plerosque	plerasque	pleraque
abl.	plerisque	plerisque	plerisque

단수 plerusque, pleraque, plerumque도 있지만, 아주 드물게 사용된다. 단수는 주로 중성 plerumque가 "대부분, 거의 다"라는 의미의 부사로 종종 사용된다.

• plerique가 형용사 기능을 할 때, 꾸미는 명사와 일치하여야 한다.

Vis morbi plerosque civium animos invaserat. (Cic.)

(직역) 질병의 영향력이 시민들의 대다수 마음을 엄습했었다.

(의역) 질병의 영향력이 시민들 대다수의 마음에 엄습했었다.

(Caesar) plerasque naves in Italiam remittit. (Caes. B. C. 3, 29, 2)

캐사르는 대부분의 배들을 이탈리아로 돌려보냈다.

• plerique가 대명사 기능을 할 때, 일반적으로 다른 대명사가 뒤따르며, 주로 복수 속격(분할의 의미)의 형태로 쓰인다.

Plerique oratorum (Cic.) 연설가들 가운데 대부분

Plerique nostrum 우리 가운데 대부분

Eorum plerique inermes cadunt. (Sall. *Iug.* 54, 10)
그들 가운데 대부분은 무장하지 않은 사람들을 죽였다.

morbus, −i, m. 병, 질병, 병세, 병폐	invado 침입하다, (병, 고통 등이) 엄습하다
inermis, −e, adj. 무장하지 않은, 무방비의	cado (해, 달, 별이) 지다, 떨어지다, 죽다, 전사하다

IX. 상관대명사(Pronomen Correlativum)

"많이, 그렇게 많은, 이와 같이"를 의미하는 "tantus, −a, −um(pron. et adj.); tot(pron. et adj.); talis, −e(pron. et adj.)"는 상관관계사 quantus, quot, qualis와 결합하여 상관관계문을 형성한다. 상관관계문은 주절의 내용이 성질, 정도, 수 등에서 종속절의 내용과 같거나 그렇지 않다는 비교 문장을 말한다.

1. tantus, −a, −um

tantus는 수, 양(量), 크기의 미한정 형용사로 "이렇게 큰, 이렇게 많은"이라는 의미를 가지며, quantus와 결합하여 상관관계문을 형성한다.

•"이렇게 큰, 이렇게 중요한"
Moneo hortorque vos ne tantum scelus impunitum omittatis. (Sall. *Iug.* 31, 25)
(당신들이) 이렇게 큰 흉악한 범죄는 사면해 주지 않기를 (나는) 여러분을 충고하고 권고합니다.
Tanta est stultitiae inconstantia. 어리석음의 변덕은 이렇게 크다.

scelus, −leris, n. 흉악한 범죄	impunitus, −a, −um, adj. 벌을 면한, 석방된
omitto 포기하다, 단념하다, 생략하다	

•상관관계 tantus ~, quantus ~ (명사를 수식함) ~만큼 그만큼 큰
(Xerxes) cum tantis copiis (Europam) invasit, quantas neque ante nec postea habuit quisquam. (Nep. *Them.* 2, 5)
(크세르크세스는) 이전이나 이후에 아무도 갖지 못할 만큼, 그만큼 큰 군대로 유럽을 침공했다.
Tantus honor, quantus labor. 수고만큼 그만큼 큰 영광.

2. tot, 불변화사

•수적으로 "많은"을 의미한다.
(Crudelitas) tot cives atrocissime sustulit. (Cic. *S. Rosc.* 154)
잔인함이 많은 시민들을 아주 참혹하게 죽였다.

•상관관계 tot ~, quot ~ (명사를 수식함) ~ 수만큼, 그만큼 많은
Quot hominum linguae, tot nomina deorum. (Cic. *Nat.* 1, 84)
인간들의 언어만큼, 그만큼 많은 신들의 이름(들)이 있다.
Quot homines tot sententiae. (Cic.)
사람들 수만큼, 그만큼 많은 견해들이 있다. 십인십색.
Quot pugnae, tot victoriae. 싸운 수만큼, 그만큼 승리. 연전연승.
= Tot victoriae, quot pugnae.
N.B. 위의 문장과 같은 의미이다. 항상 quot가 문장의 기준이 된다.

atrox, -ocis, adj. 잔인한, 무자비한, 끔찍한, 참혹한
tollo 폐기하다, 없애다

3. talis, -e

•성질을 나타내는 미한정 형용사로 "이와 같은, 이런 성질의, 그러한"이라는 의미이다.
Fulvia... tale periculum rei publicae haud occultum habuit. (Sall. *Cat.* 23, 4)
풀비아는 공화국을 위해 그러한 위험을 숨기지 않았다.

•상관관계 talis ~, qualis ~ (명사를 수식함) ~하는 만큼, 그만큼 (성질)
Plerique... talem amicum volunt, quales ipsi esse non possunt. (Cic. *Amic.* 82)
대다수는 자신들이 없는 것을 할 수 있는, 그러한 친구를 (갖기를) 바란다.
Qualis pater, talis filius. 그 아버지에 그 아들. 부전자전.

4. 상관부사: 의미는 모두 "~만큼, 그만큼 ~"

•tantum ~, quantum ~ (동사를 수식함) ~만큼, 그만큼
Tantum scimus, quantum studemus. 우리는 공부하는 만큼, 그만큼 안다.

•tantum ~, quantum ~ (복수 속격, 분할)

Caesar his rebus tantum temporis tribuit, quantum erat necesse. (Cic.)

캐사르는 필요하였던 것만큼, 이 일(들)에 그만큼의 시간을 보냈다.

> tribuo 분배하다, 나누다, 시간을 바치다

•tam ~, quam ~ (형용사, 부사를 수식함)

Legere isti non possunt tam multa quam (multa) ego scripsi. (Cic. *Att.* 12, 40, 2)

내가 (많은 것을) 썼던 것만큼, 그들이 그만큼 많은 것을 읽을 수 없다.

•toties ~, quoties ~ (동사를 수식) ~만큼 그만큼 많이

 Exercitatio   (해답은 부록 111쪽 참조)

1. 다음 문장을 우리말로 옮기시오.

1) Quisque sua amat.

2) Dux suum cuique militi locum attribuit.

3) Quarto quoque anno celebrabant Graeci Olympiadem.

4) Notum quodque malum potest obdurare homo.

5) Minime sibi quisque notus est.

6) Non quidquid iucundum est honestum.

7) Quaelibet herba habet utilitatem suam pro hominibus.

8) Magister pro meritis unius cuiusque praemia dedit.

9) In libera civitate cuivis civi iura ampla sunt.

10) Quem exspectabas? Aliquis pulsat fores.

11) Numquam quidquam fecisti hodie.

12) Amat puella quaedam quendam.

13) Homines potius iudicant aliquo praeiudicio mentis quam veritate.

14) Aliquid homines semper appetunt, alicuius semper cupidi sunt.

15) Quodpiam beneficium expectare ab amicis non est dignum.

16) Trahit sua quemque voluptas. (Vergilius)

17) Sua cuique29) sunt vitia.

18) Quisque fortunae suae faber est. (Sallustius)

19) Aliena nobis, nostra plus aliis placent.

20) Optimum quidque rarissimum est. (Cicero)

---

suus, −a, −um, adj. poss. 자기의   sui, suorum, m. pl. 자기 사람, 부하, 식구
suum, −i, n. (특히 중성 복수) 자기의 것, 자기의 재산, 본성, 제 버릇
attribuo(adtribuo) 분배하다, 부여하다   suum locum 자기 위치를
celebro 거행하다, 축제 지내다   Olympias, −adis, f. 고대 올림픽 경기
nosco 알다, 깨닫다, 이해하다   malum, −i, n. 악(惡), 불행, 재난, 병, 결점
obduro, intr. 완고해지다, 버티다; tr. 무감각해지다
minime, adv. 결코 아니   iucundus, −a, −um, adj. 재미있는, 유쾌한
honestus, −a, −um, adj. 존경받을 만한, 훌륭한 herba, −ae, f. 풀, 약초

---

29) cuique는 "각자, 각각"을 의미하는 미한정 대명사 여격.

utilitas, -atis, f. 이용, 유익

meritum, -i, n. 공적, 상벌

civis, civis, m./f. 시민

pulso 두드리다, (위험을) 모면하다

potius, adv. 차라리, 오히려

mens, mentis, f. 이성, 생각, 정신

cupidus, -a, -um, adj. (속격 요구) 갈망하는

dignus, -a, -um, adj. 자격 있는, 합당한

faber, fabri, m. 기술자, 장인, 목수

alienus, -a, -um adj. 다른 사람의, 남의; n. 남의 것, 남의 재산

pro (+abl.) 따라서

praemium, -ii, n. 노획물, 보수, 상

amplus, -a, -um, adj. 폭넓은, 드넓은

foris, -is, f. (일반적으로 pl.) 문

praeiudicium, -ii, n. 선입견, 편견

appeto(adpeto) 몹시 원하다, 추구하다

beneficium, -ii, n. 은총, 특전, 혜택, 권리

traho 이끌다, 끌고 가다

miles, -itis, m. 군인, 병사

Pronomina Relativa

관계대명사

서구어를 공부한 사람이라면 이미 관계대명사의 용법과 문장상 그 탁월한 가치를 익혔을 것이다. 라틴어 문장의 수사학적 풍부함과 묘미 역시 관계사절에 있다. 영어의 *who, which, that*과 마찬가지로 종속절을 인도하는 라틴어의 관계대명사는 qui, quae, quod이다.

라틴어의 관계대명사 형태는 의문대명사와 미한정 대명사에서 발달하였는데, 그 형태는 다음과 같다. 관계사절에 대해서는 제2권 "Pars 4, Lectio V. 관계사절"을 참조하라.

수	sg.			pl.		
격 \ 성	m.	f.	n.	m.	f.	n.
nom.	qui	quae	quod	qui	quae	quae
gen.	cuius	cuius	cuius	quorum	quarum	quorum
dat.	cui	cui	cui	quibus	quibus	quibus
acc.	quem	quam	quod	quos	quas	quae
abl.	quo	qua	quo	quibus	quibus	quibus

I. 관계사절의 형성[30)]

•관계대명사는 절(주어＋동사)이 두 개 이상인 복합 문장에서 주절의 명사나 대명사를 수식하는 부가어문(propositio attributiva), 즉 종속절을 관계사절로 연결시켜 주는 역할을 한다. 관계대명사가 지칭하는 주절의 명사나 대명사를 선행사(nomen regens)라고 한다.

•관계대명사는 그것이 지시하는 선행사와 성(性), 수(數)가 일치하여야 한다. 그러나 관계대명사의 격(格)은 관계사절 안에서 관계대명사가 어떤 역할을 하느냐에 따라 정해진다. 이 점은 "관계대명사의 격"에서 자세히 살펴보도록 하자.

---

30) 본 책은 기존 라틴어 문법서에서 주문, 속문, 관계문으로 표기한 것을 현대 문법의 표현에 맞게 주절, 종속절, 관계사절로 수정 표기하였다.

Epistula, quam mihi misisti, iucundissima est.[31]
(네가) 나에게 보냈던 편지는 매우 새미있다.
Litterae, quas mihi misisti, iucundissimae sunt.[32]
(네가) 나에게 보냈던 편지들은 매우 재미있다.

• 선행사가 지시대명사이면 문장에서 생략되곤 한다.
(Id) Quod affirmas falsum est. 네가 주장하는 것은 틀리다.
(Ea) Quae[33] affirmas falsa sunt. 네가 주장하는 것들은 틀리다.
(Id) Quod utile est, non semper gratum est. 편리한 것이 늘 고마운 것은 아니다.
(Eos) Quos vituperatis, alii laudant. (당신들이) 책망하는 사람들을 다른 사람들은 칭찬한다.

• 관계대명사는 관계사절의 첫머리, 통상 주절의 선행사 바로 뒤에 위치한다. 관계대명사가
전치사와 함께 쓰일 때에는 전치사의 뒤에 위치한다.

II. 관계대명사의 격(格)

1. 주격

주격 관계대명사는 관계사절에서 주어 역할을 한다.

1) Video puerum qui fabulam narrat.
Video puerum. (나는) 소년을 본다(보고 있다).
Puer(=qui) fabulam narrat. (소년은) 동화를 이야기한다.
⇒ 나는 동화를 이야기하고 있는 소년을 본다.
|분석| puer가 관계사절의 주어이므로 puer의 성을 따라 남성 주격 관계대명사 qui를 사용
하여 선행사 puer를 꾸며 준다.

---

31) 선행사 epistula가 여성 단수이기 때문에 관계대명사도 여성 단수이고, 종속절에서 동사 misisti의
목적어 역할을 하기 때문에 대격이 되어 quam(f. sg. acc.)이 온다.
32) 선행사 litterae가 여성 복수이기 때문에 관계대명사도 여성 복수이고, 종속절에서 동사 misisti의
목적어 역할을 하기 때문에 대격이 되어 quas(f. pl. acc.)가 온다.
33) Ea는 지시대명사 중성 단수 id의 복수이며, quae는 관계대명사 중성 단수 quod의 복수이다.

2) Video puellam quae ambulat in horto.

Video puellam. 나는 소녀를 본다.

Puella(=quae) ambulat in horto. 소녀가 정원을 산책한다.

⇒ 나는 정원을 산책하고 있는 소녀를 본다.

|분석| puella가 관계사절의 주어이므로 puella의 성을 따라 여성 주격 관계대명사 quae를
사용하여 선행사 puella를 꾸며 준다.

3) Vidi templum quod est Iovi dedicatum.

Vidi templum. 나는 신전을 보았다.

Templum(=quod) est Iovi dedicatum. 신전은 유피테르에게 봉헌되었다.

⇒ 나는 유피테르에게 봉헌된 신전을 보았다.

|분석| templum이 관계사절의 주어이므로 templum의 성을 따라 중성 주격 관계대명사
quod를 사용하여 선행사 templum을 꾸며 준다. dedicatum est는 dedico(as, avi,
atum, are 신고하다, 봉헌하다, 바치다) 동사의 수동 직설법 과거이다.

2. 속격

주절의 선행사가 관계사절의 속격 부가어 역할을 한다.

1) Puer cuius audivisti verba est meus frater.

Puer est meus frater. 소년은 나의 형제이다.

Pueri(=cuius) audivisti verba. 너는 그의 말(들)을 들었다.

⇒ 네가 (그의) 말을 들었던 소년은 나의 형제이다.

2) Agricola laetus est cuius agri fecundi sunt.

Agricola laetus est. 농부는 만족한다.

Agricolae(=cuius) agri fecundi sunt. 그의 밭(들)은 비옥하다.

⇒ 밭이 비옥해 농부는 만족한다.

3) Homines quorum serbamus memoriam vivunt semper(=in aeternum).

Homines vivunt semper. 사람들은 영원히 산다.

Hominum(=quorum) serbamus memoriam.

우리는 사람들의 기억을 간직하고 있다.

⇒ 우리가 기억을 간직하고 있는 사람들은 영원히 산다.

3. 여격

여격 관계대명사는 선행사가 관계사절에서 동사의 간접목적어 역할을 한다.

1) Patronus cui commisisti causam est incapax.
 Patronus est incapax. 변호사는 무능하다.
 Patrono(=cui) commisisti causam. 당신이 그에게 소송을 맡겼다.
 ⇒ 당신이 소송을 맡겼던 변호사는 무능하다.

> patronus, -i, m. 변호사　　　　　　　　　　incapax, -acis, adj. 무능한
> committo 맡기다, 위탁하다, 일임하다

2) Ille est vir cui(=quocum) mea filia nupsit.
 Ille est vir. 그는 남자이다.
 Viro(=cui) mea filia nupsit. 나의 딸은 (그) 남자에게 시집갔다.
 ⇒ 그가 내 딸이 시집간 남자이다.

> nubo 시집가다; nubere alicui/nubere cum aliquo [관용어적 표현] 시집가다; ducere in matrimonio
> [관용어적 표현] 장가가다

3) Amici quibus scripsi multas epistulas pervenient Romam cras.
 Amici pervenient Romam cras. 친구들이 내일 로마로 온다.
 Amicis(=quibus) scripsi multas epistulas. 나는 그(친구)들에게 많은 편지(들)를 썼다.
 ⇒ (내가) 많은 편지들을 썼던 친구들이 내일 로마로 온다.

> pervenio 오다, 도착하다, 이르다

4. 대격

대격 관계대명사는 선행사가 관계사절에서 동사의 직접목적어 역할을 한다.

1) Liber quem habes in(=super) mensa scriptus est a Caesare.

  Liber scriptus est a Caesare. 책은 캐사르에 의해 쓰였다.

  Librum(=quem) habes in mensa. 너는 책상에 책을 가지고 있다.

  ⇒ 네가 책상에 가지고 있는 책은 캐사르에 의해 쓰였다.

2) Tandem(=denique) advenit puella quam ipse expectabat.

  Tandem advenit puella. 드디어 소녀가 왔다.

  Puellam(=quam) ipse expectabat. 바로 그 사람이 소녀를 기다리고 있었다.

  ⇒ 그 사람이 기다리고 있었던 소녀가 드디어 왔다.

3) Tibi gratias ago propter consilium quod mihi dedisti.

  Tibi gratias ago propter consilium.

  나는 당신에게 충고 때문에 감사합니다(당신의 충고에 감사합니다).

  Consilium(=quod) mihi dedisti. 당신은 나에게 충고를 주었다.

  ⇒ 나에게 주었던 당신의 충고에 감사합니다.

4) Caesar numquam necavit homines quos ceperat.

  Caesar numquam necavit homines.

  캐사르는 결코 사람들을 죽이지 않았다.

  Homines(=quos) ceperat. 그는 사람들을 체포했다.

  ⇒ 캐사르는 체포한 사람들을 결코 죽이지 않았다.

5) Amisi omnes divitias quas meus pater cumulaverat in sua vita pro me.

  Amisi omnes divitias. 나는 모든 재산(들)을 잃었다.

  Omnes divitias(=quas) meus pater cumulaverat in sua vita pro me.

  나의 아버지는 평생 나를 위해 모든 재산(들)을 모았다.

  ⇒ (나는) 나의 아버지가 나를 위해 평생 모았던 모든 재산을 잃었다.

advenio 오다, 도착하다	expecto 기다리다
propter (+abl.) ~ 때문에	neco 살해하다, 죽이다
capio 체포하다, 잡다, 이해하다, 받아들이다	amitto 잃다, 잃어버리다
cumulo 쌓다, 축적하다	

5. 탈격

관계대명사의 탈격은 관계사절에서 동사의 간접목적어나 동사의 부사적인 관계를 표시하며, 전치사와 함께 사용하기도 한다.

• Caesar cepit urbem eodem die quo pervenerat.

Caesar cepit urbem eodem die. 캐사르는 같은 날에 도시를 점령하였다.

Die(=quo) pervenerat. 그(캐사르)는 그날에 도착하였다.

⇒ 캐사르는 도착한 바로 그날에 도시를 점령하였다.

> capio 붙잡다, 체포하다, 점령하다

III. 전치사와 함께 쓰인 관계대명사

• 관계대명사의 탈격은 주로 전치사와 함께 사용되며, 관계사절 속에서 동사나 다른 품사의 부사적인 관계를 표시하여 수단(*by what*), 행위자(*by whom*), 동반(*with whom*), 방법(*how*), 장소(*where; from which*), 시간(*when*) 등을 나타내는 a, cum, de, in 등의 전치사와 함께 사용한다.

• 관계대명사가 전치사와 함께 사용될 때, 전치사가 요구하는 격을 따른다. 즉 전치사 ob, per처럼 대격을 요구하면 관계대명사도 대격을 사용해야 한다.

• 전치사의 위치는 관계대명사 앞이지만, 전치사 cum은 예외적으로 관계대명사 뒤에 놓는다.

1. 전치사 a(*by, from, after, since*)+관계대명사 탈격(quo, qua, quo, quibus)

1) Omnes laudare debent virum a quo civitas(=populus) servata(us) est.

Omnes laudare debent virum. 모든 사람은 그 남자를 칭찬해야 한다.

A viro(=quo) civitas servata est. 그 남자에 의해 시민이(도시가) 구출되었다.

⇒ (직역) 모든 사람은 그 남자를 칭찬해야 하는데, 그 남자에 의해 시민이 구출되었다.

⇒ (의역) 그 남자에 의해 시민이 구출되었기에 모든 사람은 그 남자를 칭찬해야 한다.

N.B. 이 문장은 다음과 같이 표현할 수도 있다.

Vir laudandus est omnibus.

이를 용장활용이라고 하는데, 뒤에서 다시 설명하기로 한다. 라틴어의 관계사절을 우리말로 옮길 때 주절부터 먼저 옮기고, 선행사를 다시 반복하여 옮길 수도 있다.

2) Puella fuit in urbe a qua sponso fugerat.

Puella fuit in urbe. 여인은 도시에 있었다.

A Urbe(=qua) sponso fugerat. 그녀는 도시에서 신랑으로부터 도망쳤었다.

⇒ 신랑으로부터 도망쳤었던(도망친) 여인은 도시에 있었다.

2. 전치사 cum(*with/conj. while, when*)+관계대명사 탈격: quocum, quacum, quibuscum

1) Vir, quocum disseruimus, est sapiens.

Vir est sapiens. 남자는 현명하다.

Cum viro(=quo) disseruimus. 우리는 그 남자와 함께 토론하였다.

⇒ 우리와 함께 토론했던 그 남자는 현명하다.

---
dissero 토론하다
---

2) Mulier quacum vir loquebatur erat eius amans.

Mulier erat eius amans. 여자는 그의 애인이었다.

Cum muliere(=qua) vir loquebatur. 남자는 그 여자와 함께 이야기하고 있었다.

⇒ 그 남자가 이야기하고 있었던 여자는 그의 애인이었다.

---
mulier, -eris, f. 여자, 여인, 부인, 아내   amans, amantis, m./f. 애인
loquor, dep. 이야기하다
---

3) Volo cognoscere amicos quibuscum agis tempus.

Volo cognoscere amicos. 나는 친구들을 알고 싶다.

Cum amicis(=quibus) agis tempus. 네가 친구들과 함께 시간을 보낸다.

⇒ 나는 네가 시간을 함께 보낸 친구들을 알고 싶다.

---
ago (+acc.) (시간을) 보내다
---

3. 전치사 de(*about, concerning*)＋관계대명사 탈격

1) Non mihi placuit liber de quo mihi locutus es multum.

　Non mihi placuit liber. 책은 내 마음에 들지 않았다.

　De libro(＝quo) mihi locutus es multum. 너는 그 책에 대해 나에게 많이 이야기하였다.

　⇒ 네가 나에게 많이 이야기하였던 책은 내 마음에 들지 않았다.

2) Patronus tractabit argumentum de quo debebimus disputare multum.

　Patronus tractabit argumentum. 변호사는 논거를 다루게 될 것이다.

　De argumento(＝quo) debebimus disputare multum.

　우리는 논거에 대해 많이 논쟁해야 할 것이다.

　⇒ 우리가 많이 논쟁해야 할 논거를 변호사는 다루게 될 것이다.

tracto 취급하다, 다루다, 검토하다	argumentum, -i, n. 논거, 주제

3) Viri de quibus loqueris existimantur ab omnibus.

　Viri existimantur[34] ab omnibus. 남자들은 모든 사람들로부터 존중받는다.

　De viris(＝quibus) loqueris. 너는 그 남자들에 대해 이야기한다.

　⇒ 네가 이야기하고 있는 남자들은 모든 사람들로부터 존중받는다.

existimo 여기다, 평가하다, 존경하다

4. 전치사 in＋관계대명사 탈격/대격

1) Haec est urbs in qua vivo.

　Haec est urbs. 이것은 도시이다.

　In urbe(＝qua) vivo. 나는 도시에 산다.

　⇒ 내가 사는 도시는 여기이다.

2) Oppidum in quo vir vivit est maximum.

　Oppidum est maximum. 가장 큰 도시이다. 도시가 가장 크다.

　In oppido(＝quo) vir vivit. 도시에 사람이 산다.

---

34) existimantur는 existimo 동사의 수동 직설법 현재 복수 3인칭.

⇒ 그 사람이 사는 도시가 가장 크다.

> oppidum, -i, n. 도시(일반적으로 로마 시 이외의 지방 도시를 뜻함)

3) Non erit facile (ri)solvere problema in quo sumus.

Non erit facile (ri)solvere problema. 문제를 풀기가 쉽지 않을 것이다.

In problemate(=quo) sumus. 우리가 문제에 놓여(처해) 있다.

⇒ 우리가 처해 있는 문제를 풀기 쉽지 않을 것이다.

> solvo 풀다, 해방하다, 해결하다   problema, -matis, n. 문제

5. 전치사 ob(*for, on account of, for the sake of*)＋관계대명사 대격

• Nos non flemus ob(=propter) nostram sortem humanam, ob quam autem multi patiuntur.

Nos non flemus ob(=propter) nostram sortem humanam.

우리는 우리의 인간적인 운명 때문에 울지 않는다.

Ob quam(nostrum sortem humanam) autem multi patiuntur.

그러나 그것(우리의 인간적인 운명) 때문에 많은 사람들이 고통 받는다.

⇒ 우리는 우리의 인간적인 운명 때문에 울지 않지만, 그것 때문에 많은 사람들이 고통 받는다.

> fleo 울다, 눈물 흘리다   sors, sortis, f. 운, 운명, 팔자
> patior, dep. 고통 받다, 참다, 견디다

IV. 인과 관계대명사

라틴어는 문장의 첫머리에 수사학적 관용어로 인과 관계대명사를 놓곤 한다. 이러한 관용어적 표현은 특히 고문헌을 읽다 보면 자주 발견되므로 외워 두면 유용하다.

hac re / qua re / quam ob rem 이를 위해, 이 때문에

qua de causa / qua de re / quam ob causam 이 이유 때문에, 이 이유를 위해서

quae cum ita sint(=cum haec ita sint) 그래서, 그런 까닭에, 사정이 그렇다면

quibus rebus cognitis, his rebus cognitis 이 일들을 알고 나서

quae dum geruntur / dum haec geruntur 이 일이 (이렇게) 되는 동안

Hac re lex procedurae violata est.[35] 이 때문에 소송 절차(의) 법이 위반되었다.
Quae cum ita sint, non loquar amplius.[36] 사정이 그렇다면, 나는 더 이상 말하지 않을 것이다.

---

violo 폭행하다, 위반하다, 어기다, 모독하다   amplius, adv. 더 이상

V. 격(格) 지배 동사와 관계대명사

관계문의 동사가 속격, 여격, 탈격을 요구하는 동사라면 관계대명사도 해당되는 격을 사용해야 한다. 다시 말해서 관계대명사가 목적어 노릇을 하더라도 동사가 속격을 요구하면 속격을 사용해야 한다. 이 점에 대해서는 제2권 "Pars 3. 격의 용법"을 참조하라.

• 속격(gen.) 요구 동사: memini(과거), meministi, meminisse, (def.) 기억하고 있다, 생각나다, 회상하다[37]
Puella canit poema cuius meministi bene.
Puella canit poema. 소녀는 시를 낭독한다.
Poematis(=cuius) meministi bene. 네가 시를 잘 기억하고 있다.
⇒ 네가 잘 기억하는 시를 소녀가 낭독한다.

• 여격(dat.) 요구 동사: placeo ~의 마음에 들다, 좋아하다
Poema cecinit puella cui placuit cantare.
Poema cecinit puella. 소녀가 시를 낭독했다.
Puellae(=cui) placuit cantare.
소녀에게 노래하는 것은 마음에 들었다. (소녀는 노래하는 것을 좋아했다.)
⇒ 노래하기 좋아하는 소녀가 시를 낭독했다.

---

cano 노래하다, 읊다   poema, -atis, n. 시, 시가

---

35) "violata est"는 violo 동사의 수동 직설법 과거 단수 3인칭.
36) loquar는 탈형동사 loqui의 직설법 미래 단수 1인칭이며, 접속법 현재 단수 1인칭과도 형태가 같다.
37) memini 동사의 형태는 직설법 과거이지만 뜻은 현재로 번역하며, 과거완료 시제를 과거로 번역한다. 결여동사에 대해서는 제2권 "Pars 2, Lectio VII"를 참조하라.

•탈격(abl.) 요구 동사: egeo (무엇이) 없다, 부족하다, 아쉽다, 필요하다

Pater habuit multam pecuniam, qua egebat semper filius.

Pater habuit multam pecuniam. 아버지는 많은 돈을 갖고 있었다.

Pecunia(=qua) egebat semper filius. 아들은 늘 돈이 없었다.

⇒ 아버지는 많은 돈을 갖고 있었고, 아들은 늘 돈이 없었다.

　　아들이 늘 부족하였던 돈을 아버지는 많이 가지고 있었다.

 Exercitatio　　(해답은 부록 112쪽 참조)

1. 다음 문장을 번역하시오.

1) Puer cui litteras dedi celeriter veniet.

2) Turris quam aedificavit ex oppido barbaros prohibebat.

3) Femina quacum ambulabam mater mea est.

4) Navis cuius nomen conspicere non possumus Italiam navigat.

5) Homines qui cum copiis suis iter faciunt sunt fortes.

6) Timore quem habebitis mox non memoria tenebitur.

7) Flumen ad quod fugiebant erat altum latumque.

8) Locus de quo scripsit longe est ab urbe.

9) Omnia quae habuit nunc mea sunt.

| barbarus, -i, m. 야만인 | aedificio 짓다, 건설하다 |
| teneo 붙잡다, 소유하다, 유지하다 | fugio 도망하다 |

숨은 라틴어 찾기

로마 속 숨은 라틴어 찾기 (2)

로마를 말할 때는 로마 속 세계에서 가장 작은 도시, 바티칸을 빼놓고 말할 수 없을 것이다. 아름다운 건물들과 고요하고 평화로운 분위기로 둘러싸인 이 도시는 전 세계의 가톨릭 신자들은 물론 수많은 관광객들의 마음을 사로잡고 있지만, 그와 동시에 바티칸이라는 이름은 섣불리 다가갈 수 없는 장엄함을 내포하고 있다.

굳이 그 이유를 찾는다면 바티칸의 장엄한 이미지는 아마도 도시를 둘러싸고 있는 교회들의 장대하면서도 엄숙한 모습과 깊은 관련이 있을 것이다. 아름다우면서도 위엄 있는 교회 건물들은 단순한 건축물을 넘어 바티칸을 나타내는 핵심이기 때문이다. 그렇다면 라틴어에서 교회라는 말은 어떻게 생겨났을까?

로마 가톨릭교회는 '교회'라는 말을 그리스어 εκκλησια를 그대로 옮겨 라틴어로 ecclesia 라고 불렀다. 이 영향으로 iglesia(스페인어), eglise(프랑스어), chiesa(이탈리아어)라는 말이 파생하게 된다.

그러나 우리에게 '교회'라는 말은 church라는 단어가 더 익숙하다. 그렇다면 church라는 말은 어떻게 유래한 것일까?

그것은 마르틴 루터가 로마 가톨릭교회의 색채가 강한 '에클레시아'라는 말보다 kyrike (주님께 속한)라는 말을 즐겨 사용하였기 때문이다. 따라서 독일 교회와 그 영향을 많이 받은 가까운 나라의 교회들은 "주님께 속한 공동체"라는 의미에서 kirche(독일어), kyrka (스웨덴), church(영어)란 말을 사용하게 되었다.

Pars 4
Verbum
동사

동사는 여타의 다른 언어와 마찬가지로 문장 구조상 가장 중요한
품사이다. 라틴어 동사는 주어의 수(numerus)에 따라, 단수와 복수,
인칭(나, 너, 그/그녀/그것, 우리, 그들)에 따라 어미 활용(coniugatio)
을 한다. 라틴어 동사는 능동과 수동의 두 가지 태(vox)로 구분되며,
직설법·접속법·명령법·부정법의 네 가지 서법(modus)과 여섯 가지
시제(tempus)를 갖고 있다.

Introductio de Verbo

동사에 대한 개요

I. 동사의 시제

시제는 고대 인도유럽어 동사의 시간 구분에 따라, 행동이 완료되었느냐 또는 미완료되었느냐 따라 구분하였고, 현재의 시점에서 과거와 미래를 구분하는 것은 후대에 생겨났다. 이 가운데 라틴어의 가장 대표적인 시제는 능동태 직설법 현재와 현재완료이다. 라틴어 사전에서도 동사는 동사의 부정사가 아니라 직설법 현재 단수 1인칭, 2인칭, 단순과거, 목적분사, 부정사의 순서로 표기되고, 따라서 동사를 암기할 때도 다음과 같은 순서대로 하여야 한다.

가령 사전에서 "amo, -as, -avi, -atum, -are 사랑하다, 좋아하다"라는 동사를 찾고 싶다면 부정사인 amare가 아니라 직설법 현재 단수 1인칭인 amo를 찾아야 한다.

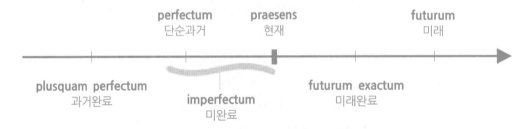

1. 라틴어 동사의 직설법 시제

라틴어 동사의 직설법 시제는 총 6가지(현재, 미완료, 미래, 과거, 과거완료, 미래완료)이며, 주 시제와 부시제로 나뉜다.

- 주 시제(tempus principale): 주 시제는 현재와 미래에 관계한다. 여기에는 현재, 단순과거, 미래, 미래완료 시제가 있다.
- 부시제(tempus secondarium): 부시제는 '역사적 사실을 나타내는 시제(tempus historicum)' 라고도 하며, 과거와 관계한다. 여기에는 역사적 현재, 미완료, 역사적 과거, 과거완료 시제

가 있다.

•주 시제와 부시제의 구분은 기본적으로 접속문에서 시제의 용법을 이해하기 위한 것이다. 즉 주절과 종속절의 시제 일치를 나타낸다. 이에 대해서는 제2권 "Pars 4, Lectio II. 시제의 일치"를 참조하라.

직설법 동사의 시제는 행위의 상태, 즉 완료와 진행을 표현하기도 한다.

•완료(perfectum): 행위의 완료는 어느 순간에 종결된 '순간적 행위'를 말한다. 여기에는 (단순)과거, 과거완료, 미래완료가 있다.
•미완료(infectum): 행위가 진행되거나 반복되는 행위의 상태를 말한다. 여기에는 현재, 미완료, 미래 시제가 있다.

1) 현재
(1) 현재는 주 시제에 속하며 순간, 진행, 반복 행위를 표현한다.
•말하는 순간에 종결된 순간적 행위
 Tonat. 천둥친다.

•이전에 시작하여 말하는 순간에도 여전히 지속, 진행되는 행위
 Sedet in theatro. 그는 극장에 앉아 있다.

•반복 행위(아주 드물게 사용됨)
 Mala autumno leguntur. 사과(들)는 가을에 수확한다.

(2) 현재 시제에서 자주 사용되는 특수 용례
•모든 시대를 초월하여 가치가 있는 속담, 격언, 경구 등의 금언에서 사용되는 현재
 Ignis aurum probat. 불이 금을 시험한다.
 Gutta cavat lapidem. 물방울이 돌을 뚫는다.

•과거나 최근 저술가들의 말과 생각을 인용하기 위한 문학적 현재
 Plato docet, Cicero dicit.
 플라톤은 가르치고, 치체로는 말한다. (플라톤은 가르치는 일에 뛰어나고, 치체로는 연설에 뛰어났음을 표현한 것)

Epicurus in voluptate ponit quod summum bonum esse vult. (Cic.)
에피쿠로스는 최고의 행복을 의미하는 것을 쾌락에 둔다.

• 역사적 현재는 과거의 상황을 재현하기 위해 마치 현재처럼 역사를 설명할 때 사용된다.

---

sedeo, es, sedi, sessum, ere, 2 intr. 앉다, 앉아 있다, 거주하다

theatrum, -i, n. 극장

lego, is, legi, lectum, ere, 3 tr. 줍다, 수집/수확하다; 훔치다, 엿듣다; 선발/선출하다; 읽다

probo, as, avi, atum, are, 1 tr. 시험하다, 판단하다

gutta, -ae, f. 방울, 빗방울, 물방울(=stillicidium, -ii, n. 방울방울 떨어지는 물, 빗방울, 빗물)

lapis, lapidis, m. 돌, 기념비석, 이정표석, 대리석

cavo, as, avi, atum, are, 1 tr. 움푹하게 하다, 속을 파내다, 구멍을 뚫다

Plato, -onis, m. 플라톤　　　　　　　　　　Epicurus, -i, m. 에피쿠로스

voluptas, -atis, f. 쾌락, 즐거움

pono, is, posui, positum, ere, 3 tr. 두다, 창건하다

volo, vis, volui, velle, tr. anom. 바라다, 원하다, 의미하다, ~라고 말하다

---

2) 미완료

미완료란 과거에 완성되지 않은 행위를 표현하기 위해 사용되는 시제이다.

• 진행·지속되는 행위, 즉 완료되지 않고 전개 중인 행위
Nostri strenue impetum hostium sustinebant. 우리는 끈질기게 적들의 공격에 저항하고 있었다.

• 습관 미완료: 과거의 습관적 행동이나 반복적 행위
M. Cato cellam penariam rei publicae Siciliam nominabat. (Cic.)
마르쿠스 카토는 시칠리아를 공화국의 식료품 저장소라고 부르곤 하였다.

• 기도(企圖) 미완료: 과거에 시도하였으나 끝내지 못한 행위
Helvetii lintribus iunctis flumen transibant. (Caes.)
스위스 사람들은 연결된 작은 배들로 강을 건너려고 하였다. (그러나 실패했음을 의미)

• 묘사(서술) 미완료: 주요 사실에 수반하는 부대 상황을 표현하거나 장소, 관습, 제도, 인물을
묘사하는 데 광범위하게 사용된다.
In ea coniuratione fuit Q. Curius; huic homini non minor vanitas inierat quam audacia. (Sall.)

그 음모에 퀸투스 쿠리우스가 있었다. 이 사람에게 무모함보다 더 적지 않은 경솔함이 있었다. (무모하리만큼 경솔했다는 의미)

• 예외적 표현: 다음의 표현들은 과거에 완료된 행위를 가리켜 라틴어는 단순과거로 표현했다. 그러나 우리말로 옮길 때는 지속적인 행위나 완료되지 않은 행위로 표현한다.

Hannibal Hamilcaris filius fuit. 한니발은 하밀카르의 아들이었다.

ut supra dixi 앞에서 말한 바와 같이

ut antea memoravimus 전에 우리가 기억한 바와 같이

---

strenue, adv. 용맹히, 끈질기게   impetus, -us, m. 공격, 충동, 충격, 움직임

cella, -ae, f. 작은 방, 곳간, 곡물 창고, 광; cella penaria 식료품 저장실

Helvetii, -orum, m. pl. 스위스 사람

lintris, -is, f. 작은 배, 통나무 배(=linter, lintris, f.)

iunctus, -a, -um, (iungo의 분사), adj. 이어진, 결합된, 연결된

coniuratio, -onis, f. 선서, 동맹; 음모, 반란

minor, minus (parvus의 비교급 형용사) 더 작은, 더 어린(나이가 적은), 덜 중요한

vanitas, -atis, f. 허풍, 헛수고, 거짓; 경망, 경솔, 가벼움

audacia, -ae, f. 과감, 용감, 용기, 대담함, 무모함

sustineo, es, tinui, tentum, ere, 2 tr. 유지하다, 견디다, 보호하다, 저항하다; (관용어) hostium impetum sustinere 적들의 공격에 저항하다

transeo, is, ii, itum, ire, intr. 건너가다, (시간이) 지나가다; tr. 넘어가다, 건너다, (시간을) 보내다, 통과하다

nomino, as, avi, atum, are, 1 tr. 명명하다, ~라고 부르다, 이름하다

ineo, is, ii(ivi), itum, ire, intr. et tr. anom. intr. (in acc.) ~에 들어가다, 시작되다; tr. 들어가다, 시작하다, 맺다, 취임하다

---

3) (단순)과거

라틴어의 과거 시제는 주 시제(논리적 과거)와 부시제(역사적 과거)라는 두 가지 기능을 한다. 이탈리아어의 근과거(passato prossimo)와 원과거(passato remoto) 개념과 일치한다.

(1) 논리적 과거

• 논리적 과거는 과거에 벌어진 사실을 표현하며, 그 효과가 현재에도 여전히 지속된다.

Nimius labor corpus nostrum consumpsit. 지나친 노동이 우리 육체를 지치게 했다.

•논리적 과거는 과거 행위의 결과에 대한 현재의 상태를 표현하기도 한다. 따라서 다음의
동사들은 과거 시제이지만 현재로 옮긴다.

|과거 → 현재|

memini 기억하다   odi 미워하다

consuevi(consuesco) 익숙해지다/하다   novi 알고 있다

|과거완료 → 과거|

memineram 기억하고 있었다   oderam 미워하고 있었다

noveram 알고 있었다

|미래완료 → 미래|

meminero 기억할 것이다   odero 미워할 것이다

novero 알 것이다

N.B. 이에 대해서는 제2권 "Pars 2, Lectio VII. 결여동사"를 참조하라.

Bonis invident, malos extollunt, vetera odere(=oderunt). (Sall.)
그들은 선한 사람들을 미워하고, 악인들을 찬양하고, 옛것들을 미워한다.

•habeo 동사의 특수 용례: '과거분사+habeo'는 완곡어법으로 사용되며, 과거 행위의 효과가
영속적인 상태를 의미한다.

exploratum habeo, compertum habeo: 명백히/확실히 알고 있다

constitutum habeo, deliberatum habeo: 결정하다

Multi cives Romani in Asia magnas pecunias collocatas habebant. (Cic.)
많은 로마 시민들이 막대한 돈을 아시아에 투자했다.

---

nimius, -a, -um, adj. 지나친, 과도한, 너무 많은

corpus, -oris, n. 육체, 몸; 전체, 전집, 본문 (corpus, corporis, corpori, corpus, corpore; corpora, corporum, corporibus, corpora, corporibus)

consumo, is, sumpsi, sumptum, ere, 3 tr. 소비/소모하다, 쇠약하게 하다, (시간을) 보내다

invideo, es, vidi, visum, ere 2 질투하다, 시기하다, 부러워하다; invidere alicui, alicui rei (여격 요구) (사람, 사물을) 부러워하다

extollo, is, extuli, ere, 3 tr. 들어 올리다, 찬양하다, 칭찬하다

---

(2) 역사적/금언적 과거

•역사적 과거는 현재와 과거의 다른 행위와 관계없이, 과거에 완료된 행위를 표현한다.

Arganthonius octoginta regnavit annos, centum viginti vixit. (Cic.)

아르간토니우스는 80년을 통치했고, 120년을 살았다.

•금언적 과거는 시제의 범주를 벗어난 행위로 간주되는 것을 표현한다. 경험의 산물인 일반
적 원칙이나 금언을 언급할 때 사용된다. 우리말로 옮길 때는 현재 시제 또는 "흔히 ~하곤
한다(soleo)"라는 동사의 의미로 옮긴다.

Saepe in magistrum scelera redierunt suum. (Sen.)

종종 흉악한 범죄들은 교사자에게 귀착된다.

종종 흉악한 범죄들은 흔히 교사자에게 돌아가곤 한다.

N.B. redierunt는 redeo 동사의 과거 복수 3인칭이지만 현재 또는 soleo 동사의 의미로 옮긴다.

Festinatio multos pessum dedit. (Tac.)

성급함이 많은 사람(들)을 망친다.

성급함이 많은 사람(들)을 버려 놓곤 한다.

•수동과거: 수동문에서 과거는 역사적 과거와 논리적 과거만큼 독특한 형태를 가진다.

Exercitus hostium profligatus est. 적들의 군대가 격퇴되었다.

Multi in delenda patria occupati sunt et fuerunt. (Cic.)

많은 사람들이 조국을 파괴하는 데에 전념하고 있었다.

Gallia est omnis divisa in partes tres. (Caes.) 전 갈리아는 세 부분으로 나뉘어 있었다.

Bis post Numae regnum Ianus clausus fuit. (Liv.)

누마의 왕정 이후 야누스 신전은 두 번 닫혀 있었다.

Arganthonius, −ii, m. (=Ἀργανθώνιος) 아르간토니우스[타르테수스(스페인 남서 해안에 있었던 왕
국)의 왕]

magister, −tri, m. 지도자, 지휘자, 스승, 교사, 교사자

scelus, sceleris, n. 흉악한 범죄   festinatio, −onis, f. 서두름, 졸속

pessum, adv. 아래로, 깊이, 밑바닥까지; (관용어) pessum dare 망치다, 버려 놓다

exercitus, −us, m. 군대   Numa, −ae, m. (로마의 제2대 왕) 누마

regnum, −i, n. 왕정, 왕국, 나라

Ianus, −i, m. 야누스(로마신화에 나오는 문의 수호신)

regno, as, avi, atum, are, 1 tr. et intr. 왕 노릇 하다, 통치/군림하다, 다스리다

vivo, is, vixi, victum, ere, 3 intr. 살다

redeo, is, redii, reditum, ire, intr. 돌아가다, 귀착되다

profligo, as, avi, atum, are, 1 tr. 격파하다, 무찌르다, 망치다, 파괴하다, 결론짓다

occupo, as, avi, atum, are, 1 tr. 차지하다, 종사하게 하다, 점유하다

•수동문의 과거 시제는 '과거분사+sum 동사'의 형태를 취한다.

|과거| Porta clausa est. 문이 닫혔다. 또는 문이 닫혀 있다.

|과거완료| Porta clausa fuit. 문이 닫혔었다. 또는 문이 닫혀 있었다.

|현재| Porta clauditur. 문이 닫힌다.

4) 과거완료

과거완료 시제는 상대적 의미이다. 즉 과거 시제와 비교하여 '더 과거에' 완료된 행위를 나타낸다.

Pausanias eodem loco sepultus est, ubi vitam posuerat. (Nep.)
파우사니아스는 삶을 바쳤었던 그 장소에서 장례식을 치렀다.
Pyrrhi temporibus iam Apollo versus facere desierat. (Cic.)
피루스의 시대에 아폴로는 이미 시를 쓰는 것을 그만두었었다.

5) (단순) 미래

라틴어의 미래 시제는 미래의 일시적 행위나 지속적 행위를 나타낸다.

|일시적 행위| Cras veniam ad te. 내일 네게 갈게.

|지속적 행위| Hic manebimus optime. (Liv.) 여기서 우리는 매우 잘 머물 것이다.

6) 미래완료

•미래완료 시제는 미래 시제와 비교하여 '더 미래에' 이미 완료된 행위를 나타낸다. 미래완료는 종속절을, 미래는 주절을 구성한다.

Cum rediero, te certiorem faciam. 내가 돌아왔을 때, 네게 알려 줄 것이다.
N.B. certiorem facere 알려 주다, certiorem은 certus, -a, -um의 비교급 'certior, certius 더 확실한'의 대격

•때때로 미래완료는 행위의 확실성을 역동적으로 표현하기 위해 미래의 자리에 단독으로 주절로 사용된다. 이 경우 보통 mox(곧, 즉시), post(뒤에, 나중에), alias(다른 때에, 다른 기회에) 등의 부사와 결합하고, 미래 시제로 옮긴다.

Hoc mox videro. (Cic.) 나는 이것을 즉시 볼 것이다.
Sed hoc philosophi viderint. 철학자들은 이것을 볼 것이다.

7) 주절과 종속절의 시제 관계(Consecutio temporum)

(1) 직설법 문장에서 주절과 종속절의 시제가 같은 경우(동시성)

직설법 문장에서 종속절의 행위와 주절의 행위가 같은 시제일 경우 해당 시제로 옮기면 된다.

|현재| Si hoc dicis, erras. 만일 네가 이것을 말한다면, 너는 실수한다(실수한 것이다).

|과거| Si hoc dixisti, erravisti. 만일 네가 이것을 말했다면, 너는 실수했다.

|미래| Faciam, ut potero. 할 수 있는 만큼 할 것이다.

(2) 종속절의 시제가 주절의 시제보다 앞서는 경우(선행성)

종속절의 시제가 주절의 시제보다 앞설 경우 라틴어는 다음과 같은 원칙으로 시제를 구성한다. 주절이 현재면 종속절은 과거, 주절이 과거면 종속절은 과거완료, 주절이 미래면 종속절은 미래완료 시제를 사용한다.

|주절이 현재, 종속절은 과거|

Puer memoria tenet omnia quae didicit. 소년은 배웠던 것을 모두 기억한다.

|주절이 과거, 종속절은 과거완료|

Puer memoria tenebat omnia quae didicerat. 소년은 배웠었던 것을 모두 기억하고 있었다.

|주절이 미래, 종속절은 미래완료|

Puer memoria tenebit omnia quae didicerit. 소년은 배웠어야 할 것을 모두 기억할 것이다.

Pausanias, -ae, m. 파우사니아스(B.C. 479년 플라테아에서 페르시아에 승리한 스파르타 장군)

Pyrrhus, -i, m. 피루스(Neoptolemus의 별명)

versus, -us, m. 시, 노래; versus facere 시를 쓰다; adv. ~을 향하여, ~ 쪽으로

optime, adv. 매우 좋게, 매우 잘

sepelio, is, pelivi, pultum, ire, 4 tr. 장례식을 치르다, 화장하다; 끝나다, 망하다

pono, is, posui, positum, ere, 3 tr. 두다, 바치다, 주장하다, (군을) 배치하다

desino, is, desii, desitum, ere, 3 tr. et intr. 그치다, 그만두다, 중단하다

maneo, es, mansi, mansum, ere, 2 intr. et tr. 머무르다, 묵다; tr. 기다리다

teneo, es, tenui, tentum, tenere, 2 intr. et tr. 잡다, 소유하다, 유지하다; tenere memoria 기억하다

disco, is, didici, -, ere, 3 tr. 배우다

II. 동사의 서법

라틴어 동사는 직설법, 접속법, 명령법, 부정법 등의 네 가지 서법(modus)이 있다. 각각의 서법에 대한 설명은 제2권 "Pars 2. 동사의 용법"을 참조하고, 여기서는 라틴어 동사의 서법이

어떻게 사용되는지 간단한 예문들을 통해 알아보자.

> Dico verum. 나는 사실을 말한다(하고 있다).
> Amemus patriam. (Cic.) (우리) 조국을 사랑합시다. (권고, 권유)
> Dic verum! 진실을 말해라!
> Errare humanum est. 실수하는 것은 인간적이다.[1]

III. 라틴어 동사의 활용 형태

- 동사의 활용이란 인칭, 수, 시제, 서법, 태에 따라 동사의 어미가 변하는 것을 말한다.
- 라틴어 동사는 어간(e.g. laud-, mon-, leg-, aud-)과 어미 부분으로 구성된다.
- 어간은 대체로 변하지 않으며 어미는 인칭과 수 등에 따라 변한다.
- 네 가지 동사의 활용 형태는 어미의 형태에 따라 "-are, -ere, -ere, -ire"로 나뉘며, '-a, -e, -i' 연결 모음에 따라 구분된다. 제3활용 동사는 예외적으로 제2활용과 제4활용 동사의 어미변화를 혼용하여 사용한다.

- 라틴어 동사에는 네 가지 활용 형태가 있다.
  제1활용: laudo, laudas, laudavi, laudatum, laud-are '칭찬하다'
  제2활용: moneo, mones, monui, monitum, mon-ere '권고하다'
  제3활용: lego, legis, legi, lectum, leg-ere '읽다'
  제4활용: audio, audis, audivi, auditum, aud-ire '듣다'

- 타동사는 수동태의 활용이 있다.
  제1활용: laudor, laudatus sum, laudari '칭찬받다'
  제2활용: moneor, monitus sum, moneri '권유받다'
  제3활용: regor, rectus sum, regi '통치 받다'
  제4활용: audior, auditus sum, audiri '들리다'

---

1) 부정사 errare가 문장의 주어 역할을 하는데, 이러한 문장을 단순 부정사문이라고 한다.

IV. 동사 제1·2 활용 능동태 직설법 현재

1. 동사 제1활용 현재(Tempus Praesens): laudo

	sg.			pl.		
1인칭	ego *I*	laud-o *praise*	나는 칭찬한다/ 칭찬하고 있다	nos *we*	laud-amus *praise*	우리는 칭찬한다
2인칭	tu *you*	laud-as *praise*	너는 칭찬한다/ *are praising*	vos *you*	laud-atis *praise*	너희는 칭찬한다
3인칭	ille/a *he, she, it*	laud-at *praises*	그는 칭찬한다	illi/ae *they*	laud-ant *praise*	그들은 칭찬한다

• 제1활용 동사는 사전에서 가장 많은 어휘를 차지한다.

• 라틴어 직설법 현재 능동은 현재와 현재 진행의 의미를 가진다.

• "Me laudant."는 우리말로 "그들은 나를 칭찬한다(*They praise me*), 그들은 나를 칭찬하고 있다(*They are praising me*)"라고 옮길 수 있다.

제1활용 동사들의 예

aedifico, as, avi, atum, are 세우다, 건설하다 amo, as, avi, atum, are 사랑하다, 좋아하다

ausculto, as, avi, atum, are 듣다, 경청하다 clamo, as, avi, atum, are 외치다

cogito, as, avi, atum, are 생각하다, 상상하다 culpo, as, avi, atum, are 책망하다, 비난하다

desidero, as, avi, atum, are 원하다 do, das, dedi, datum, dare 주다

erro, as, avi, atum, are 헤매다, 실수하다 iudico, as, avi, atum, are 판단하다

laboro, as, avi, atum, are 일하다, 아프다 laudo, as, avi, atum, are 찬양하다, 칭찬하다

servo, as, avi, atum, are 보호하다, 구하다, 지키다, 보존하다

conservo, as, avi, atum, are 보존하다, 보호하다

voco, as, avi, atum, are 부르다, ~라고 부르다

Do ut des. (Paulus. *D.* 19, 5, 5, *pr.*: 19, 5, 5, 1)
네가 주기(때문)에 내가 준다.[2]
(영: *I give you because you give me.*; 이: *Do perché tu dia.*)
Errare humanum est. 실수하는 것은 인간적이다.[3]

---

2) 상호성의 원리를 나타내는 표현이며, 우리에게는 "give and take"라는 개념으로 더 잘 알려져 있다.
A cura di Federico del Giudice, *Il latino in Tribunale*, (Napoli: Simone, 2005), p. 69.
3) 동사의 부정사가 명사처럼 주어로 사용될 경우 "~하는 것은"이라고 옮기고, 중성명사 취급을 하여

Iudicare ex aequo. 형평에 따라 판단하라.4)

N.B. ex + 탈격(abl.) (장소) ~에서; (관세) ~에 따라, ~에 의해, ~으로 된

ex necessitate 필요에 따라; e(x) contrario 반대로

2. 동사 제2활용 현재: moneo

	sg.			**pl.**		
1인칭	ego *I*	mon-eo *advise*	나는 충고한다/ 충고하고 있다	nos *we*	mon-emus *advise*	우리는 충고한다
2인칭	tu *you*	mon-es *advise*	너는 충고한다	vos *you*	mon-etis *advise*	너희는 충고한다
3인칭	ille/a *he, she, it*	mon-et *advises*	그는 충고한다	illi/ae *they*	mon-ent *advise*	그들은 충고한다

제2활용 동사들의 예

caveo, es, cavi, cautum, cavere, 조심하다, 경계하다

debeo, es, ui, itum, ere 빚지다; (debeo + 부정사[inf.]) ~해야 한다

deleo, es, evi, etum, ere 파괴하다, 지우다

doceo, es, docui, doctum, ere (~에게[대격] ~을[대격]) 가르치다

floreo, es, florui, -, florere 꽃피다, 번성하다

habeo, es, habui, habitum, habere 가지다, 얻다 (*have*)

mereo, meres, merui, meritum, merere ~할 자격(가치)이 있다, 마땅히 받다

moneo, es, monui, monitum, ere 알리다, 권고하다, 충고하다

moveo, es, movi, motum, ere 움직이다

praebeo, es, praebui, praebitum, praebere 주다, 공급하다, 베풀다

salveo, es, ere (자동사) 잘 있다, 안녕하다(단수); salvete(복수) 만날 때 하는 인사말

timeo, times, timui, -, timere 무서워하다, 두려워하다

valeo, es, lui, liturus, ere 잘 있다, 능력 있다; 가치 있다, 의미를 가지다

(*valid, invalidate, prevail, prevalent*); vale(단수), valete(복수) 헤어질 때 하는 인사말

video, es, vidi, visum, videre 보다, 이해하다

형용사도 중성을 사용한다. 이를 단순 부정사문이라고 한다. 이에 대해서는 제2권 "Pars 2, Lectio II. 부정법"을 참조하라.

4) *Il latino in Tribunale*, artt. 114 e 432. *Ibidem*, p. 132. 판사들을 위한 표현으로, 법 규정에 따라 소송의 판결을 내리라는 뜻이다.

Cave canem! (로마인들의 집 앞에 붙어 있는 말!) 개 조심! 'cave'는 명령법 2인칭 현재 단수.

Magister discipulos Linguam Latinam docet. 선생님이 학생들에게 라틴어를 가르친다.

N.B. doceo 동사가 이중 대격을 요구하기 때문에 여격 discipulis가 아니라 대격 discipulos 를 써야 함.

N.B. 이중 대격: "~에게"는 우리말의 해석상으로는 여격을 써야 할 것 같지만 doceo와 같은 동사의 경우에는 목적어에 이중의 대격을 필요로 하기 때문에 여격이 아닌 대격을 사용하고, 해석할 때에만 여격으로 나타낸다. 이와 같은 동사들을 이중 대격 동사라 한다.

Rosae in nostro horto florent.

우리 정원에 장미들이 핀다(피어 있다).

Habemus Papam. 우리는 교황을 가진다.[5]

Meres poenam(gloriam). 너는 벌(영광)을 받아 마땅하다. 벌을 받아도 싸지.

Vis movendi. 움직이는 힘. 추진력.

Praebet auxilium amico suo. 그는 자기 친구에게 도움을 준다.

Vir doctus et pius non timet tyrannum.[6] 현명하고 열심한 사람은 폭군을 두려워하지 않는다.

---

hortus, −i, m. 정원; pl. 공원   poena, −ae, f. 벌

gloria, −ae, f. 영광, (가톨릭) 대영광송

auxilium, −ii, n. 도움; praebere auxilium 도와주다, 도움을 주다

tyrannus, −i, m. 폭군

---

3. 제2변화 동사 중 여격(dat.) 요구 동사[7]

placeo, es, placui, placitum, placere ~의(여격) 마음에 들다, ~의 뜻에 맞다

displiceo, es, displicui, displicitum, displicere ~의(여격) 뜻에 맞지 않다

studeo, es, studui, -, studere ~을(여격) 공부하다, 연구하다, 힘쓰다

Mandata democratiae populis placent; tyranni mandata populis disciplicent.[8]

민주주의의 명령은 백성의 마음에 들지만, 폭군의 명령은 백성의 뜻에 맞지 않다.

---

5) 새로운 교황이 선출됐을 때 수석 추기경이 바티칸 광장에서 선포하는 말.

6) Vir(m. sg. nom) doctus et pius(vir 수식) non timet(동사) tyrannum(목적어).

7) 문법서에 따라 요구 대신 "지배"라는 표현을 쓰기도 한다.

8) Mandata(n. pl. nom.) democratiae(f. sg. gen.) populis(m. pl. dat.) placent; tyranni(m. sg. gen.) mandata populis disciplicent.

Discipuli linguae Latinae studere bene debent. 학생들은 라틴어를 잘 공부해야 한다. N.B. 동사가 여격을 요구하기 때문에 대격 linguam Latinam이 아니라, 반드시 여격 linguae Latinae로 써야 한다. 이처럼 일부 라틴어 어휘 가운데는 특정한 격을 요구하는 동사와 형용사가 있다. 이에 대해서는 제2권 "Pars 3. 격의 용법"을 참조하라.

---

mandatum, -i, n. 명령   populus, -i, m. 국민, 백성

자주 쓰는 불변화사! 암기하세요.

bene 잘   male 나쁘게, 잘못
mihi 나에게   tibi 너에게
nobis 우리에게   vobis 너희에게
raro 드물게   semper 언제나, 늘
me (pron.) 나를, 나 자신을
quid (pron.) 무엇(*what*); (adv.) 왜, 무엇 때문에
nihil (n.) 무(無); (adv.) 아무것도 아니, (*nihilism, annihilate*)
non (adv.) 아니, *not*   saepe (adv.) 자주, 종종, *often*
si (conj.) 만일(*if*)   libenter 기꺼이
pro (+abl.) ~위하여   ine (+abl.) ~ 없이(*without*)
cum (+abl.) ~와 함께, 더불어

N.B. "라틴어 접두사 cum은 영어의 com-, con-, cor-, col-, co- 접두사로 변하며, "함께, 다 같이, 완전히"라는 의미를 지니게 된다. cum 전치사의 용법은 다양하므로 다른 용법들은 설명이 필요할 때마다 다시 설명하기로 한다.

de (+abl.) ~에 관하여, ~에 대하여
e.g. de philosophia 철학에 대하여
de physicis et de mathematica 물리학과 수학에 대하여

Exercitatio   (해답은 부록 113쪽 참조)

1. 다음 동사들을 제1활용과 제2활용 동사로 구분하고 그 뜻을 쓰시오.
   docere, placere, amare, studere, servare, desiderare, valere, cogitare.

2. 다음 동사들을 우리말로 옮기시오.

1) amat   2) laudant

3) cogitamus   4) das

5) videmus   6) videtis

7) culpo   8) student

9) monetis   10) vales

3. 다음 문장을 우리말로 옮기시오.
1) Monet me si errant.

2) Monemus te si errant.

3) Me saepe vocant et monent.

4) Si vales, valeo.[9]

5) Si me amat, me laudare debet.

6) Quid videtis? Nihil videmus.

7) Quid cogitare debemus?

8) Marcus me semper servat.

---

9) 로마인들이 편지 서두에 사용했던 인사말이다.

9) Magister discipulos linguam Latinam docet.

4. 다음 문장을 우리말로 옮기시오.

카툴루스(Gaius Valerius Catullus, B.C. 84~54)가 애인에게 쓴 작별 편지(Catull, 8, 12)

Puella mea me non amat. Vale, puella!

Catullus obdurat: poeta puellam non amat, formam puellae non laudat, puellae rosas non dat, et puellam non basiat! Ira mea est magna! Obduro, mea puella, sed sine te non valeo.

---

obduro 완고해지다, 굳어지다   basio 입 맞추다(대격 요구)

meus, -a, -um (소유형용사) 나의

ego, mei(목적속격), mihi, me, me (인칭대명사) 나는, 나에 대한, 나에게, 나를, 나로부터

tu, tui, tibi, te, te (인칭대명사) 네가, 너의, 너에게, 너를, 너로부터

---

5. 다음 문장을 우리말로 옮기시오.

Maecenas et Vergilius me hodie vocant. Quid cogitare debeo? Quid debeo respondere? Si erro, me saepe monent et culpant; si non erro, me laudant. Quid hodie cogitare debeo?

---

hodie, adv. 오늘   respondeo 대답하다

Sum et Possum

Sum 동사와 Possum 동사

I. Sum(~이다, 있다) 동사

			직설법	접속법	명령법	
현재	sum	*I am*		sim	**현재**	2인칭 단수 es
	es	*you are*		sis		2인칭 복수 este
	est	*he/she/it/there is*		sit		
	sumus	*we are*		simus		
	estis	*you are*		sitis		
	sunt	*they are, there are*		sint		
미완료	eram	*I was*		essem	**미래**	2인칭 단수 esto
	eras	*you were*		esses		3인칭 단수 esto
	erat	*he/she/it/there was*		esset		2인칭 복수 estote
	eramus	*we were*		essemus		3인칭 복수 sunto
	eratis	*you were*		essetis		
	erant	*they/there were*		essent		
미래	ero	*I shall be*			**부정법**	
	eris	*you will be*			현재: esse	
	erit	*he/she/it/there will be*			과거: fuisse	
	erimus	*we shall be*			미래: fut-urum, -am, -um esse	
	eritis	*you will be*			fut-uros, -as, -a esse	
	erunt	*they/there will be*				
단순과거	fu-i			fuerim	**분사**	
	fu-isti			fueris		
	fu-it			fuerit		
	fu-imus			fuerimus		
	fu-istis			fueritis	현재: 없음	
	fu-erunt			fuerint	미래: fut-urus, -a, -um	
과거완료	fu-eram			fuissem		
	fu-eras			fuisses		
	fu-erat			fuisset		

	fu-eramus	fuissemus	
	tu-eratis	fuissetis	
	fu-erant	fuissent	
미래완료	fu-ero		
	fu-eris		
	fu-erit		
	fu-erimus		
	fu-eritis		
	fu-erint		

라틴어 sum 동사는 영어와 마찬가지로 '~이다'라는 뜻을 가진 연계 동사의 역할과 "있다"라는 뜻을 가진 독립된 동사의 역할을 수행한다. 대부분의 인도유럽어와 마찬가지로 매우 불규칙하기 때문에 그 형태와 활용을 암기해야 한다. sum 동사를 사전에서 찾아보면 sum, es, fui, esse의 순으로 나열되어 있고, 이 나열을 보면 알 수 있듯이 sum 동사는 크게 현재 어간인 'es'와 과거 어간인 'fu'로 구성되어 있다.

N.B. 연계 동사란 문장의 주어와 술부의 단어를 연결해 주는 동사를 말한다.

• es 어간은 직설법 현재 단수 3인칭과 복수 2인칭, 접속법 미완료, 명령법 현재와 미래, 부정법 현재에 나타난다.
• fu 어간은 단순과거, 과거완료, 미래완료, 접속법 단순과거와 과거완료, 부정법 과거와 미래, 분사 미래에 나타난다.
• sum 동사의 직설법 단순과거, 과거완료, 미래완료, 접속법 단순과거와 미래완료의 어미변화 형태는 라틴어 동사의 어미변화 형태가 된다.
• sum 동사는 자동사와 마찬가지로 직접목적어를 취할 수 없다. 따라서 보어는 주어의 수와 격을 따른다.

1. 연계 동사(Copula) '~이다'의 sum

1) Ego sum alumnus, etiam tu es alumnus; nos sumus alumni.
나는 학생이고 너도 또한 학생이다. 우리는 학생들이다.

etiam, conj. ~도 또한	alumnus, −i, m. 남학생
alumna, −ae, f. 여학생	

2) Fui puer, sum discipulus, ero vir.

나는 소년이었고, 나는 학생이고, 남자가 될 것이다.

나는 아이였고, (현재는) 학생이고, 어른이 될 것이다.

3) Fui puella, sum discipula, ero mulier.

나는 소녀였고, 나는 학생이고, 여자(아내)가 될 것이다.

mulier, −eris, f. 여자, 아내   discipula, −ae, f. 여학생

4) Paulus erat agricola, nunc est magister. 파울루스는 농부였고, 지금은 선생님이다.

Paulus, −i, m. 파울루스; Paulus ex Seoul 서울 출신(생)의 파울루스
paulus, −a, −um, adj. 조금, 약간   nunc, adv. 지금, 현재

5) Tunc eramus adhuc pueri parvi. 그때 우리는 아직 작은(어린) 소년들이었다.

tunc, adv. 그때에   adhuc, adv. 아직
parvus, −a, −um, adj. 작은

6) Nunc aeger es, antea numquam aeger fuisti.

지금 너는 아프지만, 전에는 결코 아프지 않았다.

antea, adv. 전에   aeger, −gra, −grum, adj. 아픈, 병든
numquam, adv. 결코 아니

7) Qui erant domini Europae? Romani erant domini Europae.

누가 유럽의 주인들이었는가? 로마인들이 유럽의 주인이었다.

qui? 누가? 누구들이?; Qui(s) (es) tu? 너는 누구냐?
Romanus, −i, m. 로마인   dominus, −i, m. 주인, 주님, (호칭) ~님

8) Domine, quo vadis? 주님, 어디로 가십니까?

N.B. 유교 문화의 영향으로, 한국 로마가톨릭교회에서는 신을 부를 때 통상 3인칭 극존칭
을 사용하지만, 서구 유럽어에서는 인간에게 가까운 아버지의 의미로 2인칭을 사용한다.

quo, adv. 어디로	eo 가다; 2인칭 단수 명령형 i

2. 독립 동사 '있다'의 sum

1) Ego fui et in oppido et in pago. 나는 도시와 농촌에 있었다.

et ~ et ~, conj. ~도 ~도 pagus, -i, m. 시골, 농촌	oppidum, -i, n. 도시

2) Sine iustitia sapientiaque non est amicitia. 정의와 지혜 없이 우정은 없다.

sine (+abl.) ~ 없이	sapientia, -ae, f. 지혜

3) In regno caelorum praemium vestrum erit magnum.
천국에 너희의 커다란 상이 있을 것이다.

caelum, -i, n. 하늘 천국, 천당 praemium, -ii, n. 상, 상급(원래는 노획물이나 포획물을 의미하는 단어였음) magnus, -a, -um, adj. 큰, 위대한	regnum, -i, n. 나라, 왕국; regnum caelorum vester(voster), vestra, vestrum, adj. 너희의

4) Esse est percipi.[10] (G. Berkeley) 존재하는 것은 지각되는 것이다.

3. sum과 결합된 동사들

sum 동사와 결합되어 파생된 동사들은 sum 동사와 같은 어미변화를 한다.

접두사	파생동사
ab 〈결여〉	ab-sum, -es, afui, abesse [dat.] 없다, 떨어져 있다 (*absent*)
	Hoc unum mihi abest. 이 한 가지가 내게 없다.
ad 〈강조〉	ad-sum -es, adfui, adesse 있다, 출석하다 (*present*)
	Domine ~(남성) / Domina ~(여성)! [호명] ~씨 Adsum. 예, 여기 있습니다.

---

10) 단순 부정사문. esse는 sum 동사의 부정법 현재. percipi는 percipio 동사의 수동태 부정법 현재.

de 〈결여〉	de-sum, -es, defui, deesse [dat.] 없다
	Pecuniae nobis desunt. 돈(들)이 우리에게 없다.
ob 〈해롭게〉	ob-sum, -es, obfui, obesse [dat.] 해롭다, 손해가 되다. 전치사 ob (+acc.) "~ 때문에, 인하여"에서 파생된 접두사 ob은 합성되는 단어에 "앞에, 두루, 해롭게"라는 뜻을 더함.
in 〈안에〉	in-sum, -es, fui in, inesse [dat.] 안에 있다, 내재하다 (*to be in*)
inter 〈사이에〉	inter-sum, -es, interfui, interesse 사이에 있다; [dat.] 참석하다
	interest(비인칭 단수 3인칭)11) [gen.] "~에게 관계가 있다, 중대한 일이다, 문제가 있다" Parentium interest multum filios educari bene. (부정사문) 부모에게는 자녀들이 잘 교육받는 것이 매우 중요하다.
prae 〈앞에〉	prae-sum, -es, praefui, praeesse [dat.] 감독하다 (preside)
	discipulis praeesse 학생들을 감독하다
sub 〈아래에〉	sub-sum, -es, subfui(fui sub), subesse [dat.] 밑에 있다, 숨어 있다
super 〈위에〉	super-sum, -es, superfui, superesse [dat.] 살아남다, 남아 있다
pro 〈앞, 유리함〉	pro-sum, prodes, profui, prodesse [dat.] 이롭다, 유익하다
potis 〈할 수 있는〉	pos-sum, potes, potui, posse [inf.] 할 수 있다

 Exercitatio 1   (해답은 부록 113쪽 참조)

1. sum 동사의 인칭과 시제에 맞춰 우리말로 옮기시오.

  1) sunt   2) sumus

  3) est   4) estis

  5) ero   6) fuisti

2. 다음 문장에서 sum 동사를 분석한 뒤, 문장을 우리말로 옮기시오.

  1) Sumus Coreani/Coreanae.

---

11) 제2권 "Pars 2, Lectio VIII. 비인칭동사"를 참조하라.

2) Vergilius est poeta.

3) Dominus et servus non sunt amici.

4) Aurum, argentum et plumbum sunt metalla.

5) In casa sunt pater, mater, filius et filia.

3. 다음 우리말을 라틴어로 옮기시오.
   1) 나는 학생/여학생이다.

   2) 나는 농부이고 땅을 사랑한다.

   3) 우리는 학생이(다. 그러나)지만 가끔 공부를 좋아하지 않는다.

   4) 남자들이 집에 있다.

4. 다음 글을 우리말로 옮기시오.
   Pulchra es, scimus, et puella, verum est, multasque habes divitias: nullus enim vir id negat.
   Sed, amica mea, si te nimium laudas, nec pulchra nec puella es!

---

pulcher, pulchra, pulchrum, adj. 예쁜, 아름다운
verus, -a, -um, adj. 참된, 사실의
-que, conj. ~와(과), 그리고, 또; terra marique 육지와 바다에
divitiae, -arum, f. pl. 재산, 재물, 부유
nullus, -a, -um, adj. 아무 ~도 아닌, 아닌   enim, conj. (긍정, 부정의 강조) 물론
is, ea, id, pron. 그, 그 사람, 그것   nego 부인하다, 거절하다
nimium, -ii, n. 너무 많음, 지나침; adv. 지나치게
nec ~ nec ~, conj. ~도 ~도 아니다

II. Possum 동사

	직설법	접속법	명령법
현재	pos-sum pot-es pot-est pos-sumus pot-estis pos-sunt	pos-sim pos-sis pos-sit pos-simus pos-sitis pos-sint	
미완료	pot-eram pot-eras pot-erat pot-eramus pot-eratis pot-erant	pos-sem pos-ses pos-set pos-semus pos-setis pos-sent	
미래	pot-ero pot-eris pot-erit pot-erimus pot-eritis pot-erunt		**부정법** 현재: posse 과거: potuisse 미래: posse
단순과거	potu-i potu-isti potu-it potu-imus potu-istis potu-erunt	potu-erim potu-eris potu-erit potu-erimus potu-eritis potu-erint	**분사**
과거완료	potu-eram potu-eras potu-erat potu-eramus potu-eratis potu-erant	potu-issem potu-isses potu-isset potu-issemus potu-issetis potu-issent	현재: potens
미래완료	potu-ero potu-eris potu-erit potu-erimus potu-eritis potu-erint		

possum 동사는 영어의 *can*이나 *be able*의 뜻을 가지고 있으며, 이 단어는 사전을 찾아보면 "possum, potes, potui, posse"의 순서로 나열되어 있다. 이 동사는 potis, –e(할 수 있는, 능한)라는 형용사와 연계 동사 sum(esse)이 결합된 합성어이다. possum 동사는 다른 동사의 부정사와 함께 쓰는 조동사(verbum servile)나 본동사의 역할을 한다.

또한 possum 동사의 어미변화는 sum 동사의 어미변화를 따르며, possum 동사의 직설법 단순과거, 과거완료, 미래완료, 접속법 단순과거와 과거완료, 부정법 과거는 단순과거 어간 potu에서 유래한다.

1. 조동사로서 possum의 용법: 부정형＋possum (*can*)

1) Non cantare bene possum. 나는 노래를 잘 부르지 못한다.
2) Non tacere possum. 나는 침묵할 수 없다.
3) Nemo omnibus placere potest.[12] 아무도 모든 사람의 마음에 들 수 없다.

taceo 침묵하다	nemo, –minis, pron. 아무도 ~ 않다

2. 본동사 possum

Illi et illae potuerunt. Cur non ego potero? 그들과 그녀들이 할 수 있었는데, 왜 난들 못하랴?

ille, illa, illud, pron. 그, 그 사람	cur, adv. 왜, 어째서

 Exercitatio 2   (해답은 부록 114쪽 참조)

1. possum 동사의 시제와 인칭에 맞춰 우리말로 옮기시오.

1) potestis   2) possunt

3) poteris   4) poterunt

5) poteram   6) poteramus

---

12) placeo 동사가 여격을 요구하기 때문에 복수 여격 omnibus를 씀.

2. 우리말을 라틴어로 옮기시오.

1) 나는 잘 공부할 수 있다.

2) 그는 잘 일할 수 있다.

3. 다음 라틴어 문장을 우리말로 옮기시오.

1) Possumus exspectare amicas.

2) Non amo te, Sabide, nec possum dicere quare. Hoc tantum possum dicere: non amo te.

3) Puella stellas praeclaras videre non potest. Cur? Caeca est.

> exspecto 기다리다   Sabidus, -i, m. 인명
> nec, conj. (non 다음에 부정의 연속) 아니   quare, adv. 그래서, 그 때문에
> hoc, pron. 이것   tantum, adv. 오직
> praeclarus, -a, -um, adj. 매우 밝은, 찬란한, 빛나는, 고귀한
> caecus, -a, -um, adj. 소경의, 눈먼

4. 다음 문장을 우리말로 옮기시오.

Cicero, De Amicitia, 21.

Pauci viri veros amicos habent, et pauci sunt digni. Amicitia vera est praeclara, et omnia praeclara sunt rara. Multi viri stulti de pecunia semper cogitant, pauci de amicis; sed errant: possumus valere sine multa pecunia, sed sine amicitia non valemus et vita est nihil.

> dignus, -a, -um, adj. 가치 있는, 합당한   amicitia, -ae, f. 우정
> omnia, -ium, n. pl. 모든 것   rarus, -a, -um, adj. 드문

Loqui Latine! 라틴어로 말하기

어느 나라 사람인가요?

Q: Cujas es/estis? Cuius gentis(=populi, civitatis) estis?
   당신들은 어느 나라 사람입니까?

R: Ego sum Coreanus/Sinicus/Hispanus.
   나는 한국/중국/스페인 사람입니다.

R: Nos sumus Coreani/Italii/Germani/Anglii.
   우리는 한국/이탈리아/독일/영국 사람들입니다.

cujas, cujatis (간접 의문대명사) 어느 나라의	cuius, -a, -um (간접 의문대명사) 누구의
Coreanus 한국인	Sinicus 중국인
Hispanus 스페인인	Japonius 일본인
Italus 이탈리아인	Gallicus 프랑스인
Germanus 독일인	Anglius 영국인

📖 오늘날 우리는 "당신은 어느 나라 사람입니까?"라고 묻지만, 과거에는 "어느 민족, 어느 백성, 어느 도시 사람"이라고 물었다. 그 이유는 나라, 국가라는 개념이 15세기 이탈리아의 도시국가(Stato) 개념을 거쳐 근대에 들어서야 등장했기 때문이다. 과거에는 또한 "누구의 민족, 백성"인지, 즉 어느 영주의 소속인지를 따졌다. 그 이유는 오늘날과 같이 독립된 개인의 개념이 형성되지 않았기 때문이다. 개인의 개념은 근대 이후 인권 개념의 신장과 더불어 나타났다.

I, II coniugationes: Tempus Imperfectum et Futurum

제1·2 활용 동사의 미완료와 미래 시제

I. 제1·2 활용 동사의 능동태 미완료

"불완전한, 미완성의"라는 뜻을 지닌 미완료 시제(tempus imperfectum)는, 이름 그대로 아직 완결되지 않은 행위, 즉 과거의 진행 중인 동작, 반복적이거나 습관적인 행위, 막 시작된 동작 등을 나타낸다.

라틴어 미완료(반과거) 시제는 영어의 'I was doing', 'I used to', 'I tried to' 정도로 이해할 수 있으며, 우리말로는 문맥에 따라 '~하고 있었다', '~하곤 하였다'로 옮길 수 있다.

미완료 어미변화는 동사의 어근에 "연결 모음"을 붙이고 어미 "−bam, −bas, −bat, −bamus, −batis, −bant"를 붙인다.

	어근	연결 모음	어미	
1활용	LAUD	A	bam	bamus
2활용	MON	E	bas	batis
3활용	LEG	E	bat	bant
4활용	AUD	IE		

1. 제1활용 동사의 능동태 직설법 미완료

인칭 \ 수	단수	복수
1인칭	laud-a-bam	laud-a-bamus
2인칭	laud-a-bas	laud-a-batis
3인칭	laud-a-bat	laud-a-bant

laudabas: *you were praising / you kept praising / you used to praise / you began to praise*

Poetae vitam agricolae laudabant.

시인들은 농부의 생활을 칭송하고 있었다/칭찬하곤 하였다.

Magister discipulos laudabat.

선생님은 학생들을 칭찬하고 있었다/칭찬하곤 하였다.

2. 제2활용 동사의 능동태 직설법 미완료

인칭＼수	단수	복수
1인칭	mon-e-bam	mon-e-bamus
2인칭	mon-e-bas	mon-e-batis
3인칭	mon-e-bat	mon-e-bant

Amicum monebam. 나는 친구를 충고하고 있었다/충고하곤 하였다.

Pater filium (de periculis vitae) monebat.

아버지는 아들을 (인생의 위험들에 대해) 충고하고 있었다/충고하곤 하였다.

II. 제1·2 활용 동사의 능동태 미래

라틴어의 미래 시제는 계속적인 상태를 위한 시제이다. 미래 시제는 현재나 과거의 상태에서 앞으로 계속될 것이거나, 발생할 행위를 나타낸다. 영어의 *shall*이나 *will* 정도로 이해하면 되고, 우리말로는 "~할 것이다"로 옮길 수 있다.

제1·2 활용 동사의 직설법 미래는 동사 어근에 '연결 모음'을 붙이고 어미 "−bo, −bis, −bit, −bimus, −bitis, −bunt"를 붙이면 된다.

미래 시제의 1인칭 단수가 −bo로, 3인칭 복수가 −bu로 모음이 변화되는 것을 제외하곤 모두 −bi로 어미변화를 한다.

	어근	연결 모음	어미	
1활용	LAUD	A	bo bis bit	bimus bitis bunt
2활용	MON	E		

Famam magnam habebunt. 그들은 큰 명성을 가질 것이다.

De vita cogitabo. 나는 인생에 대해 생각할 것이다.

Hic manebimus optime. (Liv.) (우리는) 여기에 아주 잘 머물 것이다. (지속적 행위)

III. 제1·2 활용 동사

adiuvo, as, iuvi, iutum, are, 돕다, 격려하다[13]

aequo, as, avi, atum, are, 동등하게 하다, 비교하다

ambulo, as, avi, atum, are, 산책하다

N.B. ambulatorius 형용사는 "걷는, 이용되는" 의미를 가지는데 여기에서 "걷지 못하는 사람들이 타는 차"인 "*ambulance*, 구급차"가 유래한다.

ap(ad)propinquo, as, avi, atum, are, 다가가다(오다), 접근하다

delecto, as, avi, atum, are 즐겁게 하다, 매혹(매료)하다

deleo, es, evi, etum, ere 파괴하다, 지우다

erro, as, avi, atum, are, 헤매다, 실수하다

exspecto, as, avi, atum, are, 기다리다, 기대하다

maneo, es, mansi, mansum, ere, (intr.) 머무르다; (tr.) 기다리다

narro, as, avi, atum, are 이야기하다, 설명하다

N.B. 영어의 'narrator'는 라틴어 'narrator, -oris, m.'에서, 'narration'은 라틴어 'narratio, -onis, f.'에서 유래한다.

noceo, es, nocui, nocitum, ere, 해치다, 해롭다

E.g. nocere alteri(dat.) 다른 사람에게 손해를 끼치다

nuntio, -as, -avi, -atum, -are, 알리다, 통고하다, 보고하다

pareo, es, parui, paritum, ere, 나타나다, 보이다; (~ dat.) 복종하다, 종속되다

praebeo, es, bui, bitum, ere, (~ dat.) 공급하다; (태도, 자세) 드러내다, 취하다

rideo, es, risi, risum, ere 웃다

sano, as, avi, atum, are (상처, 병) 낫게 하다

suadeo, es, suasi, suasum, ere, intr. (~ dat.) 충고하다, tr. 권고하다

vito, as, avi, atum, are 피하다

E.g. suspiciones vitare 의심을 피하다

suspicio, -onis, f. 의심, 의혹

---

13) adiuvo 동사는 '돕다'와 동시에 '격려하다'는 뜻을 가진다. 누군가를 돕는다는 것은 누군가를 격려한다는 로마인들의 사고를 엿볼 수 있다.

'nuntio'라는 동사에서 '전달자, 통보자'라는 명사 'nuntius'라는 명사가 파생되는데, 'nuntius'는 '사절, 외교관'을 뜻하지만 통상 교황대사를 의미하는 단어이다. 1815년 빈회의의 결정에 따라 교황대사가 외교사절의 수장이 될 수 있었다. 따라서 교황청에서 세계 각국과 국제기구에 파견한 대사는 'Ambassador'라는 호칭 대신 'Nuntius'라고 불린다. 교황대사를 외교사절 단장으로 인정하는 국가에 파견된 대사는 Nuntius라고 하지만, 우리나라와 같이 이러한 외교 관례를 인정하지 않는 나라에서는 Pronuntius라고 한다. Nuntius 전통은 대략 15세기 무렵 국제법에 따라 각 나라에 상주 외교사절을 파견하는 제도에서 유래했으며, 역사적으로 Nuntius는 황제의 대관식에서 교황을 대신해 새 황제에게 관을 씌워 주는 상징적인 역할을 했었다.

Exercitatio   (해답은 부록 115쪽 참조)

1. 다음 문장을 우리말로 옮기고, 동사의 시제와 인칭을 분석하시오.

  1) Nuntiabant bellum.

  2) Appropinquabit ad oppidum.

  3) Exspectabunt deam Minervam.

  4) Nocebat iustitiam societatis.

  5) Debebam narrare de physicis et de mathematica.

  societas, -atis, f. 사회, 유대, 참여

2. 다음 문장을 우리말로 옮기시오.

  1) Amicitia delectat et prodest. (Cic.)

2) Errare humanum est, ignoscere divinum. (Cic.)

3) Errare vanum est.

4) Luce noctem, nocte lucem exspectatis. (Cic.)

5) Hic parebit et oboediet praecepto veteri.

6) Aer vitalem spiritum praebet animantibus.

prosum 이롭다, 유익하다	ignosco 용서하다
vanus, −a, −um, adj. 헛된; in vanum 헛되이	lux, lucis, f. 빛, 낮, 여명, 새벽
nox, noctis, f. 밤, 어둠	hic, pron. 이것; adv. 여기에
pareo (+dat.) 복종하다	oboedio (+dat.) ~에게 복종하다
praeceptum, −i, n. 명령, 법규	vetus, −teris, adj. 옛날의, 묵은, 낡은
aer, aeris, m. 공기, 기후	animans, −antis, m./f. 살아 있는 생명체
spiritus, −us, m. 바람, 숨, 공기, 마음, 영혼	vitalis, −e, adj. 생명의

3. 다음 문장의 괄호 안에 알맞은 형태의 명사를 넣고, 우리말로 옮기시오.

1) Parvulus dulce ridet ad (pater, −tris).

2) (Discipulus, −i) vacationem sollicite expectabunt.

3) Tullius Publium in suum (ager, −gri) invitabat.

4) Vitia iustitiae (fundamentum, −i) delent et delebunt.

parvulus, −i, m. 어린이, 꼬마	dulce, adv. 달콤하게, 부드럽게, 상냥하게
vacatio, −onis, f. 방학, 면제	sollicite, adv. 간절히

| invito 초대하다 | vitium, −ii, n. 결여, 악습, 불법 |

4. 다음 문장을 우리말로 옮기시오.

Thermopylae[14]

"Exercitus noster est magnus," Persicus inquit, "et propter numerum sagittarum nostrarum caelum non videbitis!" Tum Lacedaemonius respondet: "In umbra, igitur, pugnabimus!" Et Leonidas, rex Lacedaemoniorum, exclamat: "Pugnate cum animis, Lacedaemonii; hodie apud umbras fortasse cenabimus!"

Thermopylae, −arum, f. pl. (지명) 테르모필레	exercitus, −us, m. 군대
Persicus, −i, m. 페르시아인	inquam(=inquio) 말하다
propter (+acc.) 때문에	sagitta, −ae, f. 화살
tum, adv. 그때에	Lacedaemonius, −ii, m. 스파르타인
umbra, −ae, f. 그늘, 그림자, 죽음의 그림자	igitur, conj. 그러므로
pugno 싸우다	rex, regis, m. 왕
exclamo 외치다	apud (+acc.) ~ 사이에(서)
fortasse, adv. 아마	ceno(=caeno, coeno) 저녁 먹다

공부란!

Ego autem dico vobis: "Studete cum animis, discipuli!"
그러나 나는 여러분에게 이렇게 말합니다. "학생들이여, 혼을 가지고 공부하라!"
그리고 영화의 마지막 장면은 다음과 같은 대사로 끝난다.
　　　　"Ad victoriam(승리를 위하여)!"

---

14) 테르모필레는 마케도니아 해안에 위치한 좁은 골짜기로 그리스로 가려면 꼭 통과해야 하는 전략적 요충지이다. 기원전 480년 스파르타의 장군 레오니다스(Leonidas)가 인솔하는 그리스 군이 페르시아 군과 싸워 전멸한 장소이다. 우리에게는 영화 '300'으로 더 잘 알려져 있다.

III, IV Coniugationes

제3·4 활용 동사

I. 제3활용 동사

제3활용(E.g. légere 읽다) 형태의 동사는 제2활용(E.g. monére 권하다) 동사와 부정법 어미가 '‒ere'로 철자가 같지만 강세의 위치가 다르다. 물론 오늘날 강세의 구별은 거의 무의미하다.

N.B. 이 책의 앞에서 설명하였듯이 라틴어의 발음은 그 시대와 장소에 따라 저마다 다르게 쓰여 왔기 때문에 단 하나의 표준 발음을 정하기가 어렵다. 이탈리아 사람들과 독일 사람들의 발음이 다르고, 또 미국인들의 발음도 다르다.

제3활용 동사의 직설법 현재·미래는 제4활용 동사의 어미변화 형태를 띠며, 직설법 미완료·접속법 미완료는 제2활용 동사의 어미변화 형태를 따른다. 그 밖에 직설법 단순과거·과거완료·미래완료, 접속법 단순과거·과거완료의 어미변화는 다른 동사의 활용과 같다. 이런 제3활용 동사의 특징은 다양한 인도유럽어들의 고유한 성격을 많이 간직한 것으로 보인다. 이렇게 복잡한 제3활용 동사의 학습은 여러분의 좋은 기억력에 의지할 수밖에 없다. 그러나 너무 걱정하지 마시길! 제3활용 동사에서 조금 고생하면, 뒤에 배울 제4활용 동사는 좀 더 편하게 배울 수 있을 것이다.

1. 제3활용 동사의 어미변화

제3활용 동사의 직설법 현재 능동은 부정형 어미가 같은 제2활용 동사(E.g. monére)와는 달리, 제4활용 동사의 어미변화 형태를 따른다.

		제2활용	제3활용	제4활용
sg.	1인칭	mon-eo	lég-o	aud-io
	2인칭	mon-es	leg-is	aud-is
	3인칭	mon-et	leg-it	aud-it

pl.		mon-emus	leg-imus	aud-imus
	1인칭	mon-emus	leg-imus	aud-imus
	2인칭	mon-etis	leg-itis	aud-itis
	3인칭	mon-ent	leg-unt	aud-iunt

2. 제3활용 동사

ago, agis, egi, actum, agere 행하다; (주제를) 다루다, 시간을 보내다, 몇 살이다, 변론하다

claudo, claudis, clausi, clausum, claudere 닫다

cognosco, cognoscis, cognovi, cognitum, cognoscere 알다, 인식하다

colo, colis, colui, cultum, colere 공경하다, (덕을) 닦다

contemno, is, contempsi, contemptum, contemnere 멸시하다

defendo, defendis, defendi, defensum, defendere 방어하다

dico, dicis, dixi, dictum, dicere 말하다

diligo, diligis, dilexi, lectum, diligere, 사랑하다, 아끼다

disco, discis, didici, discere, 배우다

divido, dividis, divisi, divisum, dividere 나누다

duco, ducis, duxi, ductum, ducere, 이끌다, 인도하다

emo, emis, emi, emptum, emere 사다, 구입하다

E.g. Emo bene. 싸게 사다, 잘 사다.

gero, geris, gessi, gestum, gerere 지니다, 나르다, 실행하다, 관리하다

metuo, metuis, metui, metutum, metuere (intr.) 염려하다; (tr.) 두려워하다

E.g. Parentes metuunt filiis. 부모는 자식들을 염려한다.

mitto, is, misi, missum, mittere 보내다; 생략하다; 해임하다

neglego, neglegis, neglexi, neglectum, neglegere 소홀히 하다

rego, is, rexi, rectum, regere 다스리다, 통치하다

relinquo, relinquis, reliqui, relictum, relinquere, 떠나다, 남겨 놓다

scribo, scribis, scripsi, scriptum, scribere, 쓰다

traho, trahis, traxi, tractum, trahere 당기다, 끌다, 끌어내다

vinco, vincis, vici, victum, vincere, 승리하다, 이기다

vivo, vivis, vixi, victum, vivere, 살다

N.B. 제3활용 동사의 과거분사 시제 형태에서 오늘날 영어의 많은 단어들이 유래하였다.

3. 제3활용 동사: 현재, 미완료, 미래

1) 직설법 현재
• 제3활용 동사(E.g. légere)에서 강세가 없는 −e는 단수 1인칭에서는 사라지고, 단수 2·3인칭, 복수 1·2인칭에서 −i로 바뀌며, 복수 3인칭에서는 −u가 붙어 어미변화를 한다. 복잡하게 생각하지 말고 그냥 외우자.
• 직설법의 현재와 단순과거 시제의 단수 3인칭(E.g. legit)과 복수 1인칭(E.g. legimus) 형태가 같으므로 문맥에 따라 해석해야 한다.

2) 직설법 미완료(반과거)
제3활용 동사의 미완료 시제는 제1·2 활용 동사와 마찬가지로 "동사 어간+연결 모음(−e)+어미(−bam, −bas, etc.)"로 변화한다.

동사 어간	연결 모음	어미
leg-	-e	-bam, -bas, -bat, etc.

3) 직설법 미래
제3활용 동사의 직설법 미래는 제1·2 활용 동사의 직설법 미래 형태인 "동사 어간+연결 모음 −a/−e +−bo, −bis, −bit..."에서 −bi가 생략된 형태다.

직설법 미래 단수 1인칭은 접속법 현재 단수 1인칭과 형태가 같다. 그 외에는 제2활용 동사 직설법 현재처럼 어미변화를 한다.

제3활용 동사 lego의 어미변화: 능동태

	직설법		명령법
현재	leg-o (*I read*) leg-is (*you read*) leg-it (*he, she, it reads*) leg-imus (*we read*) leg-itis (*you read*) leg-unt (*they read*)	**현재**	2인칭 단수 leg-e (*read*) 2인칭 복수 leg-ite (*read*)
미완료	leg-ebam (*I was reading, used to, etc.*) leg-ebas (*you were reading, etc.*) leg-ebat (*he, she, it was reading, etc.*) leg-ebamus (*we were reading, etc.*) leg-ebatis (*you were reading, etc.*) leg-ebant (*they were reading, etc.*)		

미래	leg-am (*I shall read*) leg-es (*you will read*) leg-et (*he, she, it will read*) leg-emus (*we shall read*) leg-etis (*you will read*) leg-ent (*they will read*)	미래	2인칭 단수 leg-ito 3인칭 단수 leg-ito 2인칭 복수 leg-itote 3인칭 복수 leg-unto

 Exercitatio 1   (해답은 부록 116쪽 참조)

1. 동사의 시제 및 수(數), 인칭을 분석하고, 우리말로 옮기시오.

E.g. <u>Claudebam</u> portam. 나는 문을 닫고 있었다.
   (반과거, 단수, 1인칭)

1) Agis bene semper.

2) Diligetis liberos vestros.

3) Dicunt verum.

4) Sub tuo auxilio vivimus.

5) Legebamus liberos vestros.

6) Sapientiam cognosces veram.

7) Litteras relinquam filio.

8) Virtute vincebamus non dolo.

9) Vivebamus tunc in oppido.

10) Epistolam tuam magna cum laetitia legimus.[15]

11) Cupiditatem pecuniae gloriaeque fugite. (Cic.)

12) Vita non est vivere sed valere.

---

liberi, liberorum, m. pl. 자식

liber, libera, liberum, adj. 자유로운

sub (+abl.) ~밑에, 아래에

littera, -ae, f. 글자; litterae, litterarum, pl. 편지, 문서, 문학

virtus, virtutis, f. 덕, 능력

tunc, adv. 그때

cum (+abl.) ~와 함께, 더불어

non A ~ sed B, A가 아니라 B (*not A ~ but B*)

liber, libri, m. 책

verum, -i, n. 사실, 진실

auxilium, -ii, n. 도움

dolus, -i, m. 사기

oppidum, -i, n. 도시

cupiditas, -atis, f. 욕망, 탐욕

 쉬어 가는 문법사 이야기

cum 전치사의 위치: 형용사+cum+명사 탈격

cum magna laetitia＝magna cum laetitia 큰 기쁨으로

cum summa laude＝summa cum laude 큰 칭찬으로

라틴어의 성적 구분

Summa cum laude(최우수)

Magna cum laude(우수)

Cum laude(우등)

laus, laudis, f. 찬미, 칭찬, 예찬

---

15) cum 전치사가 형용사와 명사와 함께 사용될 때는 관례상 "형용사+cum+명사" 순으로 사용한다.

II. 제4활용 동사

제4활용 동사들은 제3활용 동사와 거의 비슷하게 어미변화를 하지만, 제4활용 동사는 어근에 모음 어간 -i를 가지는 것이 특징이다.

어근을 제외하고 제3활용 동사와 제4활용 동사의 어미 형태를 살펴보면 그 차이를 알 수 있다. 여러분은 동사 활용 때문에 고민하지 말고 동사 변화표를 활용할 줄 아는 능력을 키우자.

1. 제3활용 동사와 제4활용 동사의 어미변화 차이점

		lego(제3활용 동사)	audio(제4활용 동사)		
		현재		**미완료**	
sg.	**1인칭**	leg-o	aud-io	leg-ebam	aud-iebam
	2인칭	leg-is	aud-is	leg-ebas	aud-iebas
	3인칭	leg-it	aud-it	leg-ebat	aud-iebat
pl.	**1인칭**	leg-imus	aud-imus	leg-ebamus	aud-iebamus
	2인칭	leg-itis	aud-itis	leg-ebatis	aud-iebatis
	3인칭	leg-unt	aud-iunt	leg-ebant	aud-iebant
		미래		**단순과거**	
sg.	**1인칭**	leg-am	aud-iam	leg-i	audiv-i
	2인칭	leg-es	aud-ies	leg-isti	audiv-isti
	3인칭	leg-et	aud-iet	leg-it	audiv-it
pl.	**1인칭**	leg-emus	aud-iemus	leg-imus	audiv-imus
	2인칭	leg-etis	aud-ietis	leg-istis	audiv-istis
	3인칭	leg-ent	aud-ient	leg-erunt	audiv-erunt

2. 제4활용 동사

aperio, aperis, aperui, apertum, aperire 열다
audio, audis, audivi, auditum, audire 듣다
custodio, custodis, custodivi, custoditum, custodire 지키다, 수호하다
dormio, dormis, dormivi, dormitum, dormire 자다
erudio, erudis, erudivi, eruditum, erudire 교육하다
finio, finis, finivi, finitum, finire 끝마치다, 끝내다
lenio, lenis, lenivi, lenitum, lenire 진정시키다, 달래다, 가라앉히다
nutrio, nutris, nutrivi, nutritum, nutrire 기르다, 양육하다

oboedio, oboedis, oboedivi, oboeditum, oboedire 순종하다

punio, punis, punivi, punitum, punire 벌하다

scio, scis, scivi, scitum, scire 알다

nescio, nescis, nescivi, nescitum, nescire 모르다

servio, servis, servivi, servitum, servire 봉사하다, 섬기다

venio, venis, veni, ventum, venire 오다, 일어나다, 생기다

N.B. venio 동사의 단순과거 활용은 다음과 같다.

veni, venisti, venit, venimus, venistis, venerunt(venere)

1. 동사의 시제 및 수, 인칭을 쓰고, 우리말로 옮기시오.

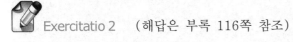
Exercitatio 2   (해답은 부록 116쪽 참조)

e.g. Veniebam in urbem. 나는 도시로 오고 있었다.
    (반과거, 단수, 1인칭)   (오는 중이었다.)

1) Multi oboediunt pecuniae. (N.B. multi는 형용사의 명사화)

2) Oboedite veritati.

3) Multa non scimus.

4) Finiemus studium.

5) Iudex audiebat causam pro civibus.

6) Nescimus res futuras.

7) Tempus dolorem vestrum leniet.

8) Tantum scimus quantum memoria tenemus.

9) Tantum videmus quantum scimus.

in (+acc.) ~로; in (+abl.) ~에서	urbs, urbis, f. 도시
iudex, −icis, m. 심판관, 재판관	civis, civis, m./f. 시민
causa, −ae, f. 소송, 원인	pro (+abl.) ~ 위하여
tantum A quantum B B하는 만큼 A하다	memoria aliquid tenere (무엇을) 기억하다

Loqui Latine! 라틴어로 말하기

오늘은 무슨 요일인가요?

Qui dies ex hebdomade est hodie? 오늘 무슨 요일입니까?

Hodie est Lunae/Martis/Mercuri/Iovis/Veneris. 오늘은 월, 화, 수, 목, 금요일입니다.

=Hodie est feria secunda/tertia/quarta/quinta/sexta.

Hodie est Saturni dies. Hodie est sabbatum. 오늘은 토요일입니다.

Hodie est dies Solis. 오늘은 일요일입니다.

Hodie est dies Dominicus. 오늘은 주일입니다.

Vox Activa: Perfectum

능동태 동사의 완료 시제

인도유럽어와 그리스어는 동사의 시제를 구분할 때 행위의 지속을 나타내는 현재 어간, 행위의 일시성을 나타내는 부정과거 어간, 행위가 완료되어 현재에 영향을 미치는 과거 어간으로 구분하였다. 가령 그리스어의 '죽다'라는 동사는 현재 θνήσκειν(죽어 가고 있다), 부정과거 θανεῖν(죽음이라는 사건이 발생하였다), 단순과거 τεθνάναι(죽고 없다, 죽어서 시체가 되었다)라고 구분하였다.

그러나 라틴어는 인도유럽어의 세 가지 시제 구분을 미완료와 완료라는 두 가지로 축소하여, 인도유럽어의 부정과거 어간은 라틴어의 완료 어간에 포함하였다. 이러한 이유에서 라틴어 동사의 기본형을 표시할 때 "현재 1인칭, 현재 2인칭, 단순과거(전과거), 목적분사, 동사 원형"의 순으로 표시하였다. 라틴어 동사의 기본형은 어떠한 형태로 동사의 어미변화를 해야 하는지를 암시하는 실마리와 같은 기능을 한다.

기본형	현재 1인칭	현재 2인칭	단순과거(전과거)	목적분사	동사 원형
제1활용	laudo	laudas	laudavi	laudatum	laud-are
제2활용	moneo	mones	monui	monitum	mon-ere
제3활용	lego	legis	legi	lectum	leg-ere
제4활용	audio	audis	audivi	auditum	aud-ire

라틴어 동사는 어근 부분과 어미 부분으로 구성되어 있다. 동사의 기본형은 동사의 현재 어근과 과거 어근이 무엇인지를 보여 주고, 그에 따라 어떻게 어미변화를 기계적으로 해야 하는지를 알려 준다.

현재 어근은 현재, 미완료(반과거), 미래 시제를 포함한다. 이는 현재라는 기준에서 바라본 시간들이기 때문이다. 반면, 과거 어근은 단순과거, 과거완료, 미래완료 시제를 포함한다.

I. 현재 어근

라틴어 동사의 현재, 미완료, 미래 시제들은 현재 어근에 현재 어미, 미완료(반과거) 어미, 미래 어미를 붙여 동사의 시제를 나타낸다. 앞에서 자세히 설명하였지만 복습 차원에서 다시 설명하기로 한다.

1. 직설법 현재

활용	현재 어근	현재 어미	뜻
1활용	LAUD	-o, -as, -at, -amus, -atis, -ant	*I praise(am praising), you praise, etc.*
2활용	MON	-eo, -es, -et, -emus, -etis, -ent	*I advise, you advise, etc.*
3활용	LEG	-o, -is, -it, -imus, -itis, -unt	*I read, you read, etc.*
4활용	AUD	-io, -is. -it, -imus, -itis, -iunt	*I hear, you hear, etc.*

2. 직설법 미완료

활용	현재 어근	연결 모음	어미		뜻
1활용	LAUD	A	-bam	-bamus	*I was(kept) praising, used to praise, etc.*
2활용	MON	E	-bas	-batis	*I was(kept) advising, used to advise, etc.*
3활용	LEG	E	-bat	-bant	*I was(kept) reading, used to read, etc.*
4활용	AUD	IE			*I was(kept) hearing, used to hear, etc.*

3. 미래

활용	현재 어근	연결 모음	어미		뜻
1활용	LAUD	A	-bo	-bimus	*I shall praise, you will praise, etc.*
2활용	MON	E	-bis	-bitis	*I shall advise, you will advise, etc.*
			-bit	-bunt	
3활용	LEG	E	-m, -s, -t, -mus, -tis, -nt		*I shall read, you will read, etc.*
4활용	AUD	IE	-m, -s, -t, -mus, -tis, -nt		*I shall hear, you will hear, etc.*

N.B. lego와 audio 동사의 단수 1인칭 미래는 legam, audiam임.

II. 과거 어근

우리에게 너무나 잘 알려진 "왔노라! 보았노라! 이겼노라!"라는 로마의 역사가 수에토니우스(Svetonius)가 전하는 캐사르(Caesar)의 유명한 이 승전보는 단 몇 마디로 라틴어 시제의 진수를 보여 준다. 라틴 원어 "Veni, Vidi, Vici!"라는 이 문장의 동사 시제를 분석하면, veni는 제4활용 동사 venio의 단순과거, vidi는 제2활용 동사 video의 단순과거, vici는 제3활용 동사 vinco의 단순과거다. 그럼 좀 더 쉬운 이해를 위해 이들 동사의 기본형을 나열해 보자.

venio, venis, veni, ventum, venire 오다
video, vides, vidi, visum, videre 보다
vinco, vincis, vici, victum, vincere 승리하다

여기에서 veni, vidi, vici는 모두 동사의 단순과거 1인칭으로 캐사르의 정벌 작전이 완료되었음을 나타낼 뿐 아니라, 문법적으로 라틴어 동사의 완료형 과거 어근의 모습을 보여 준다. 라틴어 동사의 기본형에 제시되는 단순과거 1인칭은 과거 어근으로, 여기에 sum 동사의 어떠한 시제를 어미처럼 붙이느냐에 따라 단순과거, 과거완료, 미래완료가 되는 것이다.

1. 직설법 능동 단순과거

라틴어 직설법 능동 단순과거는 "과거 어근+sum 동사의 단순과거 어미"로 이루어지며, 우리말로 "~했다, 하였다"라고 옮긴다.

완료 시제는 미완료 시제와는 달리 어떤 동작이 다 끝나 버린 한 번의 사건, 이미 완결되었지만 현재에도 영향을 미치는 일을 나타낼 때 사용하는 시제이다. 다음 두 문장을 보면 완료와 미완료 문장의 차이를 이해할 수 있을 것이다.

E.g. 단순과거와 미완료 시제 비교
• 단순과거: Magister discipulum monuit. [*The teacher warned (his) student (once).*]
  선생님은 학생을 충고했다.
• 미완료: Magister discipulum monebat. (*The teacher was warning / kept warning / used to warn his student.*)
  선생님은 학생을 충고하고 있었다/충고하곤 하였다.

활용	과거 어근	어미		sum 단순과거		뜻
제1활용	LAUDAV	-I	-IMUS	fu-i	fu-imus	*I praised, have praised, etc.*
제2활용	MONU			fu-isti	fu-istis	*I advised, have advised, etc.*
제3활용	LEG	-ISTI	-ISTIS	fu-it	fu-erunt	*I read, I have read, etc.*
제4활용	AUDIV	-IT	-ERUNT			*I heard, I have heard, etc.*

2. 직설법 능동 과거완료

라틴어 직설법 능동 과거완료는 "과거 어근＋sum 동사의 미완료(반과거)"로 이루어지며, 우리말로 "~했었다, 하였었다"라고 옮긴다.

과거완료란 라틴어로 plus quam perfectum(*more than complete*)으로 완료 이전의 시간을 가리킨다.

활용	과거 어근	어미		sum 미완료		뜻
제1활용	LAUDAV	-ERAM	-ERAMUS	eram	eramus	*I had praised, etc.*
제2활용	MONU			eras	erastis	*I had advised, etc.*
제3활용	LEG	-ERAS	-ERATIS	erat	erant	*I had read, etc.*
제4활용	AUDIV	-ERAT	-ERANT			*I had heard, etc.*

3. 직설법 능동 미래완료

라틴어 직설법 능동 미래완료는 "과거 어근＋sum 동사의 미래"로 이루어지며, 우리말로 "~했을 것이다, ~하였을 것이다, 하였겠다"라고 옮긴다. 주의할 점은 복수 3인칭에서 −erunt가 아니라 −erint가 어미로 붙는다는 것이다. 라틴어의 미래완료 시제는 일반적으로 영어의 용법과 크게 다르지 않으며, 일반적으로 이미 완결된 동작의 영향에 초점을 맞춘다.

활용	과거 어근	어미		sum 미래		뜻
제1활용	LAUDAV	-ERO	-ERIMUS	ero	erimus	*I shall have praised, etc.*
제2활용	MONU			eris	eritis	*I shall have advised, etc.*
제3활용	LEG	-ERIS	-ERITIS	erit	erunt	*I shall have read, etc.*
제4활용	AUDIV	-ERIT	-ERINT			*I shall have heard, etc.*

Exercitatio   (해답은 부록 117쪽 참조)

1. 다음 문장을 시제에 맞춰 우리말로 옮기시오.

   e.g. Natura homini rationem et orationem <u>dedit</u>. 자연은 인간에게 이성과 말을 주었다.
   (단순과거)

   1) Violenta nemo imperia continuit diu. (Martialis)

   2) Philosophia nullum habuit lumen litterarum latinarum. (Cicero)

   3) Semper ego populum Romanum domi militiaeque colui. (Livius)

   4) Vituperavistis pigros alumnos.

   5) Feci, sed iure feci.

   6) Mens mea convaluit subitoque audacia venit. (Ovidius)

   7) Inopem me copia fecit. (Ovidius)

   8) Fui nunc non sum. Nemo immortalis. Advena, mortem cogita!

---

oratio, −onis, f. 말, 언어, 연설, 변론   violentus, −a, −um, adj. 폭력적인, 폭압적인

nemo, neminis, m./f. 아무도 ~않다(못하다, 없다)

imperium, −ii, n. 명령, 지배, 정권   diu, adv. 오래, 오랫동안

nullus, −a, −um, adj. 아무 ~도 아닌, 아닌, 하나도 없는

domi militiaeque, domi bellique 평화 시나 전시에나

colo (밭) 경작하다, 보살피다, 존중하다   facio ~하다

ius, iuris, n. 법, 정당함, 권리   iure, adv. 정당하게, 법대로.

mens, mentis, f. 정신, 지성   convalesco 건강을 회복하다

contineo 계속하다, 유지하다, 포함하다

2. 다음 문장을 우리말로 옮기시오.

치체로의 전쟁 명분론

Civitas bellum sine causa bona aut propter iram gerere non debet. Si fortunas et agros vitasque populi nostri sine bello defendere poterimus, tum pacem conservare debebimus; si, autem, non poterimus servare patriam libertatemque nostram sine bello, bellum erit necessarium. Semper debemus demonstrare, tamen, magnum officium in bello, et magnam clementiam post victoriam. (*De Officiis* 1, 11, 34-36; *De Republica* 3, 23, 34-35)

bonus, -a, -um, adj. 좋은, 적합한	bellum, -i, n. 전쟁
propter (+acc.) ~ 때문에	gero 실행하다, 생산하다
tum, adv. 그때에, 그래서	demonstro 나타내다, 보이다
officium, -ii, n. 본분, 의무, 책임	

Loqui Latine! 라틴어로 말하기

직업이 뭐예요?

Q; Quod munus geris? 직업이 무엇입니까? (당신은 무슨 일을 합니까?)

R: Medicus/advocatus sum. 의사/변호사입니다.

Q: Quod est munus tuum? 당신의 직업은 무엇입니까?

R: Pastor/sacerdos sum. 목사/신부입니다.

Magister/discipulus sum. 선생/학생입니다.

munus, muneris, n. 임무, 직책

Vox Passiva

동사의 수동태

유럽어는 동사가 발달하였으며, 특히 풍부한 수동태 표현과 문장 수식이 있다. 영어를 포함하여 대부분의 유럽어와 마찬가지로 라틴어 역시 동사의 수동태와 수동문 형식이 있으며, 문법적으로 그 문장의 주어가 어떤 행위나 동작을 받고 있음을 나타낸다.

앞에서 언급한 바와 같이, 라틴어 동사의 제1활용에서 제4활용까지 능동태 직설법(현재, 미완료, 미래, 단순과거, 과거완료)이 규칙적인 어미변화를 가지는 것처럼 라틴어 동사의 수동태도 대칭적으로 제1활용에서 제4활용까지 타동사(verbum transitivum)의 수동태 형태를 가진다.

동사의 형태가 능동태(activa)[16]인 경우, 주어는 동사가 표현하는 동작의 주체가 된다. 반면 동사의 형태가 수동태(passiva)인 경우, 주어는 동사가 의미하는 동작을 당하거나 수동적으로 허용한다.

수동태를 의미하는 영어의 "*passive*"라는 단어 자체가 라틴어 동사 "patior, pateris, passus sum, pati"의 과거분사 passus, -a, -um에서 유래한 것으로 pati 동사는 "당하다, 감당하다"라는 의미이다. 따라서 타동사만이 일반적으로 수동태로 사용될 수 있고, 타동사의 목적어가 수동태 동사의 주어로 되는 것이다.

라틴어 동사의 수동태 어미변화는 직설법이나 접속법에 관계없이 크게 두 가지 형태로 나뉠 수 있다.

첫째, 동사의 현재, 미완료(반과거), 미래 시제는 현재 어근에 해당 수동태 어미를 붙이면 된다.

둘째, 동사의 단순과거, 과거완료, 미래완료 시제는 수동태 과거분사에 sum 동사를 시제에 맞춰 붙이면 된다. 이를 문법책에 따라 "현재 체계와 완료 수동태 체계, 미완료 시제와 완료 시제"로 구분하여 설명하기도 한다.

라틴어 동사의 기본형 "amo(현재 1인칭), amas(현재 2인칭), amavi(단순과거), amatum(목적분사), amare(동사 원형)"가 동사의 현재 어근(am-)과 과거 어근(amav-)이 무엇인지를 나타내

---

16) 이 용어는 라틴어 동사 "ago, agis, egi, actum, agere, 행하다, 다루다"에서 유래하였다.

고, 그에 따라 기계적으로 어미변화를 하듯이, 라틴어 동사의 수동태 역시 현재 어근(am-)과
과거분사에 sum 동사를 시세에 맞춰 붙이면 된다. 즉 라틴어 동사의 수동태 과서 어근은 동사의
기본형 단순과거(e.g. amavi)가 아니라 수동태 과거분사 amatus, -a, -um을 취한다는 점을 유의
해야 한다.

본 문법서에서는 동사의 능동태와 마찬가지로 현재 어근과 과거분사 어근으로 구분하여
동사의 수동태 어미를 구분하도록 한다.

I. 능동태와 수동태 구문 비교

능동태와 수동태 문장의 구문 비교는 능동태 문장을 수동태 문장으로 바꾸어 보면 쉽게
이해할 수 있다. 라틴어의 능동태 문장을 수동태 문장으로 바꾸는 방법은 과거 영어 수업
시간에 배웠던 능동태 문장을 수동태 문장으로 바꾸는 방법을 기억하면 쉽게 이해할 수 있다.
영어는 라틴어에서 어휘만을 차용한 것이 아니라 문장의 구문론에 이르기까지 광범위하게
영향을 받았음을 수동문에서 확인할 수 있을 것이다.

(능동) Bellum vastat oppidum. 전쟁이 도시를 파괴한다.

(수동) Oppidum vastatur bello. 도시가 전쟁에 의해 파괴된다.

vasto 파괴하다, 폐허로 만들다, 황폐케 하다

(능동) Ego te amo. 나는 너를 사랑한다.

(수동) Tu amaris a me. 너는 나한테 사랑받는다.

(능동) Omnes virtutem laudant magno cum ardore.
모든 사람들이 크나큰 열정으로 덕을 칭송한다.

(수동) Virtus laudatur ab omnibus magno cum ardore.
덕은 모든 사람들로부터 대단한 열정으로 칭송받는다.

1) 능동태 문장의 주어가 사람(생명체)이나 의인화시킨 대상이면 "a(ab) + 행위자 탈격

(*ablative of agent*)"으로 바꾼다. 그러나 인격적 존재가 아닌 물체이면 "수단 탈격(*ablative of means*)"으로 바꾼다.

  위의 예문: "Ego → a me", "Bellum → bello", "Omnes → ab omnibus"

2) 능동태 문장의 직접목적어(대격)는 수동태 문장의 주어가 된다.
  위의 예문: "oppidum → oppidum", "te → tu", "virtutem → virtus"

3) 능동태 문장의 동사는 수동태 문장에서 수동태 동사로 바뀐다.
시제는 능동태 문장과 같다. 인칭과 수(數)는 수동태 문장의 주어에 일치하여야 한다.
타동사는 모든 인칭을 다 지니며, 자동사의 경우 비인칭 용법만 가능하다.

4) 부사 또는 부사어는 그대로 사용한다.
  위의 예문: "magno cum ardore"
  N.B. "cum + 탈격(abl.) ~와 함께, 더불어(*with*)"라고 사용하지만, cum 전치사가 형용사와 명사와 함께 사용될 때는 관례상 "형용사 + cum + 명사" 순으로 사용한다.

---

ardor, −oris, m. 화염, 열화, 화재, 열성

---

5) 영어의 수동형 문장에서 "*by* ~"로 표현되는 것처럼, 라틴어는 자음으로 시작하는 단어 앞에는 전치사 "a + 탈격", 모음으로 시작하는 단어 앞에는 "ab + 탈격"을 쓴다. 우리말로 옮길 때는 "~에 의해서"라는 의미의 적당한 말로 옮기면 된다.
  위의 예문: "Ego → a me", "Omnes → ab omnibus"

II. 현재 어근 수동태(현재 체계의 수동태, 수동태 미완료 시제)

  라틴어 동사의 수동태 현재, 미완료, 미래 시제는 현재 어근에 수동태 현재 어미, 미완료 어미, 미래 어미를 붙여 동사의 시제를 나타낸다.

1. 수동태 직설법 현재

• 수동태 직설법 현재는 능동태와 마찬가지로 "현재 어근+어간 모음(−a, −e, −i)+수동 어미

(−or, −ris, −tur, −mur, −mini, −ntur)"로 하면 된다.

- 수동태 직설법 현재는 우리말로 "~받다, ~되다" 성노로 옮긴다.

활용	현재 어근	수동 어미	뜻
제1활용	LAUD	-or, -aris, -atur, -amur, -amini, -antur	I am (am being) praised, etc.
제2활용	MON	-eor, -eris, -etur, -emur, -emini, -entur	I am (am being) advised, etc.
제3활용	LEG	-or, -eris, -itur, -imur, -imini, -untur	I am (am being) read, etc.
제4활용	AUD	-ior, -iris, -itur, -imur, -imini, -iuntur	I am (am being) hear, etc.

- 능동태와 수동태 직설법 현재 어미 비교

인칭	제1활용		제2활용		제3활용		제4활용	
	능동	수동	능동	수동	능동	수동	능동	수동
sg. 1p	-o	-or	-eo	-eor	-o	-or	-io	-ior
sg. 2p	-as	-aris (-are)	-es	-eris (-ere)	-is	-eris (-ere)	-is	-iris (-ire)
sg. 3p	-at	-atur	-et	-etur	-it	-itur	-it	-itur
pl. 1p	-amus	-amur	-emus	-emur	-imus	-imur	-imus	-imur
pl. 2p	-atis	-amini	-etis	-emini	-itis	-imini	-itis	-imini
pl. 3p	-ant	-antur	-ent	-entur	-unt	-untur	-iunt	-iuntur

2. 수동태 직설법 미완료

인칭	제1활용		제2활용		제3활용		제4활용	
	능동	수동	능동	수동	능동	수동	능동	수동
sg. 1p	-abam	-abar	-ebam	-ebar	-ebam	-ebar	-iebam	-iebar
sg. 2p	-abas	-abaris (-abare)	-ebas	-ebaris (-ebare)	-ebas	-ebaris (-ebare)	-iebas	-iebaris (-iebare)
sg. 3p	-abat	-abatur	-ebat	-ebatur	-ebat	-ebatur	-iebat	-iebatur
pl. 1p	-abamus	-abamur	-ebamus	-ebamur	-ebamus	-ebamur	-iebamus	-iebamur
pl. 2p	-abatis	-abamini	-ebatis	-ebamini	-ebatis	-ebamini	-iebatis	-iebamini
pl. 3p	-abant	-abantur	-ebant	-ebantur	-ebant	-ebantur	-iebant	-iebauntur

- 능동태의 직설법 미완료가 "어근(laud/mon/leg/aud)＋어간 모음(−a/−e/−i)＋시제 접사(−ba) ＋어미(−m/−s/−t/−mus/−tis/−nt)"로 구성된 것처럼 수동태의 직설법 미완료도 "어근(laud/ mon/leg/aud)＋어간 모음(−a/−e/−i)＋시제 접사(−ba)＋어미(−r/−ris/−tur/−mur/−mini/−ntur)"로 형성된다.
- 제4활용 동사는 능동태 직설법 미완료와 마찬가지로 i가 반모음이므로 시제 접사 −ba 앞에

어간 모음 -e가 붙어 audiebar가 된다.

- 수동태 직설법 미완료는 우리말로 "~받고 있었다, ~되고 있었다" 정도로 옮길 수 있다.

3. 수동태 직설법 미래

인칭	제1활용		제2활용		제3활용		제4활용	
	능동	수동	능동	수동	능동	수동	능동	수동
sg. 1p	-abo	-abor	-ebo	-ebor	-am	-ar	-iam	-iar
sg. 2p	-abis	-aberis (-abere)	-ebis	-eberis (-ebere)	-es	-eris (-ere)	-ies	-ieris (-iere)
sg. 3p	-abit	-abitur	-ebit	-ebitur	-et	-etur	-iet	-ietur
pl. 1p	-abimus	-abimur	-ebimus	-ebimur	-emus	-emur	-iemus	-iemur
pl. 2p	-abitis	-abimini	-ebitis	-ebimini	-etis	-emini	-ietis	-iemini
pl. 3p	-abunt	-abuntur	-ebunt	-ebuntur	-ent	-entur	-ient	-ientur

- 제1활용과 제2활용 동사의 능동태 직설법 미래가 단수 1인칭 -bo와 복수 3인칭 -bu로 모음 변화 된 것을 제외하면 "어근(laud/mon)+어간 모음(-a/-e)+시제 접사(-bi)+어미(-o/-s/-t/-mus/-tis/nt)"로 구성된 것처럼, 1활용과 2활용 동사의 수동태 직설법 미래 또한 "어근(laud/mon)+어간 모음(-a/-e)+시제 접사(-bi)+수동 어미"가 붙어 만들어진다. 수동태 단수 2인칭에서는 시제 접사 "-bi"가 "-be"로 바뀐다.
- 제3활용과 제4활용 동사의 수동태 직설법 미래는 "어근(leg/aud)+어간 모음(-a/-e)+수동 어미(-r/-ris/-tur/-mur/-mini/-ntur)"로 구성된다. 3활용과 4활용 동사의 수동태 직설법 미래에서는 제1활용과 제2활용 동사와 달리 시제 접사 "-bi"가 생략된다. 제4활용 동사는 수동 직설법 미래에서 -i가 반모음이므로 -iar, -ieris 형태가 된다.
- 제1활용과 제4활용 동사의 수동태 직설법 미래 단수 2인칭의 어미가 -re로 끝나는 경우가 있다.

III. 과거분사 어근(수동태 완료 시제)

- 수동태 문장의 단순과거, 과거완료, 미래완료 시제는 수동태 과거분사에 sum 동사를 시제에 맞춰 붙이면 된다. 수동태 과거분사는 동사의 기본형(예: amo, amas, amavi, amatum, amare)에 있는 목적분사(amatum)에서 -um을 제거하고 형용사 제1형의 어미 -us, -a, -um이 결합

된 형태(amatus, amata, amatum)이다. 수동태 과거분사는 형용사처럼 주어의 성(性)과 수(數)에 따라 어미가 달라진다.

• 영어의 경우 완료 시제에서 조동사 *have*의 현재, 미래, 과거 시제를 사용한다면, 라틴어의 수동태 완료 시제는 수동태 과거분사에 sum 동사의 직설법 현재(sum, es, est, sumus, estis, sunt), 미완료(eram, eras, erat, eramus, eratis, erant), 미래(ero, eris, erit, erimus, eritis, erunt)를 어미로 붙인다.

• 라틴어 동사의 수동태 과거분사는 문법적으로 대단히 중요한데, 그 이유는 타동사의 수동태 완료 시제, 나중에 배우게 될 탈형동사와 용장활용(coniugatio periphrastica) 표현과도 관계가 있기 때문이다.

1. 수동태 직설법 단순과거

• 형성: 동사의 과거분사 + sum 동사의 직설법 현재
• 수동태 직설법 단순과거는 우리말로 "~받았다, ~되었다"라고 옮길 수 있다.

활용	형성	뜻
제1활용	laudatus, -a, -um sum/es/est laudati, -ae, -a sumus/estis/sunt	*I was/you were/it was praised, have been praised* *We were/you were/they were praised, have been praised*
제2활용	monitus, -a, -um sum/es/est moniti, -ae, -a sumus/estis/sunt	*I was/you were/it was warned, have been warned* *We were/you were/they were warned, have been warned*
제3활용	lectus, -a, -um sum/es/est lecti, -ae, -a sumus/estis/sunt	*I was/you were/it was read, have been read* *We were/you were/they were read, have been read*
제4활용	auditus, -a, -um sum/es/est auditi, -ae, -a sumus/estis/sunt	*I was/you were/it was heard, have been heard* *We were/you were/they were heard, have been heard*

2. 수동태 직설법 과거완료

• 형성: 동사의 과거분사 + sum 동사의 미완료 현재
• 수동태 직설법 과거완료는 우리말로 "~받았었다, ~되었었다"라고 옮길 수 있다.

활용	형성		뜻
제1활용	laudatus, -a, -um	eram/eras/erat	*I/you/he(she, it) had been praised*
	laudati, -ae, -a	eramus/eratis/erant	*We/you/they had been praised*
제2활용	monitus, -a, -um	eram/eras/erat	*I/you/he(she, it) had been warned*
	moniti, -ae, -a	eramus/eratis/erant	*We/you/they had been warned*
제3활용	lectus, -a, -um	eram/eras/erat	*I/you/he(she, it) had been read*
	lecti, -ae, -a	eramus/eratis/erant	*We/you/they had been read*
제4활용	auditus, -a, -um	eram/eras/erat	*I/you/he(she, it) had been heard*
	auditi, -ae, -a	eramus/eratis/erant	*We/you/they had been heard*

3. 수동태 직설법 미래완료

- 형성: 동사의 과거분사 + sum 동사의 미래
- 수동태 직설법 미래완료는 우리말로 "~이었을 것이다"라고 옮긴다.

활용	형성		뜻
제1활용	laudatus, -a, -um	ero/eris/erit	*I shall/you, he(she it) will have been praised*
	laudati, -ae, -a	erimus/eritis/erunt	*We shall/you, they will have been praised*
제2활용	monitus, -a, -um	ero/eris/erit	*I shall/you, he(she it) will have been warned*
	moniti, -ae, -a	erimus/eritis/erunt	*We shall/you, they will have been warned*
제3활용	lectus, -a, -um	ero/eris/erit	*I shall/you, he(she, it) will have been read*
	lecti, -ae, -a	erimus/eritis/erunt	*We shall/you, they will have been read*
제4활용	auditus, -a, -um	ero/eris/erit	*I shall/you, he(she, it) will have been heard*
	auditi, -ae, -a	erimus/eritis/erunt	*We shall/you, they will have been heard*

 Exercitatio (해답은 부록 117쪽 참조)

1. 다음 수동태 현재 어근(현재, 미완료, 미래) 문장을 우리말로 옮기시오.

1) Tu amaris ab amico.

2) Boni a bonis amantur.

3) Malus numquam a bonis laudabitur.

4) Discipuli a magistris educabuntur.

5) Malus a malis laudatur, bonus a bonis laudatur.

6) Nunc a multis amicis laudamini, antea vituperabamini.

7) Gallinae ab aquila terrentur.

8) Discipuli a magistris exercentur.

9) Omnes difficultates diligentia vincuntur.

10) Nec virtus nec sapientia auro emitur.

11) Memoria minuitur, si non exercetur..

12) Libri non solum emi, sed etiam legi debent.[17]

13) Frumenta a mercatoribus emebantur.

14) Vita nostra morte finietur.

15) Omnes dolores morte finientur.

16) Si peccavisti, puniri debes.[18]

---

17) emi와 legi는 수동태 부정사 현재이다.
18) puniri는 punio 동사의 수동태 부정사 현재이다.

pecco 죄짓다	punio(poenio) 징벌하다
dolor, doloris, m. 고통	mors, mortis, f. 죽음
finio 마치다, 경계를 정하다	frumentum, −i, n. 곡식
mercator, −oris, m. 상인	
non solum ~, sed etiam ~뿐만 아니라 ~도(*not only ~, but also*)	
minuo 감소시키다, 줄다	nec ~ nec ~ ~도 ~도 아니다(*neither ~ nor*)
aurum, −i, n. 금, 돈	emo 사다, 매입하다
difficultas, −atis, f. 어려움	diligentia, −ae, f. 근면, 부지런함
vinco 승리하다, 극복하다	exerceo 훈련시키다, 연습하다
gallina, −ae, f. 암탉	aquila, −ae, f. 독수리
terreo 위협하다, 놀라게 하다	nunc, adv. 이제, 지금, 현재
antea, adv. 전에, 이전에	vitupero 비난(책망, 검열)하다
educo 양육하다, 가르치다	numquam, adv. 결코 아니

2. 다음 수동태 과거 어근(단순과거, 과거완료, 미래완료) 문장을 우리말로 옮기시오.

1) Oppidum nostrum bello vastatum est, nunc aedificia ab incolis aedificantur.

2) Piratae accusati et damnati sunt.

3) Pater laudatus est a filio suo.

4) Servi pigri a domino puniti sunt.

5) Hic error statim a te cognitus est.

6) Puella pulchra saxo magno vulnerata erat.

7) Sine mora auxilium eis datum est.

8) A canibus morsus est filius proximi nostri.

oppidum, -i, n. 도시

vasto 파괴하다, 폐허로 만들다

incola, -ae, m./f. 주민

pirata, -ae, m. 해적

damno 벌하다, 형을 선고하다

cognosco 알다, 인식하다

vulnero 부상시키다, 상해하다

canis, -is, m./f. 개, 개자식(욕설)

proximus, -a, -um, adj. 가까운, 이웃의, 친척의

bellum, -i, n. 전쟁

acdificium, ii, n. 건물

aedifico 짓다, 건설하다

accuso 고발(고소)하다

statim, adv. 즉시

saxum, -i, n. 돌, 바위

mora, -ae, f. 지체, 유예

mordeo 물다

Verba Deponentia et Verba Semideponentia

탈형동사와 반탈형동사

I. 탈형동사(Verbum Deponens)

　라틴어에서 탈형동사란, 동사의 어미변화 형태는 수동태를 취하면서 그 뜻은 능동의 의미를 갖는 동사를 말한다. 따라서 탈형동사의 어미변화는 수동태이기 때문에 능동태가 따로 없다. 그러나 탈형동사의 현재분사, 미래분사, 미래 부정법, 동명사, −um 목적분사는 능동태를 취하며, 그 뜻도 능동으로 번역한다. 탈형동사는 이태동사라고 표현하기도 한다.

　탈형동사의 기본형은 일반 동사의 기본형(직설법 현재 1인칭, 2인칭, 단순과거 1인칭, 목적분사, 부정사)과 달리 "직설법 현재 1인칭, 2인칭, 단순과거 1인칭, 부정법 현재, 탈형동사의 약어 dep."의 형식으로 사전에 표기되어 있다. 탈형동사도 일반 동사와 마찬가지로 제1활용에서 제4활용으로 어미변화를 한다. 탈형동사는 자동사이거나 타동사일 수 있는데, 타동사일 경우 일반 동사와 마찬가지로 직접목적어나 간접목적어를 요구한다.

　탈형동사 학습에서 중요한 점은 라틴 원문을 번역할 때 동사의 수동태와 혼동하여서는 안 된다는 것이다. 그렇기 때문에 일반적으로 탈형동사는 따로 암기해야 한다.

1. 탈형동사의 형태

• 탈형동사는 일반 동사와 마찬가지로 제1활용에서 제4활용까지의 어미변화 형태를 가진다.
• 탈형동사의 어미 활용 구분은 일반 동사와 마찬가지로 연결 모음에 따라 구분한다.
• 각 동사의 연결 모음: 제1활용 −a, 제2활용 −e, 제3활용 −e/−i/−o, 제4활용 −i

활용	부정법 형태	예
제1활용	-ari	hortari 권고하다, 격려하다
제2활용	-eri	vereri 경외하다, 두려워하다
제3활용	-i	queri 불평하다; pati 고통 받다, 참다; sequi 따르다
제4활용	-iri	partiri 분배하다, 나누다

2. 탈형동사의 어근

탈형동사의 어근은 일반 동사의 수동태 어근처럼 현재 어근 수동태와 과거완료 어근(수동태 완료 시제)으로 구분된다.

1) 현재 어근
• 현재 어근은 탈형동사 부정법 현재에서 -ari, -eri, -i, -iri 어미를 제거하면 된다.
• 현재 어근은 현재, 미완료, 미래 시제의 어근이 된다.
• 현재 어근에 연결 모음(-a, -e, -e/-i/-o, -i)과 인칭에 따른 시제 접사를 붙이면 탈형동사의 어미변화가 완성된다.

2) 과거분사 어근
• 과거분사 어근은 탈형동사의 완료 시제(단순과거, 과거완료, 미래완료)의 어근을 형성한다.
• 탈형동사의 단순과거, 과거완료, 미래완료 시제는 과거분사에 sum 동사를 인칭과 시제에 맞춰 붙이면 된다.

활용	동사의 기본형	현재 어근	연결 모음	과거분사 어근
제1활용	hortor, aris, hortatus sum, hortari 권고하다	hort-	a	hortat-
제2활용	vereor, eris, veritus sum, vereri 두려워하다	ver-	e	verit-
제3활용	sequor, eris, secutus sum, sequi 따르다	sequu-	e/i/o	secut-
제4활용	largior, iris, largitus sum, largiri 기부하다	larg-	i	largit-

3. 제1활용 탈형동사

• 대부분의 탈형동사는 제1활용 탈형동사에 속한다.
• 제1활용 탈형동사의 어미변화는 부록을 참조하라.

제1활용 탈형동사(hortor, 권고하다)의 기본형		
hort-or, aris	hort-atus sum	hort-ari
현재 1인칭, 2인칭	단순과거 1인칭	부정법 현재

admiror, aris, atus sum, ari 놀라다, 감탄하다, 탄복하다
adulor, aris, atus sum, ari 꼬리치다, 아첨하다
altercor, aris, atus sum, ari 논쟁하다, 다투다

arbitror, aris, atus sum, ari 생각하다, 목격하다

astipulor, aris, atus sum, ari 계약을 보증하다, 추종하다

auspicor, aris, atus sum, ari 시작하다, 창건하다

auxilior, aris, atus sum, ari 도와주다, 치료하다

circulor, aris, atus sum, ari 집단을 이루다, 몰리다

conor, aris, atus sum, ari (부정사 요구) 시도하다, 노력하다

consolor, aris, atus sum, ari 위로하다, 격려하다

contemplor, aris, atus sum, ari 자세히 보다, 관찰하다

despicor, aris, atus sum, ari 경멸하다, 천대하다

dominor, aris, atus sum, ari 지배하다, 다스리다

fabricor, aris, atus sum, ari 제작하다, 음모를 꾸미다

ferior, aris, atus sum, ari 쉬다, 휴식하다

gratulor, aris, atus sum, ari 축하하다, 감사하다

imitor, aris, atus sum, ari 모방하다, 본받다

injurior, aris, atus sum, ari 모욕하다, 폭행하다

jocor, aris, atus sum, ari 농담하다, 장난하다

laetor, aris, atus sum, ari 기뻐하다, 좋아하다

medicor, aris, atus sum, ari 치료하다, 구제하다

meditor, aris, atus sum, ari 깊이 생각하다, 준비하다

operor, aris, atus sum, ari 일하다, 작용하다

opinor, aris, atus sum, ari 생각하다, 여기다, 믿다

peregrinor, aris, atus sum, ari 외국을 여행하다, 순례하다

persector, aris, atus sum, ari 추적하다, 탐구하다

recordor, aris, atus sum, ari 기억하다

sector, aris, atus sum, ari 따라다니다, 추구하다

tutor, aris, atus sum, ari 보호하다, 감독하다

veneror, aris, atus sum, ari 존경하다, 공경하다, 숭배하다

1) 제1활용 탈형동사의 용례

Filii exempla patrum imitantur.[19] 자녀들은 아버지들의 모범들을 본받는다.

Multi populi solem venerabantur.[20] 많은 백성들이 태양을 숭배하고 있었다(숭배하곤 하였다).

---

19) imitantur는 imitor 동사의 직설법 현재 복수 3인칭.

20) venerabantur는 veneror 동사의 직설법 미완료 복수 3인칭.

Nos coram praeceptore numquam conabimur jocari.

우리는 신생님 앞에서 한 번도 장난(하는 것)을 해 본 적이 없을 것이나.

Contemplare mundum! Pulchritudinem eius admiraberis.[21]

세상을 자세히 보아라! 그것(세상)의 아름다움을 감탄할 것이다.

Sanctos admirari facilius est quam imitari.[22] 성인들을 본받기보다는 감탄하기가 더 쉽다.

Juvenes, exempla bonorum imitamini![23] 젊은이들이여, 좋은 사람들의 표양(들)을 본받아라!

filius, −i, m. 아들, 자식; pl. 자녀	exemplum, −i, n. 보기, 모범
coram (+abl.) ~ 앞에서, 면전에	numquam(=nunquam), adv. 한 번도 아니
mundus, −i, m. 세상, 세계	pulchritudo, −inis, f. 아름다움, 미(美)
sanctus, −a, −um, adj. 거룩한, 신성한; m. 성인; f. 성녀; m. pl. 성인들	

4. 제2활용 탈형동사

제2활용 탈형동사(vereor, 두려워하다, 존경하다)의 기본형		
vereor, eris	ver-itus sum	ver-eri
현재 1인칭, 2인칭	단순과거 1인칭	부정법 현재

• 제2활용 탈형동사의 어미변화는 부록을 참조하라.
• 제2활용 탈형동사는 모두 8개의 형태가 있다.

1	fateor, eris	fassus sum	fateri	인정하다, 자백하다
	con-fiteor, eris	confessus sum	confiteri	인정하다, 고백하다, 찬미하다
	pro-fiteor	professus sum	profiteri	공언하다, 고백하다, 서원하다
2	liceor, eris	licitus sum	liceri	입찰하다, ~해도 좋다
	pol-liceor, eris	pollicitus sum	polliceri	약속하다
3	medeor, eris	-	mederi	고치다, 치료하다
4	mereor, eris	meritus sum	mereri	받을 만하다, ~할 자격이 있다
	de-mereor, eris	demeritus sum	demereri	(일하여) 벌다, 호감을 사다
	e-mereor, eris	emeritus sum	emereri	마땅히 받을 만한 일을 하다
	pro-mereor	promeritus sum	promereri	받을 만하다, 얻다

---

21) comtemplare는 contemplor 동사의 명령법 현재 단수 2인칭. 탈형동사의 명령법 형태에 주의하자. admiraberis는 admiror 동사의 직설법 미래 단수 2인칭.

22) admirari/imitari는 현재 부정사.

23) imitamini는 imitor 동사의 명령법 현재 복수 2인칭.

5	misereor, eris	miseritus sum	misereri	(속격 요구) 불쌍히 여기다
6	reor, eris	ratus sum	reri	~라고 생각하다, 여기다
7	tueor, eris	tuitus sum	tueri	보호하다
	con-tueor, eris	contuitus sum	contueri	자세히 보다, 헤아려 생각하다
	in-tueor, eris	intuitus sum	intueri	들여다보다, 자세히 보다
8	vereor, eris	veritus sum	vereri	두려워하다, 존경하다, (부정법과 함께) 주저하다

• 제2활용 탈형동사의 용례

Pauperum misereamur![24] 가난한 사람들을 불쌍히 여깁시다.

Non verebimur fateri peccata nostra.[25]

우리는 우리 잘못(들)을 인정하는 것을 주저하지 않을 것이다.

Diligentiam pollicebamini, sed adhuc pigri estis.[26]

너희는 근면함을 약속하였지만, 여전히 게으르다.

---

peccatum, -i, n. 죄, 잘못   vereor, dep. (+inf.) 주저하다, ~에 대해 두려워하다

5. 제3활용 탈형동사

제3활용 탈형동사의 어미변화는 부록을 참조하라.

제3활용 탈형동사(sequor, 따르다)의 기본형		
sequ-or, eris	secu-tus sum	sequ-i
현재 1인칭, 2인칭	단순과거 1인칭	부정법 현재

• 제3활용 탈형동사는 총 23개의 형태가 있으며, 그 가운데 11개 형태는 기동동사(起動動詞, 개시하는 행위를 지칭하는 동사)이다.

1	fruor, eris	fruitus (fructus) sum	frui	향유하다, 누리다, 사용하다
	per-fruor, eris	perfruitus sum	perfrui	충분히 향유하다, 누리다
2	fungor, eris	functus sum	fungi	실행하다, 죽다 (시험을) 치르다
	de-fungor, eris	defunctus sum	defungi	
	per-fungor, eris	perfunctus sum	perfungi	

---

24) misereamur는 속격을 요구하는 misereor 동사의 접속법 현재 복수 1인칭.

25) verebimur는 vereor 동사의 직설법 미래 복수 1인칭.

26) pollicebamini는 polliceor 동사의 직설법 미완료 복수 2인칭.

3	labor, eris	lapsus sum	labi	미끄러지다, 타락하다
	col-labor, eris	collapsus sum	collabi	쓰러지다, 함몰하나
	de-labor, eris	delapsus sum	delabi	떨어지다, 빠지다
	di-labor, eris	dilapsus sum	dilabi	부서지다, 무너지다
4	loquor, eris	locutus sum	loqui	이야기하다, 말하다
	al-loquor, eris	allocutus sum	alloqui	연설하다, 훈화하다
	col-loquor, eris	collocutus sum	colloqui	함께 이야기하다, 담화하다
	pro-loquor, eris	prolocutus sum	proloqui	표명하다
5	nitor, eris	nixus sum	niti	의지하다, 의탁하다
	in-nitor, eris	innixus sum	inniti	의지하다, 지탱되다, ~에 달려 있다
	con-nitor, eris	connixus sum	conniti	함께 힘쓰다, 애쓰다, 분만하다
6	am-plector, eris	amplexus sum	amplecti	포옹하다, 포괄하여 말하다, 망라하다
	com-plector, eris	complexus sum	complecti	포옹하다, 포함하다, 망라하다
7	queror, eris	questus sum	queri	원망하다, 한탄하다,
	con-queror, eris	conquestus sum	conqueri	불평하다
8	sequor, eris	secutus sum	sequi	따르다, 추적하다
	as-sequor, eris	assecutus sum	assequi	도달하다, 획득하다, 얻다
	con-sequor, eris	consecutus sum	consequi	잇따라 일어나다, 도달하다, 성취하다
	ex-sequor, eris	exsecutus sum	exsequi	집행하다, 완수하다
	in-sequor, eris	insecutus sum	insequi	잇따르다, 추적하다, 강권하다
	ob-sequor, eris	obsecutus sum	obsequi	(누구의) 뜻을 따르다, 복종하다
	per-sequor, eris	persecutus sum	persequi	박해하다, 추적하다
9	utor, eris	usus sum	uti	(탈격 요구) 이용하다, ~을 먹고 살다
	ab-utor, eris	abusus sum	abuti	tr. 써 버리다 intr. 활용하다, 남용하다
	de-utor, eris	deusus sum	deuti	남용하다, 악용하다

• 기동동사(起動動詞)

10	adipiscor, eris	adeptus sum	adipisci	~에 이르다, 도달하다, 얻다
11	proficiscor, eris	profectus sum	proficisci	출발하다, 떠나다, 가다
12	expergiscor, eris	experrectus sum	expergisci	눈뜨다, 잠 깨다
13	obliviscor, eris	oblitus sum	oblivisci	(속격 요구) 잊어버리다, 등한히 하다
14	reminiscor, eris	-	reminisci	기억하다, 회상하다
15	irascor, eris	iratus sum	irasci	분노하다, 격노하다
16	nanciscor, eris	nactus sum	nancisci	(우연히, 운 좋게) 얻다, 얻어 만나다

17	nascor, eris	natus sum	nasci	나다, 태어나다, 시작되다, 발생하다
	e-nascor, eris	enatus sum	enasci	나다, 싹터 나오다
	re-nascor, eris	renatus sum	renasci	다시 나다, 재생하다, 재출발하다, 부흥하다
18	pasciscor, eris	pactus sum	pacisci	계약(합의, 협정)하다
19	ulciscor, eris	ultus sum	ulcisci	원수 갚다, 복수하다.
20	vescor, eris	-	vesci	tr. 먹고 살다, intr. 먹다

• -ior 형태의 탈형동사27)

21	gradior, gradieris	gressus sum	gradi	걷다, 나아가다
22	morior, moreris	mortuus sum	mori	죽다
23	patior, pateris	passus sum	pati	감당하다, 견디다, 고통 받다, 내버려 두다

• 제3활용 탈형동사의 용례

Gloria virtutem tamquam umbra sequitur.28) 영광은 그림자와 같이 품격을 수반한다.

Quanta beneficia a parentibus adepti sumus!29)

우리는 얼마나 큰 은혜를 부모님으로부터 받았는가!

Homines humili loco nati saepe maximos honores assecutisunt.30)

천한 가문에서 태어난 사람들이 가끔 가장 높은 지위를 얻었다.

Iniuriam beneficiis ulciscamur!31) 우리는 불의를 은혜(들)로 갚읍시다.

Audi multa, loquere pauca!32) 많이 듣고, 적게 말하라!

Vincere scis, Hannibal, victoria uti nescis!33)

한니발, 당신은 이기는 것은 알아도, 승리를 이용하는 것은 모른다.

Optimum est pati, quod mutare non potes.34) 네가 바꿀 수 없는 것은, 참는 것이 최선이다.

| virtus, -tutis, f. 덕, 품위 | tamquam, adv. ~와 같이, ~처럼; conj. 마치 ~처럼 |

---

27) 다른 라틴어 문법책들은 형식에 따라 제3활용 탈형동사 A(-or), B(-ior)로 구분하기도 한다.

28) sequitur는 sequor 동사의 직설법 현재 단수 3인칭.

29) adepti sumus는 adipiscor 동사의 직설법 단순과거 복수 1인칭.

30) assecuti sunt는 assequor 동사의 직설법 단순과거 복수 3인칭.

31) ulciscamur는 ulciscor 동사의 접속법 현재 복수 1인칭.

32) loquere는 loquor 동사의 명령법 현재 단수 2인칭.

33) "vincere scis"는 부정사문. scio, nescio, doceo, disco, incipio, desino 동사들은 부정사와 함께 조동사 기능을 한다. 부정법에 대해서는 제2권 "Pars 2, Lectio II. 부정법"을 참조하라.

34) optimum은 bonus의 중성 최상급으로 단순 부정사문에서 형용사는 중성을 사용한다. pati는 patior 동사의 현재 부정사.

umbra, -ae, f. 그림자, 그늘	quantus, -a, -um, adj. 얼마나 큰
bcncficium, -ii, n. 은혜, 은총	humilis, e, adj. 비천힌
locus, -i, m. 곳, 장소, 자리	maximus, -a, -um, adj. 가장 큰
honor, -oris, m. 명예, 영예, 고위직	humili loco 천한 가문에서 (관용어적 표현)
optimus, -a, -um, adj. 최선의	muto 변경하다, 바꾸다

6. 제4활용 탈형동사

제4활용 탈형동사(largior, 베풀다)의 기본형		
largi-or, iris	largi-tus sum	largir-i
현재 1인칭, 2인칭	단순과거 1인칭	부정법 현재

제4활용 탈형동사의 어미변화는 부록을 참조하라.

1	blandior, iris	blanditus sum	blandiri	(속격 요구) 아첨하다, 알랑거리다, 유혹하다
2	largior, iris	largitus sum	largiri	후히 베풀다, 후하게 주다, 기부하다
3	mentior, iris	mentitus sum	mentiri	거짓말하다, 속이다
	e-mentior, iris	ementitus sum	ementiri	거짓말하다, 날조하다
4	metior, iris	mensus sum	metiri	측량하다, 판단하다, 분배하다
	com-metior, iris	commensus sum	commetiri	측량하다, 재다, 대조하다, 비교하다
	de-metior, iris	demensus sum	demetiri	측량하다, 계량하다, 할당하다
	per-metior, iris	permensus sum	permetiri	측량하다
5	molior, iris	molitus sum	moliri	이동하다, 옮겨 놓다, 공사하다, 계획하다
	a-molior, iris	amolitus sum	amoliri	피하다, 치워 버리다
	de-molior, iris	demolitus sum	demoliri	헐다, 뒤엎다
6	ordior, iris	orsus sum	ordiri	시작하다, 엮다, 짜다
	ex-ordior, iris	exorsus sum	exordiri	시작하다, 짜다
7	orior, eris(iris)	ortus sum	oriri	(해, 달, 별) 솟아오르다, 발생하다, 유래하다
	ad-orior, eris	adortus sum	adoriri	공격하다, 기습하다, 착수하다
	ex-orior, eris	exortus sum	exoriri	(해, 달, 별) 솟아오르다, 발생하다, 유래하다
8	experior, iris	expertus sum	experiri	경험하다, 겪다, 실험하다
9	partior, iris	partitus sum	partiri	분배하다, 나누다
10	potior, iris	potitus sum	potiri	소유하다, 정복하다

| 11 | assentior, iris | assensus sum | assentiri | 찬성하다, 동의하다 |
| 12 | sortior, iris | sortitus sum | sortiri | 추첨하다, 분배하다 |

• 제4활용 탈형동사의 용례

Non pecunia, sed virtute homines metimur.[35]

우리는 돈이 아니라, 품격으로 사람들을 판단한다.

Voluptates sensibus blandiuntur.[36] 쾌락들은 감각들에 아첨한다.

Experti sumus amicitiam tuam, itaque tibi non blanditi sumus, sed semper verum diximus.[37]

우리는 당신의 우정을 경험했기에, 당신에게 아첨하지 않았다. 그러나 우리는 늘 진실을 말했다.

Multi blandientibus dona largiuntur.[38]

많은 사람들이 아첨하는 사람들에게 선물들(뇌물)을 후하게 준다.

Ne unquam potentibus blandiamur, ut nobis dona largiantur![39]

그들이 우리에게 선물을 후하게 주도록, (우리는) 결코 권력자들에게 아부하지 말자!

Discordia inter cives exorta rei publicae perniciosa est.[40]

시민들 사이에 발생한 불화는 공화국에 해롭다.

N.B. rei publicae는 속격, 여격 형태인데, 이 문장에서는 여격으로 사용되었다. 여격은 때때로 "~을 위해"라는 의미의 이해 여격으로 쓰인다. 따라서 본 문장은 "시민들 사이에 일어난 불화는 공화국을 위해 해롭다."라고 옮길 수도 있다.

perniciosus, -a, -um, adj. 해로운, 위험한

---

35) metimur는 metior 동사의 직설법 현재 복수 1인칭.

36) blandiuntur는 blandior 동사의 직설법 현재 복수 3인칭.

37) experti sumus는 experior 동사의 직설법 단순과거 복수 1인칭. blanditi sumus는 blandior 동사의 직설법 단순과거 복수 1인칭.

38) blandientibus는 blandior 동사의 현재분사 복수 여격. largiuntur는 largior 동사의 직설법 현재 복수 3인칭.

39) unquam(한 번도 ~, 결코 ~)은 부정사(ne, non)가 있을 때 numquam 대신 쓴다. potentibus는 potens, potentis의 복수 여격이자 possum 동사의 현재분사. blandior 동사는 속격을 요구하기 때문에 potentibus를 씀. blandiamur는 접속법의 권고성 금지 명령문: "ut+접속법 동사"로 목적문 구성, "~하기 위하여, ~하도록". blandiamur는 blandior 동사의 접속법 현재 복수 1인칭. largiantur는 largior 동사의 접속법 현재 복수 3인칭.

40) exorta는 exorior 동사의 과거분사.

Exercitatio 1 　 (해답은 부록 118쪽 침조)

1. 다음 탈형동사의 문장을 우리말로 옮기시오.

　1) Tu in schola jocabaris, itaque praeceptor te hortatus est.

　2) Lex cives tuetur, magistratus legem tuetur.

　3) Turpe est, aliter loqui, aliter cogitare.

　4) Nemo mentiendo verum honorem adipiscitur.

　5) Milites praedam inter se partiti sunt.

aliter, adv. 달리, 다르게	miles, militis, m. 군인
praeda, -ae, f. 노획물, 전리품, 습득물	inter se 서로

II. 반탈형동사(Verba Semideponentia)

　라틴어 동사에서 현재 어근 시제(현재, 미완료, 미래)는 능동태 어미 활용을 하는 반면, 과거 어근 시제(단순과거와 과거완료, 미래완료)는 수동태 어미 활용을 하는 동사가 있다. 이를 반탈형동사라고 한다. 반탈형동사는 과거 어근에서 수동태 어미 활용을 하더라도 탈형동사의 형태를 간직하여 능동의 의미를 가진다.

　반대로 현재 어근 시제(revertor, revertebar...)는 수동태 어미 활용을 하고, 과거 어근 시제(reverti...)는 능동태 어미 활용을 하는 동사도 있다.

　E.g. revertor, reverteris, reverti(reversus sum), reverti 돌아가다, 돌아오다

•반탈형동사에는 다음과 같은 동사들이 있다.

현재 1인칭, 2인칭	단순과거	부정법	뜻
audeo, es	ausus sum	audere	(+inf.) 감히~하다, 용기를 내어 하다
gaudeo, es	gavisus sum	gaudere	기뻐하다, 누리다, 향유하다
soleo, es	solitus sum	solere	늘 ~하다, ~하는 버릇이 있다
fido, is	fisus sum	fidere	[(+dat.) 사람, 사물을] 믿다, [(+abl. ~에 대해) 신뢰하다

| confido, is | confisus sum | confidere | (+dat., abl., in abl.) 믿다, 신뢰하다 |
| diffido, is | diffisus sum | diffidere | (+dat.) 불신하다 |

• 불규칙동사 편에서 살펴볼 fio 동사도 일종의 반탈형동사이다.

fio, fis, factus sum, fieri 되다, 일어나다

1. 반탈형동사의 동사 변화(예: audeo, -es, ausus sum, audere 감히 ~하다)

audeo의 동사 활용은 부록을 참조하라.

직설법		sg.	pl.
현재	**1p**	aud-eo	aud-emus
	2p	aud-es	aud-etis
	3p	aud-et	aud-ent
미완료	**1p**	aud-ebam	aud-ebamus
	2p	aud-ebas	aud-ebatis
	3p	aud-ebat	aud-ebant
미래	**1p**	aud-ebo	aud-ebimus
	2p	aud-ebis	aud-ebitis
	3p	aud-ebit	aud-ebunt
단순과거	**1p**	ausus, -a, -um sum	ausi, -ae, -a sumus
	2p	ausus, -a, -um es	ausi, -ae, -a estis
	3p	ausus, -a, -um est	ausi, -ae, -a sunt
과거완료	**1p**	ausus, -a, -um eram	ausi, -ae, -a eramus
	2p	ausus, -a, -um eras	ausi, -ae, -a eratis
	3p	ausus, -a, -um erat	ausi, -ae, -a erant
미래완료	**1p**	ausus, -a, -um ero	ausi, -ae, -a erimus
	2p	ausus, -a, -um eris	ausi, -ae, -a eritis
	3p	ausus, -a, -um erit	ausi, -ae, -a erant

2. 반탈형동사의 용례

Tu omnia dicere semper audes. 너는 감히 모든 것을 늘 말하는구나.

Quia vos tranquillos video, gaudeo.[41]

나는 여러분이 평안한 것을 보기 때문에 기쁘다.

---

41) 이 문장은 "video vos tranquillos esse"라는 의미의 부정사문이다.

Frustra sum fisus, miser! 나는 헛되이 믿었다, 통탄할!

quia, conj. ~하기 때문에	tranquillus, −a, −um, adj. 평온한, 평안한
frustra, adv. 헛되이, 쓸데없이	miser, −era, −erum, adj. 불쌍한, 통탄할

III. 탈형동사와 반탈형동사의 과거분사 규칙

탈형동사와 반탈형동사의 과거분사는 일반적으로 능동의 의미를 가지며, 주절의 동사보다 먼저 일어난 행위를 나타낸다. 그러나 다음의 탈형동사 과거분사는 수동의 의미로도 사용된다. 이 점에 대해서는 제2권 "Pars 2, Lectio IV, I, 4, 2) 능동과 수동의 의미를 모두 가진 탈형동사의 과거분사"를 참조하라.

분사	의미		동사의 기본형
	능동	수동	
adeptus	얻은, 획득한	얻어진, 획득된	adipiscor, sceris, adeptus sum, adipisci 얻다, 획득하다
comitatus	동행한	수반된, 따라간	comitor, aris, atus sum, ari 동행하다, 수반하다, 따라가다
confessus	자백한, 인정한	자백된, 시인된	confiteor, eris, confessus sum, eri 고백하다, 시인하다
dimensus	측정한	측정된	dimetior, iris, mensus sum, dimetiri 측정하다; 측정되다
expertus	시험한, 경험한	시도된, 경험된	experior, iris, expertus sum, iri 시험하다, 경험하다
meditatus	명상한, 심사숙고한	궁리된, 묵상된	meditor, aris, atus sum, ari 묵상하다, 명상하다, 궁리하다
pactus	약정한, 계약한	협정된, 약속된	paciscor, eris, pactus sum, pacisci 계약하다, 협정하다
partitus	나눈, 쪼갠	할당된, 분배된	partior, iris, itus sum, iri 나누다, 할당하다
populatus	약탈한, 강탈한	약탈된, 망친	populor, aris, atus sum, ari 황폐케 하다, 망치다, 약탈하다
sortitus	추첨한, 분배한	추첨된, 분배된	sortior, iris, sortitus sum, sortiri 제비 뽑다, 추첨하다, 분배하다, 나누다
ultus	원수 갚은, 복수한	앙갚음 받은	ulciscor, eris, ultus sum, ulcisci 원수 갚다, 복수하다

　　몇몇 탈형동사와 반탈형동사의 과거분사는 현재분사의 의미로도 사용된다. 이런 경우 능동의 의미를 가지며, 주절의 동사와 같은 시간대의 행위를 나타낸다. 이 점에 대해서는 제2권 "Pars 2, Lectio IV, I, 4. 1) 현재분사의 의미를 가진 과거분사"를 참조하라.

	분사의 형태 및 의미	동사의 기본형
반탈형동사	gavisus 기뻐하는, 향유하면서	gaudeo, es, gavisus sum, ere 기뻐하다, 누리다
	ausus 감히 ~하는	audeo, es, ausus sum, ere 감히 ~하다, 감행하다
	fisus 신뢰하는, 신뢰하면서	fido, is, fisus sum, ere 신뢰하다, 믿다
	confisus 신용하는, 믿으면서	confido, is, fisus sum, ere 믿다, 신뢰하다
	diffisus 불신하는	diffido, is, fisus sum, ere 불신하다
탈형동사	arbitratus 믿는, 믿으면서	arbitror, aris, atus sum, ari 목격하다, 재판하다, 믿다
	ratus ~라고 생각하는, 여기는	reor, reris, ratus sum, reri ~라고 믿다, 여기다
	secutus 따르는, 추구하면서	sequor, eris, secutus sum, sequi 뒤따르다
	usus 사용하는, 쓰면서	utor, uteris, usus sum, uti 사용하다, 쓰다
	veritus 두려워하는, 경외하면서	vereor, vereris, veritus sum, eri 두려워하다

 Exercitatio 2　　(해답은 부록 119쪽 참조)

1. 다음 반탈형동사의 문장을 우리말로 옮기시오.

　1) Romani soliti erant triumpho victorias celebrare.

　2) Quis unquam fortunae stabilitate confisus est?

　3) Tibi uni fidebam: nemini unquam magis fisus eram quam tibi.

4) Confido te mox reversurum esse.

5) Haec perfecta esse gavisus sum et gaudeo.

6) Cohortari audeo vos, iudices, ita ut ausus est accusator.

7) Caesar confisus fama rerum gestarum, omnem sibi locum tutum esse existimabat.

triumphus, -i, m. 환호성, 개선, 승리
unquam, adv. (부정적 대답을 내포한 의문부사) 도대체 ~란 말이냐?
stabilitas, -atis, f. 안정, 영속
fido [속격 요구] (사람, 사물을) 믿다; (탈격 요구) (~에 대해) 신뢰하다
unquam, adv. (부정의 뜻을 가진 말 뒤에서) 한 번도 ~않다
revertor 돌아오다   perficio 마치다, 끝내다
cohortor 격려하다, 독려하다   accusator, -oris, m. 고소인
ita ut ~처럼 그렇게   res gestae 역사, 업적
tutus, -a, -um, adj. 안전한

쉬어 가는 문법

제2의 단어: 문장부호

1. 마침표(.) Punctum

1) 용법
(1) 문장이 끝날 때
 E.g. Homines boni pacifice vivunt. 착한 사람들은 평화롭게 산다.
(2) 글자를 생략할 때
 a. Chr.n.=ante Christum natum 그리스도 탄생 전, 기원전
(3) 아라비아숫자가 서수를 표시할 때
 3.=셋째.

2) 읽는 법
라틴어에서는 마침표가 있는 곳에서 음이 내려간다.

     Homines boni pacifice vivunt. 착한 사람들은 평화롭게 산다.

2. 쉼표(,) Virgula

1) 용법
(1) 단어를 동등하게 나열할 때
 In caelo sunt sol, luna, stellae. 하늘에는 해와 달, 별들이 있다.
(2) 동등한 문장을 여러 개 나열할 때
 Ego sedeo, tu ambulas. 나는 앉아 있고, 너는 산책한다.
 Tempora mutantur, et nos mutamur cum illis.[42]
 시대는 변하고, 우리는 그것(시대)과 함께 변한다.
 N.B. 만일 연계 접속사 et 등을 쓰게 되면 쉼표를 쓰지 않는다. 그러나 두 문장이 동등문이
 지만 의미상 서로 종속될 때 et 앞에 쉼표를 사용한다.

edeo 앉아 있다	tempus, temporis, n. 시대, 시기
muto 변하다	

---

42) Tempora(n. pl. nom.) mutantur(수동태 복수 3인칭), et nos mutamur(수동태 복수 1인칭) cum illis(tempora 지칭. abl.).

(3) 주절과 종속절이 종속접속사로 연결될 때 쉼표를 사용하며, 종속절이 문장 중간에 있으면 종속절 시작과 끝에 모두 쉼표를 붙인다.

Bis dat, qui cito dat. 빨리 주는 것은 두 배로 주는 것이다.

Palmam, qui meruit, fert. 받을 만한 자격이 있는 사람이 승리를 가져야 한다.

> cito, adv. 빨리, 민첩하게, 손쉽게　　　cito 재촉하다, 서둘러 하다
> mereo 받을 만한 자격이 있다, 마땅히 받다　fero 가지고 가다; 당하다, 겪다; 판결하다
> palma, -ae, f. 손바닥, 손; 종려나무; 승리, 우승

(4) 호격 명사 뒤

O Deus, ego amo te! 오 신(神)이시여, 나는 당신을 사랑합니다.

2) 읽는 법

음성을 좀 올리고 약간 쉰다.

Bis dat, qui cito dat.

3. 나눔표, 세미콜론(;) Punctum cum Virgula

1) 용법

(1) 우리말에는 없는 문장부호로, 엄연히 의미가 있는 부호이다. 두 문장을 서로 나눔표로 구분하여, 대치("반대로"), 결론("즉"), 이유("즉, 왜냐하면")의 뜻을 가진다.

Quidquid honestum est, utile est; quidquid (autem) turpe est, inutile est.
무엇이든지 정직한 것은 유익하다. (그러나) 왜냐하면 무엇이든지 추악한 것은 무익하기 때문이다.

> quidquid n., pron. 무엇이든지
> honestus, -a, -um, adj. 존경할 만한, 정직한, 아름다운

(2) 두 개의 독립된 문장이 서로 대치될 때

Si quis dives est, ille edit, quando vult; si quis pauper est, quando habet, quod edat.
만일 누군가 부자라면, 그는 원할 때(먹고 싶을 때) 먹는다. 반대로 만일 누군가 가난하면, 가지고 있을 때 먹어야 한다.

> quis, quid, pron. 누가, 누구?　　　dives, divitis, adj. 부유한, 부자의, 기름진
> ille, illa, illud, pron. 그　　　　　edo 먹다; 소비하다; 탕진하다

2) 읽는 법

음성을 조금 낮추어 약간 길게 읽는다.

4. 콜론(:) Duo Puncta

1) 용법

(1) 다른 이의 말을 직접 인용할 때 사용한다.

Magister dixit: "Qui studet atque assiduo repetit, nonne laetissimus est?"

선생님이 말씀하시기를, "공부하고 열심히 복습하는 것이, 가장 즐거운 것이 아니겠느냐?"고 하셨다.

(2) 앞 문장에 서술된 숫자나 규정을 하나하나 구체적으로 풀어 설명할 때

Quinque sunt sensus corporis: visus, auditus, odoratus, gustus, tactus.

신체의 감각은 다섯 가지이다. 즉 시각, 청각, 후각, 미각, 촉각이다.

atque, conj. 와, 과, 하고	assiduo, adv. 열심히, 꾸준히
nonne, adv. (긍정적 대답을 기대하며) ~하지 않느냐? 아니란 말이냐?	
laetus, −a, −um, adj. 기쁜, 즐거운.	visus, −us, m. 시각, 전망
auditus, −us, m. 청각; 강의 내용, 연설 내용	odoratus, −us, m. 후각, 향기, 냄새
gustus, −us, m. 미각, 시식, 맛봄	tactus, −us, m. 촉각, 영향력.

2) 읽는 법

음성은 평균을 유지하면서 잠깐 쉰다.

5. 느낌표(!) Signum Interjectionis

1) 용법

놀람, 명령, 즐거움, 부름, 간청 등을 표시하는 문장 끝에 쓴다.

Divide et impera! *Divide and Rule!* 분열시켜라 그리고 통치하라![43]

divido 나누다, 분열시키다	impero 명령하다, 통치하다

6. 붙임표(−)

오늘날에는 워드 기능이 발전하여 사용하지 않으나, 과거에는 줄이 모자라 단어의 음절을

---

[43] 마키아벨리, 로마의 황제들, 나폴레옹, 토머스 제퍼슨 등이 사용한 말이다.

자르게 될 때 다음 새 줄과 음절을 잇기 위해 사용했다.

omni-

bus

•고유명사가 합성될 때

Lexicon Latino-Coreanum. 라틴어 한글 사전.

7. 물음표(?) Signum Interrogationis

라틴어는 간접 의문문에서는 물음표를 하지 않는다.

1) 용법
직접 의문문 끝에 쓴다.

Quis est magister vester? 누가 너희 선생님이냐?

Interrogavit me, quot annos haberem. 내가 몇 살인지, 그는 내게 물었다.

2) 읽는 법
(1) 의문문 안에 의문대명사나 의문부사가 오는 경우에는 그 의문사를 높이 발음한다.

Quis ignorat? 누가 몰라?

(2) 의문대명사나 의문부사가 없을 경우 끝을 낮추어 발음한다.

Ignorasne ritum? 너 예절을 모르냐?

ignoro 모르다, 알지 못하다	ritus, -us, m. 예절, 의식; 전례, 예식

3) 대답하기
(1) 긍정적 대답: 질문한 동사를 사용하여 대답한다.

Ignorasne ritum?

Ignoro. 몰라.

혹은, 다음과 같은 부사를 사용할 수 있다.

Etiam. 네, 그렇습니다.

Ita est. 그렇다.

Certe. (예) 확실히 그렇다.

Sane. 그렇고말고.

Utique. 물론, 암 그렇고말고.

(2) 부정적 대답: 질문 받은 동사 앞에 non을 붙여 대답한다.

다음과 같은 부정적 의미의 부사를 써서 표현할 수 있다.

non 아니.

non ita est; minime 절대로 아니.

nullo modo 절대로 아니.

Loqui Latine! 라틴어로 말하기

찬성하기, 반대하기

Bene (est). (승인, 허가) 좋다   Malum! (est). 나쁘다!

Bene mihi, bene vobis! (성공, 건강, 행운)을 위하여! 나와 여러분에게 성공이 있기를!

Profecto! Sane! certe! 그럼요, 물론이지요!

Minime! Minime vero! 안 됩니다, 당치 않아요!

Tibi assentior! 찬성!   Recte! (친한 사이의 동감, 찬성) 좋아!

Indignum (est)! 가당치 않다, 부당하다.

Neutiquam, nequaquam! 절대로 그렇지 않아요!

Fas est! 정당합니다! 가능합니다!   Nefas est! 불가능합니다!

Sane! Vero! Vere! Quidem! 정말!

Ita est.(=Sic est.) 그렇다.   Non est ita. 그렇지 않다.

긍정하기 부정하기

Q: Loquerisne Latine?[44] 라틴어 말하니(말할 줄 아니)?

R: Loquor.[45] (그래) 말해.

　Non loquor. 아니 못해.

Q: Nobiscum visne venire? 너 우리와 함께 갈래?

R: Volo. 그래(원해)   Nolo. 아니(원하지 않아).

loquor, dep. 말하다	volo 원하다

44) -ne는 의문조사로, 질문하는 동사의 끝에 붙어 "~하느냐?"라는 의미를 가진다. E.g. Habesne umb(r)ella? 너 우산 있니?

45) 로마인들은 "예(certe), 아니오(non)"라는 긍정과 부정에서 "Sic, ita est; non"이라는 표현보다는 질문한 동사를 사용해서 대답하는 경향이 강했다.

쉬어 가는 문화사 이야기

"Cogito, ergo sum."

－Descartes, 1596~1650

"나는 생각한다, 고로 존재한다."는 이 말은 데카르트가 자신의 저서 『철학의 원리』에 남긴 철학적 언명으로 서구 철학의 기본 요소가 된다.

하지만 이 책은 원래 학자들이 아니라 광범위한 프랑스 독자들을 위해 불어로 쓰였으며, 따라서 "나는 생각한다, 고로 존재한다."는 말 역시 라틴어가 아닌 불어(*Je pense donc je suis*)로 쓰였었다. 그러나 데카르트 철학의 중심인 중세와의 단절을 나타내기 위해 불어 대신 라틴어 표현을 더 많이 쓰게 되었고, 현재에 와서는 원문보다 여기 쓰인 라틴어 표현이 더욱 유명해졌다.

여기서 데카르트가 인간의 존재 원리로 주장하여 지금까지 수많은 철학가들과 사상가들에게 영향을 준 "생각"에 대하여 조금 더 깊이 살펴보자.

'생각하다'의 불어 동사는 '*penser*'이고 이탈리아어는 '*pensare*'이다.

반면 독일어와 영어에서 '감사하다'는 '*danken*'과 '*thank*'인데, 이는 독일어와 영어에서 인간이 생각할 수 있기 때문에 감사할 줄 안다고 여긴 데에서 유래했다. 즉 감사할 줄 아는 요소를 인간에게 고유한 것으로 받아들여 '*think*'에서 '*thank*'로, '*denken*'에서 '*danken*'이라는 동사가 파생한 것이다.

또한 라틴어 접속사 ergo에서 영어의 *therefore*라는 말이 파생하게 된다.

철학적 사유 외에도 프랑스는 1789년 프랑스 대혁명을 거쳐 19세기 초엽에 근대 법전을 완비함으로써 다른 여러 유럽 국가의 입법 활동에 모범을 제시했다. 물론 그 이전에도 유럽 내에서는 프랑스 법의 용어를 법원과 법률 용어의 공식 용어로 그대로 채용하여 사용하는 풍토가 만연하였다. 특별히 1731년 영국에서 불어 사용을 금하는 의안이 통과될 때까지 영어의 법률 용어는 대부분 불어의 법률 용어를 그대로 차용하여 사용하였다. 그러나 이러한 용어들은 마치 동음이의어처럼 용어는 똑같지만 그 내용에 있어서는 유사하거나 후대에 완전히 다른 의미로 변화거나 발전하였다. 물론 이 같은 현상은 비단 법률 용어뿐만 아니라 일상의 다른 용어에도 발생하였다.

Particula
불변화사

지금까지 우리는 어미가 변하는 품사들(명사, 대명사, 형용사, 동사 등)에 대해서 다루었다. 본 장에서는 어미가 변하지 않는 품사들(부사, 전치사, 접속사)에 대해 살펴보고자 하는데, 이를 문법 용어로 불변화사(Particula)라고 한다.

Adverbum

부사

부사라는 용어는 어원적으로 "ad+verbum"의 합성어로 다른 말을 수식하기 위해 덧붙여진 것이라는 뜻이다.

부사의 용법

•부사는 동사 앞에서 동사를 수식한다.

Satis diximus. 우리는 충분히 말했다.

•부사는 형용사 앞에서 형용사를 수식한다.

Paulo maiora canamus.[1] 우리 조금 더 크게 노래합시다.

paulo, adv. 조금, 약간	cano 노래하다, 연주하다

•부사는 다른 부사를 수식한다.

Satis diu dixi. 나는 충분히 오랫동안 말했다.

diu, adv. 오래, 오랫동안

•문장 전체를 수식하는 부사는 문장 머리에 놓는다.

Scilicet res ipsa aspera est. 당연히 상황 자체가 어렵다.

scilicet, adv. 당연히, 즉, 곧	asper, aspera, asperum, adj. 거친, 모진, 어려운

---

1) maiora는 magnus의 비교급 중성 복수. canamus는 cano 동사의 접속법 현재 복수 1인칭.

I. 부사의 형성

1. 고유 부사(Adverbium Primitivum)

다른 단어에서 파생한 것이 아니라 처음부터 고유의 형태를 가진 부사를 말한다.

iam 벌써	diu 오래	mox 곧
cras 내일	ante 전에	olim 그전에
nunc 지금	tunc 그때	semper 늘
quando 언제	ita, sic 이렇게	tam, uti 그렇게
saltem 적어도	fere 거의	nimis 너무
vix 겨우	cur 왜	quam 얼마나
non 아니	quamdiu 얼마 동안	

2. 파생 부사(Adverbium Derivatum)

명사, 대명사, 동사, 형용사 등의 어근에 접두사나 접미사가 붙어 파생한 부사를 말한다. 특히 라틴어의 부사는 대부분 형용사에서 많이 파생한다.

1) 형용사 제1형(-us/-er, -a, -um)의 어근에 어미 -e를 덧붙여 파생된 부사이다. 좀 더 쉽게 설명하면, 단수 속격의 어미 -i를 -e로 대체하면 된다.

형용사	단수 속격	부사
strenuus, -a, -um 용맹한, 끈질긴	strenu-i	strenu-e 용맹하게, 끈질기게
liber, -a, -um 자유로운	liber-i	liber-e 자유롭게

2) 형용사 제2형의 어근에 어미 -iter를 덧붙여 부사가 된 경우이다. 단수 속격의 어미 -is를 -iter로 대체하면 된다.

형용사	단수 속격	부사
acer, acris, acre 날카로운	acr-is	acr-iter 날카롭게, 예리하게
gravis, grave 진중한	grav-is	grav-iter 힘 있게, 진지하게
felix, felicis 행복한	felic-is	felic-iter 행복하게

3) 어미가 -ans, -antis 또는 -ens, -entis로 끝나는 형용사 제2형은 어근에 -er를 덧붙여 부사가

된다. 단수 속격의 어미 -is를 -er로 대체하면 된다.

형용사	단수 속격	부사
constans, -antis	constant-is	constant-er 한결같이
diligens, -entis	diligent-is	diligent-er 부지런하게

3. 예외적 부사 형성

1) 명사, 대명사, 형용사의 상고시대 격(casus)에서 특정 용법이 고착되어 예외적 부사를 형성한 경우

(1) -o와 -um으로 끝나는 부사

• -o로 끝나는 부사 형태는 상고시대 라틴어의 탈격에서 유래한다.

cito 빨리	continuo 즉시
crebro 자주	falso 허위로
fortuno 우연히	improviso 갑자기
merito 당연히	necessario 반드시
perpetuo 영원히	primo 처음에
postremo 마침내	raro 드물게
secreto 몰래	sero 늦게
subito 갑자기, 즉시	certo 확실히
vero 실로, 진정	tuto 안전하게

• 형용사 제1형/2형의 중성 단수 대격에서 유래해 -um/-e로 끝나는 부사도 있다.

multus, -a, -um → multum 많이	paucus, -a, -um → paucum 조금
ceterus, -a, -um → ceterum 그 밖에	dulcis, -e → dulce 부드럽게

(2) -am, -as, -a로 끝나는 부사

• -am, -as로 끝나는 부사는 제1변화 명사의 단·복수 대격에서 유래한다.

clam 몰래, 숨어서	coram ~ 앞에서
alias 다른 기회에, 달리	foras 밖으로

• -a로 끝나는 부사는 제1변화 명사 단수 탈격에서 유래한다.

supra 위에, 더	citra 이쪽에

(3) -tim, -sim으로 끝나는 부사
제3변화 명사 단수 대격의 상고시대 형태에서 유래한 것이다.

generatim 일반적으로	gradatim 차차, 점진적으로
partim 부분적으로	passim 여기저기
paulatim 조금씩, 차차	privatim 개인적으로, 사사로이
raptim 신속히	separatim 개별적으로, 각각
singulatim 하나씩	statim 즉시, 당장

법률 속 라틴어

•부사 coram은 로마법이나 교회법의 재판 기록에서 자주 볼 수 있다.
 Coram Alwan 알안 판사 앞에서(알안 판사 주재로 처리된 재판을 의미)
•부사 foras는 이혼할 때 남편이 주로 사용했던 표현이다.
 I, foras. (집) 밖으로 나가라.
 오늘날 이러한 표현은 이슬람 문화권에서 남성이 여성과 이혼할 때 사용한다.

(4) -i로 끝나는 부사
고대 처소격에서 유래한 부사이다.

heri 어제	ibi 거기에, 그곳에
luci 낮에	vesperi(=vespere) 저녁에

(5) 명사나 형용사에 접미사 -tus, -itus가 붙은 부사
고대 탈격 어미에서 유래한 것으로 추정된다.

intus 안에, 안으로	antiquitus 예부터
divinitus 신의 뜻으로부터	penitus 깊숙이, 온전히

(6) 고대 탈격 형태에서 유래한 부사

forte(fors, fortis) 우연히	gratis 공짜로, 거저
mane 아침에	noctu 밤에

sponte (spons, spontis, f. 자유의지) 자발적으로
N.B. 영어의 *spontaneously*.

2) 전치사나 동사와 결합된 부사
(1) 전치사와 결합된 부사

comminus(cum+manus) 가까이에   eminus(e+manus) 멀리서
obviam(ob+viam) 만나러   quotannis (quot+annus) 매년

(2) 동사와 결합된 부사

forsitan (for+sit+an) 아마도   scilicet (scire+licet) 당연히
videlicet (videre+licet) 곧, 확실히

4. 부사의 비교급과 최상급

1) 부사의 등급

형용사에서 파생한 부사들은 형용사와 마찬가지로 원급 외에도 비교급과 최상급을 가지기도
한다.

(1) 부사의 비교급과 최상급 형성

부사의 비교급은 파생된 형용사의 비교급 중성 단수 주격(-ius)과 같다. 부사의 최상급은
형용사의 최상급과 같지만, 단수 속격의 어미 -i를 -e로 대체한다.

원급		비교급		최상급	
형용사	부사	형용사	부사	형용사	부사
clarus 유명한	clare 유명하게	clarior, clarius	clarius	clarissimus, -a, -um	clarissime
diligens, -entis 부지런한	diligenter 부지런하게	diligentior, diligentius	diligentius	diligentissimus, -a, -um	diligentissime

(2) 형용사의 비교급과 최상급이 불규칙한 경우, 부사의 비교급과 최상급 역시 불규칙하다.

원급		비교급		최상급	
형용사	부사	형용사	부사	형용사	부사
bonus 좋은	bene 좋게, 잘	melior, melius	melius	optimus, -a, -um	optime
malus 나쁜	male 나쁘게	peior, peius	peius	pessimus, -a, -um	pessime
dubius 의심스러운	dubie 의심스럽게	magis dubius, -a, -um	magis dubie	maxime dubius, -a, -um	maxime dubie
parvus 작은	parum 적게	minor, minus	minus	minimus, -a, -um	minime
miser 불쌍한	misere 불쌍하게	miserior, miserius	miserius	miserrimus, -a, -um	miserrime

(3) 형용사에서 파생하지 않은 부사의 비교급과 최상급의 경우, 부사의 고유한 비교급과 최상급 형성 방식을 따른다.

원급	비교급	최상급
diu 오래, 오랫동안	diutius	diutissime
saepe 가끔	saepius	saepissime
satis 충분히	satius	-

2) 부사의 비교 용법

• 부사의 동등 비교와 우등 비교, 열등 비교는 형용사의 비교법과 형식이 같다.

동등 비교	tam/ita/aeque/idem/non secus	부사 원급	quam/ut/ ac(at)que	~하는 만큼 ~하다
우등 비교	plus			~하는 만큼 더 ~하다
열등 비교	minus			~보다 덜 ~하다

Plus apud me vera ratio valebit quam vulgi opinio.[2] (Cic. *Par.* 8)
나에게 대중의 견해보다 참 이성이 더 가치가 있을 것이다.

Ignominia illa tam diu in illo homine fuit, quam diu iste in provincia mansit.[3] (Cic. *Verr.* 2, 67)

(직역) 그가 오랫동안 속주에 머물렀던 것만큼, 그만큼 오랫동안 그 불명예가 그 사람에게 남아 있었다.

(의역) 그가 지방에 머물러 있는 동안, 평생 그 사람에게 그 불명예가 따라다녔다.

• 두 부사를 동등 비교할 경우, 뒤에 오는 부사는 일반적으로 생략한다.

Tam facile quam tu arbitraris. (Cic. *Div.* 1, 10) 네가 생각하는 만큼 그만큼 쉽다.

vulgus, -i, n. 대중, 민중	opinio, -onis, f. 의견, 견해
ignomia, -ae, f. 불명예, 치욕	provincia, -ae, f. 속주, 지방
maneo 머무르다, 고집하다	arbitror 여기다, 생각하다

2) valebit는 valeo 동사의 직설법 미래 단수 3인칭. plus에 대한 자세한 설명은 "Pars 2, Lectio III. 형용사의 비교급과 최상급의 예외, 4"를 참조하라.
3) mansit는 maneo 동사의 직설법 단순과거 단수 3인칭.

II. 부사의 종류

여기에서 제시하는 부사의 종류는 전통적 분류에 따라 제시하는 것으로 부사 전체가 아니라, 통계적으로 가장 일반적인 형태를 예시하는 것이다. 사실상 부사, 전치사, 접속사의 종류를 명확히 구분하는 것은 불가능하기 때문에 의미에 따라 대략적으로 구분한다.

1. 양태부사

양태부사는 전개되는 행위의 양상을 정확히 한다. 일부 양태부사들은 전치사나 접속사 역할도 한다.

형태	부사의 기능	그 밖의 역할
contra	반대로	(전치사) contra (+acc.) ~을 거슬러, ~을 반대하여
et	~조차, ~도, ~까지	(등위접속사) ~과
etiam	~까지도	(등위접속사) ~도 또한
quasi	거의, 말하자면	(종속접속사) 마치 ~인 것처럼, 흡사 ~와도 같이
simul	동시에	(종속접속사) ~하자마자
ut	~와 같이	(종속접속사) *제2권 "Pars 4, Lectio III"을 보라.
vel	(최상급을 강조) ~도 또한, 까지도	(등위접속사) 또는

1) 양태부사의 종류
• 양태부사는 주로 형용사 제1, 2형에서 파생한다.

bene 잘   male 나쁘게
fortiter 용감히   libere 자유롭게
sapienter 현명하게   strenue 끈질기게, 용맹하게

• 접미사 -tim, -sim으로 끝나는 부사

certatim 경쟁적으로   confestim 즉시
gradatim 점진적으로   partim 부분적으로
passim 여기저기   paulatim 조금씩
praesertim 특별히

• 예외적으로 형성된 부사

aliter 달리, 그렇지 않으면   clam 몰래
fere 거의   forte 우연히

frustra 헛되이

item 마찬가지로

nequiquam 쓸데없이

palam 공공연히

vix 겨우, 간신히

ita 이렇게

nequaquam 절대로 아니

paene 거의, 하마터면

sponte 자발적으로

N.B. ita는 접속사 ut와 함께 "ita ... ut" 상관관계를 나타내는 용법으로 자주 사용되며, 동등 비교나 결과문으로 사용된다.

2) 양태부사의 용법

• 비슷함, 다름, 반대를 표시하는 부사는 종종 ac 또는 atque 접속사가 뒤따른다.

aliter atque(ac) ~과 달리

item atque / similiter atque ~과 같이

contra atque ~과 반대로

Contra ac ratus erat[4] (Sall. *Cat.* 60, 5) 생각했었던 것과는 반대로

reor 생각하다, 믿다, 판단하다

• 부사 quasi는 종종 완곡어법으로 사용된다.

Bonae valitudinis eorum quasi mater erat frugalitas. (Val. Max. 2, 5, 6)

절약은, 말하자면 그들의 좋은 건강의 어머니였다. (과유불급)

valetudo(valitudo), -dinis, f. 건강   frugalitas, -atis, f. 절약, 검소

• ut가 부사로 사용되면 "~와 같이, ~처럼"(비교)을 뜻하며, 때로는 의문(어떻게), 감탄(~하구나!) 등의 의미를 나타내기도 한다. 비교부사로서 ut는 ita, sic과 함께 상관관계를 나타낸다.

sic / ita ~ ut = ut ~, sic ~ 한 것처럼 ~ 그처럼

Ut non omne vinum, sic non omnis natura vetustate coacescit. (Cic. *Sen.* 65)

오랜 시간이 지난 모든 포도주가 신맛이 나지는 않는 것처럼, 모든 성격도 (시간이 지나서 난폭해지는 것은) 아니다.

vinum, -i, n. 포도주   vetustas, -atis, f. 고대, 오랜 기간, 장기간

vetustate coacesco 시큼해지다, 신맛이 나다, 난폭해지다

---

4) ratus erat는 reor 동사의 과거완료.

• 관계부사 ut는 "~한 대로, ~한 바와 같이"라는 의미를 가지며, 종속 관계사절로 문장 사이에 삽입된다. 이 표현들은 관용직 표현으로 자주 사용되니 숙어저럼 암기하기 바란다.

Facite ut vultis.[5] 너희가 원하는 대로 해라.

Ut supra diximus 위에서 말한 바와 같이

Ut putant 생각한 바대로

Labienus, ut erat ei praeceptum a Caesare, nostros expectabat.[6] (Caes. *B. G.* 1, 22, 3) 캐사르가 그에게 명령한 대로, 라비에누스는 우리를 기다리고 있었다.

> praecipio 먼저 잡다, 예견하다, 명령하다

• 양태부사는 중성 과거분사와 결합하여 자주 사용된다.

bene factum 선행   male dictum 모욕

facete dictum 농담, 우스갯소리

O factum male! (Catull. 3, 16) 오 불행이여!

2. 정도부사

정도부사는 부정확한 양을 표현하며, 이를 위해 대명사나 미한정 형용사 옆에서 언급된다. 또한 정도부사는 때때로 부사의 형태를 파괴하기도 한다.

1) 정도부사의 종류
(1) 가장 일반적인 정도부사

admodum (매우) 많게, 대단히   aliquantum 꽤, 상당히

amplius 더 이상(넓이, 범위 개념)   magis 더 이상(강도 개념)

magnopere 크게   minus 덜, ~보다 적게

multum 많이   nihil 조금도 아니, 쓸데없이

nimis, niminum 너무, 지나치게   paulum 작은, 적게(소량의 의미)

parum 적게, 부족하게   plurimum 대단히, 최대한

plus 더 많이(수를 언급)   quam 얼마나

satis 충분히   tantum 그만큼, 매우

tantundem ~과 같이, 마찬가지로   quantum (의문부사) 얼마나, (관계부사) ~한 만큼

---

5) facite는 facio의 명령법 복수 2인칭.

6) erat praeceptum은 praecipio의 수동태 직설법 과거완료 단수 3인칭.

(2) 존경을 표시하는 부사

정도부사 중에는 동사와 결합하여 존경의 정도를 나타내는 것들이 있으며, 이때 부사는
형용사 속격 어미의 형태를 취한다.

Magni facere(habere, existimare) 매우(대단히) 존경하다

•가장 일반적인 존경 표시 부사

magni, tanti 매우, 대단히	maxime, permagni 최대한
minimi 아주 조금, 최소한	minoris 더 적게, 덜하게
nihil 전혀(조금도) ~아니다	parvi 조금
plurimi 대단히	pluris 더
quanti 얼마나(의문부사), ~한 만큼(관계부사)	

2) 정도부사의 용법

•aliquantum(꽤), multum(많이), paulum(작은), quantum(얼마나), tantum(매우) 등의 부사
는 비교급 형용사, 선호 동사(malo 더 좋아한다, praesto 더 낫다, etc.)나 전후(前後)를 나타
내는 부사(post/ante) 등을 꾸며 줄 때 정도탈격의 형태로 어미 −o를 따라 aliquanto, multo,
paulo, quanto, tanto가 된다.

Multo pauciores oratores quam poetae boni reperientur.[7] (Cic. *De Orat.* 1, 11)
훌륭한 시인들보다 훨씬 더 적은 수의 웅변가들이 있을 것이다.

Non multo post quam tu a me discessisti, quidam litteras attulerunt.[8] (Cic. *Att.* 12, 49, 2)
네가 내게서 떠나고 난 뒤 얼마 되지 않아, 어떤 사람이 편지를 전해 주었다.

Duo reges multo ceteros antecesserunt.[9] (Nep. *Reg.* 2, 1)
두 왕은 다른 사람들을 매우 앞서 간다.

---

paucus, −a, −um, adj. 적은, 얼마 안 되는	reperio 발견하다, 얻다, 알아차리다
discedo 헤어지다, 떠나다, 사라지다	
quidam, quaedam, quoddam, pron. 어떤 사람, 아무	
ceteri, m. pl. 다른 사람들	antecedo 앞서다, 앞서 가다, 월등하다

•plus, amplius, magis 등의 부사는 모두 우리말로 "더"라는 의미이지만, 차이가 있다.

---

7) pauciores는 paucus 형용사의 비교급 남성 주격 복수. reperientur는 reperio 동사의 수동태 직설법
미래 복수 3인칭.

8) attulerunt는 affero 동사의 직설법 단순과거 복수 3인칭.

9) antecesserunt는 antecedo 동사의 직설법 단순과거 복수 3인칭.

plus 더 많이(수량을 강조; multum의 비교급)

amplius 더, 이상(넓이, 범위를 강조; 부사 ample의 비교급)

magis 더, 이상(강도를 강조; 형용사 magnus에서 파생)

Nulla navis longa plus quam triginta remis agatur. (Liv. 38, 38, 8)
아무 배(군함)도 서른 개 이상의 노로 저어지는 것은 없다.

Castra amplius milibus passuum octo in latitudinem patebat.[10] (Caes. *B. G.* 2, 7, 3)
진영은 팔천 보 이상의 폭으로 길이 나 있었다.

remus, −i, m. (배 젓는) 노	ago (차, 배 등을) 몰다, 운전하다
milia, −ium, n. pl. 수천	passus, −us, m. 발걸음, 발자국, 보(步)
latitudo, −dinis, f. 폭, 넓이	pateo 열려 있다, 길이 나 있다

•multum, nihil, nimis, parum, plurimum, plus, satis, tantum 등의 정도부사는 명사의 분할 속격 형태를 수식할 수 있다.

satis pecuniae 충분한 돈   parum sapientiae 부족한 지혜

plus auctoritatis 더 큰 권위

Satis eloquentiae, sapientiae parum. (Sall. *Cat.* 5, 4) 충분한 언변, 부족한 지혜.

 쉬어 가는 문화사 이야기

충분한 언변, 부족한 지혜
어떤 사람이 청산유수(靑山流水)처럼 말한다고 해서, 그 사람이 지혜가 있는 사람은 아니라는 뜻. 이 표현은 로마의 정치인 카틸리나(Catilina)에서 유래한 것으로, 카틸리나는 당대에 알아주는 언변가였다. 그러나 그는 정치적 선택에 있어 그리 현명한 판단을 하지 못했기에 실패를 거듭했고, 이를 빗대어 나온 이야기이다.

•tantum, quantum, satis, plus 등 다수의 정도부사는 감탄문에도 사용되었다.
(Verres) quantum terroris iniecit![11] (Cic. *Verr.* 2, 5, 14) 얼마나 공포가 밀려왔던가!

eloquentia, −ae, f. 웅변, 언변, 말솜씨	terror, −oris, m. 공포, 전율
inicio (감정을) 불어넣다, 초래하다	

---

10) milibus는 milia 복수 탈격.

11) 코르넬리우스 베레스(Cornelius Verres)는 치체로(Cicero)에게 대항한 시칠리아의 정무관이었다. iniecit는 inicio의 직설법 단순과거 단수 3인칭.

3. 시간부사

1) 시간부사의 종류
시간부사는 질문에 따른 대답에 따라 네 가지로 구분할 수 있다.

•언제(Quando)

alias 딴 때에, 다른 기회에	aliquando 한번, 어느 날
antea 전에, 일찍이	cito 빨리
cras 내일	dein, deinde 그다음에, 이어서
heri 어제	hodie 오늘
iam 이미, 지금은	illico 즉시
interdiu 낮에	interea, interim 그동안에
mane 아침에, 일찍	mox 곧
nocte(noctu) 밤에	nunc 지금
olim 예전에, 옛날 옛적에	postridie 이튿날
pridie 전날	protinus 즉시
rursum 결국	quondam 이후로, 장차, 동시에, 이전에
statim 즉시	tum, tunc 그 당시에
vespere(vesperi) 저녁에	

•얼마 동안(Quamdiu)

adhuc 지금까지	aliquamdiu 한동안
diu 오랫동안	hactenus 지금까지
semper 언제나	tamdiu 아주 오랫동안

quamdiu (관계부사) ~하는 동안, ~하는 한은; (의문부사) 얼마 동안

•언제부터(Ex quo tempore)

abhinc ~이후로	dehinc 지금부터
dudum 얼마 전	exinde 그 후부터
inde 나중에, 그 뒤에	nondum 아직 ~아닌
nuper 최근	pridem 이전에, 며칠 전

•몇 번(Quotiens)

saepe 자주

semel 한 번(bis 두 번, ter 세 번)

aliquotiens (aliquoties) 몇 번

cotidie 매일

interdum 종종

numquam 결코 아니

plerumque 자주

quotannis 매년

totiens 매우 자주

quotiens(quoties) 얼마나 자주, ~만큼 자주

quotienscumque(quotiescumque) (의문부사) 몇 번?; (상관관계) ~할 때마다

2) 시간부사의 용법

• quamdiu(quam diu, ~하는 동안, ~하는 한은), quotiens, quotiens cumque(~할 때마다)는 관계부사의 뜻도 가진다. 따라서 관계사절을 삽입할 수 있다.

• tamdiu(오래전부터, 이렇게 오래), totiens(번번이)도 상관관계를 나타내는 부사로 사용된다.

Epaminondas, quamdiu facta est caedes civium, domi se tenuit.[12]

시민들의 학살이 벌어지는 동안, 에파미논다스는 집에 머물렀다.

---

caedes(caedis), -is, f. 학살

teneo 붙잡다, 소유하다, 유지하다; tenere se domi 집에 머무르다

• 부사 iam(이미, 지금은)이 부정사(non, nihil...)와 함께 쓰이면 "더 이상 ~아니, 이제부터는 (지금은) ~아니"라는 의미이다.

Nihil iam spero. (나는) 더 이상 기대하지 않는다.

Neque iam livida gestat armis bracchia.[13]

(그는) 더 이상 무기로 인해 멍든 팔(들)을 가지고 있지 않다.

---

lividus, -a, -um, adj. 멍든, 질투하는   gesto 지니고 다니다, 가지고 있다, 지니다

arma, -orum, n. pl. 도구, 무기, 병기   brachium(bracchium), -ii, n. 팔

• numquam(결코 아니)은 "ne+umquam"의 합성어이다. numquam 앞에 부정사가 올 경우에는 ne를 생략하고 umquam이라고 쓴다. 그러나 numquam 뒤에 부정사가 오면 이중부정이 되므로, 강한 긍정의 뜻이 된다. "Neminem vidi. (나는) 아무도 보지 못했다." 부정의 의미이다. "Non neminem vidi. (나는) 누군가를 보았다." 이중부정은 긍정을 의미한다.

Numquam est fidelis cum potente societas.

권력자와 함께하는 동맹은 결코 오래가지 못한다.

---

12) facta est는 fio 동사의 직설법 단순과거 단수 3인칭. caedes가 여성명사이므로 facta est라고 씀.

13) 형용사 livida는 명사 bracchia를 수식함.

Malefacere qui vult, numquam non causam invenit.[14]
잘못된 일을 하고자 하는 사람은 핑계를 댄다.

fidelis, -e, adj. 충실한, 오래가는	potens, potentis, adj. 세력 있는, 영향력이 있는
potens, potentis, m. 권력자, 세력가	societas, -atis, f. 사회, 유대, 친교, 사귐, 동맹
malefacio 잘못하다, 죄를 범하다	invenio causam 핑계를 대다

4. 장소부사

모든 장소부사는 (한정) 지시, 관계, 의문, 미한정 대명사에서 파생한다.
거의 모든 장소부사는 시간부사의 뜻도 가진다.

hic (장소) 여기에; (시간) 지금   inde (장소) 거기서부터; (시간) 나중에, 그 뒤에

1) 장소부사의 종류
• 한정 지시대명사에서 파생한 부사

대명사	부사			
	소재(어디에)	목적(어디로)	출발(어디서부터)	통과(어디를 거쳐서)
is	ibi 그곳에	eo 그리로, 그곳으로	inde 거기서부터	ea 그곳을 거쳐서
idem	ibidem 같은 곳에	eodem 같은 곳으로	indidem 같은 곳에서부터	eadem 같은 곳을 거쳐서

• 지시대명사에서 파생한 부사

대명사	부사			
	소재(어디에)	목적(어디로)	출발(어디서부터)	통과(어디를 거쳐서)
hic	hic 여기에	huc 이리로	hinc 여기서부터	hac 이곳을 거쳐서
ille	illic 저곳에	illuc 저리로	illinc 저기에서부터	illac 저곳을 거쳐서
iste	istic 그곳에	istuc 그리로	istinc 그곳에서부터	istac 그곳을 거쳐서

• 관계대명사에서 파생한 부사

대명사	부사			
	소재(어디에)	목적(어디로)	출발(어디서부터)	통과(어디를 거쳐서)
qui	ubi 그곳에	quo 그곳으로	unde 그곳에서	qua 그곳을 통하여
quicumque	ubicumque 어디든지	quocumque 어디로든지	undecumque 어디서든지	quacumque 어디를 통하든지

---

14) numquam non은 이중부정이므로 강한 긍정의 의미이다.

• 의문대명사에서 파생한 부사

대명사	부사			
	소재(어디에)	목적(어디로)	출발(어디서부터)	통과(어디를 거쳐서)
quis?	ubi 어디에?	quo 어디로?	unde 어디서?	qua 어디를 통하여?

N.B. 관계대명사 qui와 의문대명사 quis에서 파생한 부사는 모양은 같으나 의미가 다르므로 주의하여야 한다.

• 미한정 대명사에서 파생한 부사

대명사	부사			
	소재(어디에)	목적(어디로)	출발(어디서부터)	통과(어디를 거쳐서)
aliquis	alicubi 어떤 곳에	aliquo 어떤 곳으로	alicunde 어떤 곳에서부터	aliqua 어떤 곳을 통하여
alius	alibi 다른 곳에	alio 다른 곳으로	aliunde 다른 곳에서부터	alia 다른 곳을 통하여
quisque	ubique 도처에		undique 각처에서부터	
uterque		utroque 양쪽으로	utrimque 양쪽으로부터	

• 대명사에서 파생하지 않은 장소부사

comminus (cum＋manus) 손닿는 곳에, 가까이에

eminus 멀리서, 떨어져서　　　　　　　foras (어디로) 밖으로

foris (어디에) 밖에　　　　　　　　　intro (어디로) 안으로

intus (어디에) 안에

nusquam 아무 데도 아니(부정부사 뒤에 오면 usquam이라 쓴다)

prope 가까이, 곁에[전치사 prope (＋acc.) 가까이, 곁에, 부근에]

procul 멀리, 떨어져

2) 장소부사의 용법

• 장소를 표시하는 명사(collis, mons, terra, regio, pagus, locus, silva)나 고유명사가 관계사절을 지배하는 선행사가 될 경우, 관계대명사 대신에 관계부사(ubi 그곳에, quo 그곳으로, unde 그곳에서, qua 그곳을 통하여)를 사용할 수 있다.

Is est collis, ubi(in quo) castra posita erant.[15] 그것이 진(陳)을 쳤었던 언덕이다.

---

15) posita erant는 pono 동사의 수동태 과거완료 중성 복수 3인칭. 이 문장은 "그것은 언덕이다. 그곳에 진을 쳤었다."라는 의미이다.

Is est collis, quo(in quem) hostes pervenerunt.[16] 적군들이 도착한 곳은 그 언덕이다.

Is est collis, unde(e quo) hostes fugerunt.[17] 적군들이 도망한 곳은 그 언덕에서이다.

Is est collis, qua(per quem) hostes transierunt. 적군들이 지나간 곳은 그 언덕이다.

> pono 두다, (진을) 치다, (군을) 배치하다, 주장하다
> pervenio 도착하다   fugio 도망하다
> transeo, tr. 넘어가다, 통과하다, (시간을) 보내다

• ubi, quo, unde, qua는 −cumque와 결합하여 사용된다.

　Ubicumque sum, ibi meus sum. 내가 존재하는 어디든지, 그곳은 나와 관련된다.

• ubi, quo, unde, qua는 한정 지시부사와 함께 상관관계를 표현한다.

관계부사	한정 지시부사
ubi ~하는 곳에	ibi 그곳에
quo ~하는 곳으로	eo 그리로, 그곳으로
unde ~하는 곳에서	inde 그곳에서, 거기서부터
qua ~하는 곳을 통하여	ea 그곳을 통하여, 그곳을 거쳐서
quomodo ~처럼	sic(ita) 그렇게

Ubi charitas et amor, ibi Deus est. 애덕과 사랑이 있는 곳에, 그곳에 신(神)이 있다.

Quo hostes fugerunt, eo milites nostri persecuti sunt.
적군들이 도망한 곳으로, (그리로) 우리 군사들이 추격하였다.

Inde hostes venerunt, unde nostri milites exspectabant.
우리 군사들이 기다리고 있던 그곳에서, (거기서부터) 적군들이 왔다.

> charitas(caritas), −atis, f. 사랑, 애덕, 자선

5. 의문부사[18]

장소부사는 의문부사의 기능도 가지며, 이는 의문대명사 quis에서 파생한다. 이에 대해서는

---

16) pervenerunt는 pervenio 동사의 직설법 단순과거 복수 3인칭. 이 문장은 "그것은 언덕이다. 그곳으로 적들이 도착했다."라는 의미이다.

17) fugerunt는 fugio 동사의 직설법 단순과거 복수 3인칭. 이 문장은 "그것은 언덕이다. 그곳에서 적들이 도망했다."라는 의미이다.

18) "Pars 3, Lectio III. 의문사, V. 의문부사, Loqui Latine"를 참조하라.

앞에서 설명한 "장소부사의 종류"를 참조하라.

1) 의문부사의 종류

ubi? 어디에?   quo? 어디로(목적지, 행선지)?

unde? 어디에서?   qua? 어디를 거쳐서, 어디로 해서(통과, 경유)?

• 그 밖의 의문부사

cur? 왜?   quare? 왜? 무슨 이유 때문에?

quin? 왜 아니?   quamdiu? 얼마 동안?

quando? 언제?   quousque? 언제까지?

quantum? quanto? quanti? 얼마나? 얼마만큼?

quomodo? 어떻게?   ut? 어떻게?

quotiens? 몇 번이나?   nonne 만일 ~아니라면

2) 의문부사의 용법

의문부사는 직접 의문문이나 간접 의문문을 이끌 수 있다. 간접 의문문에 대해서는 제2권 "Pars 4, Lectio VI. 직·간접 의문문"을 참조하라.

(직접 의문문) Cur haec dicis? (너는) 왜 이것을 말하니?

(간접 의문문) Ex te quaero cur haec dicas. 왜 이것을 말하는지 당신에게 묻습니다.

(직접 의문문) Ubi est autem dignitas, nisi ubi honestas?

만일 정직함이 없는 곳이라면, 그러면 어디에 권위가 있겠는가?

• quomodo?(어떻게?) 대신 고대 탈격 형태인 qui?를 사용하기도 한다.

Qui possum, quaeso, facere quod quereris, lupe?

늑대야, 제발, 네가 푸념하는 것을 내가 어떻게 할 수 있겠니?

quero, dep. 원망하다, 한탄하다, 불평하다, 푸념하다

• "왜?"를 의미하는 의문부사 cur? 대신 중성대명사 quid?를 의문부사로 많이 사용한다.

Quid ego haec autem nequiquam ingrata revolvo... quidve moror?[19]

그러나 왜 내가 불유쾌한 이 일(들)을 쓸데없이 생각하고 있는가? 그리고 왜 망설이고 있는가?

---

19) 이 문장에서 ingrata 형용사는 중성 복수 대격 지시대명사 haec을 수식한다. 형용사 ingrata는 중성 복수 주격과 대격의 형태이다.

nequiquam, adv. 쓸데없이, 무익하게

revolvo 휘말려들다, 생각하다

moror 지체하다, 망설이다

ingratus, -a, -um, adj. 불유쾌한, 배은망덕한

-ve (전접어 접미사) 그리고

• 대다수의 의문부사는 감탄, 의문 감탄의 의미도 가진다.

Quousque tandem abutere, Catilina, patientia nostra? Quamdiu etiam furor iste nos eludet?[20]
카틸리나, 도대체 언제까지 우리의 인내를 남용할 것인가? 얼마 동안 그러한 어리석은 행동이 우리를 피할 수 있겠는가?

Gnaeus noster... ut totus iacet! 우리의 그내우스… 어떻게 모두 사장(몰살)될 수 있는가!

tandem, adv. (의문문 속에) 결국, 도대체

furor, -oris, m. 광기, 어리석은 행동

eludo, tr. 피하다, 놀리다

iaceo, intr. 가로눕다, 죽어 누워 있다, 등한시되다, 사장되다

abutor, intr. (+abl.) 이용하다, 남용하다

furor 도둑질하다, 훔치다

6. 긍정, 부정, 의혹 부사[21]

1) 긍정, 부정, 의혹 부사의 종류

(1) 긍정

certe, profecto 확실히, 의심 없이, 물론   equidem 정말로

ita 그렇게, 물론   nimirum 분명히, 물론

omnino 모두, 전적으로   quidem 정말로, 확실히

recte (친한 사이의 동감, 찬성) 좋아! 잘한다!

sane 확실히, 물론   scilicet, videlicet 확실히, 즉, 당연히

vere 정말로, 확실히   vero 정말로

(2) 부정

haud, non 아니

haudquaquam, minime, nequaquam 절대로 아니, 결코 아니

ne ~ quidem ~라도(조차) 아니

---

20) abutere는 abutor 동사의 명령법 현재 단수 2인칭. patientia nostra는 "abutor+abl."의 형태. 명사 furor와 탈형동사 furor의 형태가 같기 때문에 문장에 따라 파악해야 한다. eludet는 eludo 동사의 직설법 미래 단수 3인칭.

21) "Pars 4, Lectio VII 뒤의 Loqui Latine와 문장부호" 부분 참조.

(3) 의혹

forsitan, fortasse 아마도

2) 긍정, 부정, 의혹 부사의 용법

(1) quidem

quidem은 늘 수식하는 말 뒤에 놓는다.

• "참으로, 정말로"라는 의미의 단정

Ista quidem vis est. (Svet. *Iul.* 82, 1) 그것은 정말 폭력이다.

Multa quidem feci, sed frustra. 나는 참으로 많은 일을 했지만, 헛되다.

• "적어도"라는 의미의 제한

Mea quidem sententia 적어도 내 생각에

Non video causam cur ita sit, hoc quidem tempore. (Cic. *Att.* 9, 2a, 2)

적어도 지금으로서는(이 순간에), 왜 그렇게 되는지 원인을 모른다.

• "quidem, sed; re quidem; re quidem vera (비록) ~이기는 하지만, 그러나, 사실은" 등의 의미로 문어체상 자주 사용된다.

Severitas habet illa quidem gravitatem, sed... 그 엄격함은 고되지만, 그러나….

Misera est illa quidem consolatio... sed tamen necessaria.[22] (Cic. *Fam.* 6, 2, 2)

(정말로) 그 위로는 비참하지만, 그러나 필요하다.

Haec cogitatione inter se differunt, re quidem (vera) copulata sunt.[23] (Cic. *Tusc.* 4, 24)

이것들은 사고(적인 측면)에서 서로 다르지만, 그러나 실상은 함께 결합되었다.

Pharnabazus habitus est imperator, re quidem vera exercitui praefuit Conon.[24] (Nep. *Con.* 2, 2)

파르나바주스가 총사령관이라고 생각되었지만, 그러나 실상은 코논이 군대를 지휘했다.

---

severitas, -atis, f. 엄격, 엄중	gravitas, -atis, f. 무거움, 부담, 고됨
miser, misera, miserum, adj. 불쌍한, 비참한	tamen, conj. 그러나

---

22) sed tamen이 함께 사용되어 강세가 됨.

23) differunt는 differo 동사의 직설법 현재 복수 3인칭. copulata sunt는 copulo 동사의 수동태 직설법 단순과거 복수 3인칭.

24) habitus est는 habeo 동사의 수동태 직설법 단순과거 단수 3인칭. praesum 동사가 여격을 요구하기 때문에 exercitui가 옴.

consolatio, -onis, f. 위로, 위안

cogitatio, -onis, f. 생각, 사고

differo, intr. 다르다, 차이가 있다

copulo 결합하다, 연결하다

habeo 가지다, 판단하다, 생각하다

exercitus, -us, m. 군대

praesum, intr. (+dat.) 지휘하다, 감독하다

•"ne ~ quidem ~조차 아니(못)"

ne와 quidem 부사 사이에 부정할 단어를 넣는다.

Ne amicos quidem vidimus. 우리는 친구들조차 보지 못했다.

Ne illud quidem vere dici potest. (Cic. *De Orat.* 1, 13) 그것조차도 확실히 말할 수 없다.

(2) omnino

•"모두, 완전히; 전적으로, 전부"

Erant omnino itinera duo. 모두 두 개의 길이 있었다.

•"모두, 완전히; 전적으로, 전부"라는 뜻은 부정적인 표현으로 확고한 의미를 주기 위해 사용
되기도 한다.

Eos... omittamus, qui omnino nusquam reperiuntur.25) (Cic. *Amic.* 21)

(우리) 도저히 아무 데서도 찾을 수 없는 그것을 단념합시다.

•omnino는 "일반적으로, 보편적으로"라는 의미로 매우 자주 사용된다.

De hominum genere aut omnino de animalium loquor? (Cic. *Fin.* 5, 33)

(나는) 인간들의 종류 혹은 일반적인 동물들의 (종류에) 대해 말하고 있는가?

omitto 가게 버려두다, 포기하다, 그만두다, 그치다

nusquam, adv. 아무 데서도 아니, 아무 때도 아니

reperio 발견하다, 얻다

genus, generis, n. 태생, 혈통, 민족, 종족

aut, conj. ~든지, ~거나, 혹은

animal, animalis, n. 살아 있는 것, 동물

(3) certe, profecto

•certe, profecto 부사 모두 "확실히, 의심 없이"를 의미한다.

•certe는 이론의 여지를 달 수 없는 대상의 확실성을 가리킨다.

---

25) omittamus는 omitto 동사의 접속법 현재 복수 1인칭. reperiuntur는 reperio 동사의 수동태 직설법
현재 복수 3인칭.

Dolor malum certe est.[26] (Cic. *Tusc.* 2, 14) 고통은 의심 없이 나쁘다.

•profecto는 주체의 확신을 나타낸다.

Meministi profecto... quanta esset hominum admiratio. (Cic. *Amic.* 2)
얼마나 많은 사람들의 감탄(망연자실)이 있었을지 너는 확실히 기억한다.

---

dolor, doloris, m. 고통, 아픔   memini (+gen.) 기억하다

quantus, −a, −um, adj. 얼마나 큰(많은, 다수의)

admiratio, −onis, f. 감탄, 경악, 망연자실

---

(4) haud, non

부정부사 haud와 non은 의미상 별 차이가 없다. 그러나 의심할 여지없이 non이 일반적으로
더 많이 사용되었다. 간혹 non 대신 nihil로 바꾸어 사용하기도 한다.

haud는 관용어적 표현, 형용사나 부사 앞에서 사용된다.

  haud scio 모르다   haud felix 운이 없는

  haud feliciter 행복하지 않은

(5) forsitan, fortasse

forsitan과 fortasse 모두 우리말로 "아마도"라고 번역된다. 그러나 두 어휘는 상당히 다른
개념을 표현한다.

•어원적으로 forsitan은 "fors sit an"에서 유래하는 것으로 그 의미는 "아마도 ~일 수도 있다"
라는 뜻이다. "forsitan quis dicat 아마도 누군가 말할 수도 있다"라는 문장에서처럼 가정을
전제한다.

Longiorem orationem causa forsitan postulet.[27] (Cic. *Lig.* 38)
소송은 아마도 더 긴 변론을 요구할 것이다.

•fortasse는 "대략, 거의"라는 의미의 "아마도"를 뜻한다. "대략, 거의"라는 의미일 경우 fere,
ferme 부사를 사용하기도 한다.

---

26) dolor가 남성명사이기 때문에 형용사도 malus를 써야 하지만, 추상명사일 경우 중성 형용사를 쓸
수 있다.

27) longiorem은 longus 형용사의 비교급 여성 단수 대격. postulet는 postulo 동사의 접속법 현재 단수
3인칭.

Triginta fortasse milites vidi. (나는) 대략 30명의 군인들을 보았다.

Pompeium vidi fuimus una horas duas fortasse. (Cic. *Att.* 7, 4, 2)

(나는) 폼페이우스를 보았는데, (우리는) 대략 두 시간을 함께 있었다.

•forsitan과 fortasse는 개념 구분 없이 사용되기도 한다.

(Graecos versus) dicam ut potero, incondite fortasse, sed tamen ut res possit intellegi.

아마 두서가 없을 수도 있지만, 상황을 이해하기 위해, 내가 할 수 있을 만큼 (그리스인들에게) 연설할 것이다.

una, adv. 함께, 같이	versus, adv. ~을 향하여, 쪽으로
intellego 알다, 이해하다	incondite, adv. 두서없게, 어지럽게

Loqui Latine! 라틴어로 말하기

축하 인사

Prosit! 건배

Feliciter! 행운(복)이 있길! *Good luck!*

Bonam orexin! 맛있게 드세요! *Enjoy your meal!*

Bonum iter! 좋은 여행 되세요! *Have a nice journey!*

Ferias felices! 좋은 휴가 되세요!

Felicem diem natalem! 생일 축하합니다! *Happy birthday!*

Quam pulchrum est! 너무 멋져! *How wonderful!*

Gratulor tibi/vobis! 축하해요! *Congratulations!*

Felicem annum novum! 새해 복 많이 받으세요!

Vivat Corea! 대한민국 만세!

Gaudia tibi exopto maxima! 즐거운 시간 보내세요!

Praepositiones

전치사

전치사는 이름 그대로 "앞에 놓다"라는 뜻이고, 명사 앞에 놓여 그 단어가 문장에서 차지하는 역할, 즉 동사나 다른 품사와의 관계를 표시한다. 전치사의 원래 품사는 부사였는데, 후에 따로 품사로서 분류되어 동사의 시공간적 상황을 정확히 나타내는 역할을 하게 되었다. 라틴어의 전치사는 전치사 다음에 오는 명사에 대해 대격이나 탈격을 요구하거나, 대격과 탈격 모두를 요구하기도 한다. 전치사가 명사의 대격과 탈격 모두를 요구할 경우, 대격일 때와 탈격일 때의 의미가 달라지므로 전치사의 격에 따른 용법을 주의해서 학습하여야 한다. 다시 말해서 외우라는 얘기이다. 이에 대해서는 제2권 "Pars 3. 격의 용법"을 참조하라.

- 같은 전치사가 대격과 탈격을 요구할 경우.
  대격 요구: 시간과 공간 안에서 움직임의 방향을 강조.
  In urbem vinire. 도시 안으로 가다.
  탈격 요구: 시간과 공간 안에서 행위가 전개되는 장소를 강조.
  In urbe vivere. 도시에 살다.

I. 격에 따른 전치사 종류

1. 대격 요구 전치사

	장소	시간	관계(은유적 의미)
ad	~로, ~한테, 옆에, 가까이 ad castra redire 진지로 돌아오다	~까지 ad vesperum redire 저녁까지 돌아오다	(목적) ~위하여 ad custodiam corporis 신체의 보호를 위하여
adversus, adversum	향하여 adversus montem 산을 향하여		거슬러, 대항하여 adversus leges 법을 거슬러 adversus patriam 조국에 대항해서

ante	앞에, 앞으로 ante urbem 도시 앞에	전에, 먼저 ante lucem 날이 새기 전에	(우월) 우선, 보다 더, 이상으로 ante omnia 무엇보다도 우선
apud	근처에, 옆에, ~에 apud flumen 강 근처에		(민족) ~에게 있어서 apud Romanos 로마인들에게 있어서 (출처) ~의 책에 의하면 apud Ciceronem 치체로의 저서에
circa, circiter, circum	주위에, 둘레에, 부근에 agri circa urbem 성곽 주위의 밭들	쯤에, 경에, 무렵에 circa lucem 동틀 무렵에 circiter meridiem 정오경에	(수효) 대개, 가량 circa ducentos 200명가량
cis, citra	이쪽에 cis Padum 포 강 이쪽에	안으로, 이내에 cis paucos dies 며칠 안으로	
erga			~에 대하여, ~에 대한 bonitas erga homines 인간들에 대한 선
extra	밖에 extra urbem 도시 밖에		넘어, 이외에, 없이 extra modum 정도를 넘어 extra culpam 죄 없이
infra	아래에 infra caelum 하늘 아래 infra pontem 다리 아래에	후에, 뒤에 Homerus fuit non infra Lycurgum. 호메로스는 리쿠르굼 후대 인물이 아니었다.	~보다 못한, ~에 뒤진 Eloquentia infra me est. 나보다 못한 웅변이다.
inter	사이에, 중간에 inter Siciliam et Africam 시칠리아와 아프리카 사이에	동안에, 중에, 사이에 inter cenam 저녁 식사 중에 inter noctem 밤중에	서로, 끼리 inter se amare 서로 사랑하다 inter nos 우리끼리
intra	안에 intra moenia 성벽 안에	이내로, 안에 intra sex menses 6개월 안에(내로)	
iuxta	가까이, 옆에 iuxta viam 길옆에	가까워서 iuxta finem vitae 생의 마지막에, 임종이 가까워서	~따라, 대로, 의해서 iuxta legem Romanam 로마법에 따라 iuxta necessitatem 필요에 의해
ob	앞에 ob oculos versari 눈앞에 닥치다		때문에 ob eam rem 그 이유 때문에 quam ob rem 무엇 때문에

penes			수중에, 권한 내에 potestas iudicandi penes praetorem esse 재판권은 법무관 수중에 있다
per	통하여, 지나서, 거쳐서 per Alpes transire 알프스를 거쳐서 통과하다	동안(내내) per totum diem 하루 종일 per tres annos 3년 동안	(수단, 도구, 방법) ~로 per vim 강제로 per litteras 서면으로 (이유) ~때문에 per senectutem 늙었기 때문에 (중개) ~을 통해, 덕분에 per legatos 사신들을 통해
post	뒤에 post flumen 강 뒤에	뒤에, 나중에 post annum 일 년 뒤에 post mortem 사후에	(순서, 서열 따위) 다음으로 post me 나 다음에 post te 너 다음으로
praeter	옆을 지나서, 옆을 따라서 praeter castra Caesaris 캐사르의 진영을 따라서		외에, 보다 더, 넘어서 Praeter te neminem amicum habeo. 너 외에 나는 아무(어떤) 친구도 없다. (나는 너 외에 친구가 아무도 없다.) Praeter ceteros beatus es. 너는 다른 이들보다 행복하다.
prope	옆에, 가까이 Prope Romam sum. 나는 로마 근처에 있다. prope me 내 옆에		
propter			때문에, 인하여 propter eam causam 그 이유 때문에
secundum	따라서, 옆에서 secundum flumen 강을 따라서	동시에, 곧 secundum quietem 잠들자 곧	따라, 대로, 편에(유리하게), 다음에 secundum consuetudinem 습관에 따라(습관대로)
supra	위에, 위를, 위로 supra caput 머리 위에 supra terram 땅 위에, 지상에	이전에 supra hanc memoriam 이 시대 전에	이상, 넘치는 supra centum homines 백 명 이상 labor supra vires 힘에 넘치는 일

trans	건너서, 넘어서, 지나서 (주로 산, 강, 바다, 언덕, 절벽) trans mare 바다를 건너서 trans Alpes 알프스 산을 넘어서, 알프스 산 저편에		
ultra	건너편에(으로), 넘어서, 너머에 ultra montem 산 건너편에, 산 너머에	후에 ultra octo annos 8년 후에	이상, 넘어 ultra modum 정도를 넘어, 과도히 ultra quadraginta milia hominum 4만 명 이상

2. 탈격 요구 전치사

	장소	시간	관계(은유적 의미)
a, ab, abs	로부터, 에서, (편)에 ab urbe proficisci 도시에서 출발하다	부터, 이래, 후에 곧 ab initio 처음부터 a pueritia 소년기부터, 어려서부터	(능동주 부사어, 분리, 유래, 이유, 기타) 로부터, 에서, 보다, 이유로 abs te 너한테, 너에게서 inferior ab illo 저 사람보다 뒤떨어진 ab odio 미움 때문에 a priori 선천적으로
absque			없이 absque sententia 생각 없이, 고의가 아니고.
cum		때에, 와 동시에 cum prima luce 이른 새벽에 cum occasu solis 해가 짐과 동시에	(동반, 상대) 한가지로, 함께, 더불어, 와(과), 상대로 cum amico ambulare 친구와 함께 산책하다 pugnare cum hostibus 적과 싸우다 secum portare 가지고 다니다 (모양) 어떠하게 cum diligentia 부지런히
coram	앞에서, 면전에 coram populo 대중 앞에서 coram senibus 노인들 면전에서(앞에서)		

de	~로부터 descendere de rostris 연단에시 내려오다	동안에, 중에, 때에 de media nocte 한밤중에	(제목, 이유, 기타) 대하여, 관하여, 따라, 중에서 disputatio de fato 운명에 관한 논쟁 qua de causa? 무슨 이유로? 왜? de more 습관대로, 풍습대로
e, ex	에서, 부터 Ex urbe venit. 그는 도시에서 왔다.	부터 ex hoc die 오늘부터 ex eo tempore 그때부터	(유래, 기원, 이유, 출처) 중에서, 인하여, 때문에, 로써 electi ex civibus 시민 중에서 선출된 사람 (재료) ~으로 만든 status ex marmore 대리석으로 된 석상 (기타) 기준하여, 따라서, 부터 ex omnium sententia 모든 이의 뜻을 따라 ex natura sua 자기 본성대로 e contrario, e contra 반대로
prae	앞에서, 앞으로 prae me 내 앞에		(이유, 비교) 때문에; 보다, 비해서 prae lacrimis 눈물 때문에 prae nobis sapiens 우리보다 지혜로운
pro	앞에 pro aede Iovis 유피테르 신전 앞에 pro castris 진지 전방에		(목적) 위하여 pro patria mori 조국을 위하여 죽다 pro se quisque 각자 자기를 위하여 (대신) 대신에 Amicus pro me locutus est. 친구가 내 대신 말해 주었다. (비례, 이유, 기타) 따라서, 비해서 pro multitudine hominum 사람 수에 비해서 pro tua sapientia 네 지혜대로
sine			~없이 sine dubio 의심 없이
tenus			~까지(후치사) pectore tenus 가슴(높이)까지 hactenus 여기까지, 이 정도까지 quatenus 어디까지? ~한도에서

3. 대격과 탈격을 요구하는 전치사

		장소	시간	관계(은유적 의미)
in	**대격**	안으로, ~으로 in montem ascendere 산으로 올라가다 in urbem ire(redire) 도시로 가다(돌아가다)	~동안, 까지 in multos annos 여러 해 동안 in lucem 날이 밝을 때까지 in multam noctem 밤중까지 in perpetuum 영원히 in posterum diem 다음 날로 in praesens 현재에	(목적) 대한 amor in patriam 애국심(조국에 대한 사랑) (의향) 위하여 in memoriam patris 아버지의 기념으로(위하여), 아버지를 기리며 (변천, 태도, 기타) 있어서, ~으로 in eam sententiam 그 의미(의견)를 따라서 in totum 전체적으로
	탈격	안에, 속에, ~에 in monte 산에 in urbe esse 도시에 있다	안에, 동안에 in vita 일생 동안에 semel in anno 일 년에 한 번	(상태, 관계, 모양) in catena 죄수로서 in periculo esse 위험하다
sub	**대격**	밑으로, 아래로 sub montem 산 아래로 sub iugum mittere 멍에를 메우다, 예속시키다	즈음에, 경에, 무렵에 sub noctem 밤중에 sub vesperum 해 질 무렵에 즉시, 하자마자 sub tuum adventum 네가 도착하자마자	
	탈격	아래에, 밑에, 속에 sub monte 산 밑에(아래에) sub hoc verbo 이 말 이면에는 sub terra 땅속에	때에, 무렵에 sub luce 해 뜰 때에 동안에 sub somno 잠자는 동안에	(사정, 상태, 기타) sub conditione 조건하에, 조건부로 sub nomine 명목하에 sub Domitiano 도미치아노 황제 시대에(치하에)

		위로 super caput 머리 위로 super terram 땅 위로	중에, 동안에 super cenam(=mensam) 식사 중에	(초과) 넘어, ~이상으로 super doctem 지참금 이상으로 super modum 도를 넘어 (첨가) ~에 겸해서 super morbum 질병에 더해(질병에 겸해서)
super	대격			
	탈격	꼭대기에, 위에 super tecto templi 성전 지붕 위에 gladius super cervicem pendet 칼이 목 위에 걸려 있다	중에, 즈음에 nocte super media 한밤중에	대하여, 관하여 hac super re scribere 이것에 대하여 쓰다
		gladius, -i, m. 칼, 검 cervix, -icis, f. 목, 어깨 pendeo 걸려 있다		

II. 주요 전치사의 용법

1. a, ab, abs 탈격(abl.) 요구 전치사

• 전치사 a는 자음으로 시작하는 단어 앞에 쓰고, ab는 모음으로 시작하는 단어 앞에 쓰며, abs는 상고 라틴어의 형태로 "abs te 너한테"로만 사용한다.

• (장소, 거리, 시간) "~에서, ~로부터"라는 의미로 공간과 시간 안에서 움직임의 출발점을 가리킨다.
Venio ab urbe. 도시에서 온다.
Decem milia distabat a mari. 바다에서 만 보 떨어져 있다.
Ab occasu 일몰로부터

disto 떨어져 있다
decem milia 만(萬) (고대 로마에서 천보는 약 1.6km의 거리이다.)
occasus, -us, m. 해넘이, 일몰

•행위자, 원인, 기원(~에게서, ~로부터; ~ 때문에)

A magistro laudari 선생님으로부터 칭찬받다

Laborare ab aliqua re 무엇 때문에 아프다(고생하다)

•사람이나 사물의 분리나 격리

Dissentire ab aliquo 어떤 이와 의견이 다르다(불화하다)

Vacuus esse ab odio 원한에서 벗어나다(미움이 풀리다)

dissentio 의견이 다르다	vacuus, -a, -um, adj. 벗어난
odium, -ii, n. 미움, 증오	

•동사 접두사: aufero(ab+fero) 탈취하다, 빼앗아 가다, 제거하다.

2. ad(대격 요구 전치사)

공간과 시간 안에서 움직임의 방향이나 도착점(~에, ~로)을 가리키며, 종종 부사 usque와 함께 사용된다.

Ad urbem accedere 도시에 가까이 가다

Ad Caesarem venire 캐사르한테 가다

Ad horam nonam 오후 세 시까지

Usque ad vesperum 저녁까지

•행위의 목적(~을 위하여, 때문에)

Aptus ad militiam 군복무 하기에 적당한

Tempus ad vivendum 살기 위한 때(시간)

Non facti sumus ad ludum et iocum. 우리는 장난과 농담 때문에 되지 않았다.

ludus, -i, m. 장난, 놀이, 놀음	iocus, -i, m. 농담

•동사 접두사: addo(ad+do) 보태다, 더하다, 첨부하다.

3. cum(탈격 요구 전치사)

•cum은 전치사일 때와 접속사일 때 용법이 완전히 다르므로 문장에서 주의 깊게 파악하여야

한다. 접속사 cum에 대해서는 제2권 "Pars 4, Lectio IV. 간접목적어 종속절"을 참조하라.

• 동반(~와 함께, 가지고)
Cum amico deambulare 친구와 함께 산책하다
Dux cum exercitu suo 자기 군대를 거느린 장군
Esse cum libro 책과 함께 있다(손에 책을 들고 있다)
Cum prima luce 동이 틀 때에(첫 여명과 함께)

> deambulo 산책하다

• 모양, 양태(~하게, ~롭게, ~를 들여서, 가지고)
Cum virtute pugnare 용기를 가지고 싸우다
Magna cum voluptate legere 큰 기쁨으로 읽다

• 동사 접두사: convenio(cum+venio) 같이 오다, 일치하다, 합의되다; collaudo(cum+laudo) 극찬하다

4. de(탈격 요구 전치사)

• 유래, 출발(~에서, 로부터)
De provincia decedere 속주(지방 도시)에서 떠나다
De montibus descendere 산에서 내려오다
Arma de manibus ceciderunt.[28] 무기들이 손에서 떨어졌다.

> decedo 떠나다   descendo 내려오다
> cado 떨어지다

• 시공간의 부분(~에, ~에서, 중에)
De tergo 등(어깨)에
De tertia vigilia 삼시 경계 중에
N.B. 로마인의 시간관념: 로마는 해 질 때부터 해 뜰 때까지를 세 시간 간격으로 나누었다.
prima vigilia(p.m. 6~p.m. 9), secunda vigilia(p.m. 9~a.m. 12), tertia vigilia(a.m. 12~a.m. 3),

---

28) ceciderunt는 cado 동사의 직설법 단순과거 복수 3인칭.

quarta vigilia(a.m. 3~a.m. 6), De media nocte 한밤중에

tergum, -i, n. 등; 어깨

• 전체에 대한 부분(~ 가운데, ~ 중에, ~에서, ~의)
Unus de amicis 친구들 가운데 하나
Homo de plebe 평민 가운데 한 사람

• 주제, 제목(~에 대해, ~에 관해)
De amicitia scribere 우정에 대해 기술하다
De virtute disserere 덕에 대해 토론하다
De pace agere 평화에 대해 논하다

dissero 토론하다   ago 논하다; ago de aliqua re ~에 대해 논하다

• 행위의 원인(~ 때문에, ~ 이유로)
Aliquot de causis 몇몇 이유 때문에
Gravi de causa 중대한 이유로

• 동사 접두사(분리, 이탈, 하락; 완전히): demoveo(de+moveo) ~에서 멀리하다, 제거하다; devinco(de+vinco) 완전히 승리하다, 정복하다.

5. e, ex(탈격 요구 전치사)

• 전치사 ex는 자음과 모음 앞에 쓰고, e는 자음 앞에서만 쓴다. 전치사 e, ex는 전치사 in의 반대 개념이다.

• 시공간의 출발점(~에서, ~부터)
Ex urbe egredi 도시에서 나가다
Exire e navi 배에서 내리다
Ex eo die 그날부터
Ex adulescentia 젊은 시절부터

egredior 나가다	exeo 내리다

• 기원, 출처, 상태나 형편의 변화, 원료(~에서, ~에게서, ~한테)

Caesar ex Iulia gente erat. 캐사르는 율리아 씨족이었다.

Rhenus oritur ex Lepontiis. 레누스는 알프스 남쪽에서 출생한다.

Ex beato miser 복되게 지내다가 가련한 신세가 된

Anulus ex auro 금에서 나온 반지(금반지)

orior 출생하다
Lepontii, -orum, m. pl. 알프스 남쪽, 알프스 남쪽 사람

• 전체에 대한 부분(~ 가운데, ~ 중에, ~에서, ~의)

Aliquis ex amicis 친구들 중의 누군가

Acerrimus ex omnibus 모두 가운데 가장 강한(예리한)

• 행위의 원인(~에서, ~로 인해, ~ 때문에)

Ex doctrina clarus 유명한 학설로 인해

E labore se reficere 피곤 때문에 쉬다

labor, -oris, m. 고생, 고달픔   reficio 쉬게 하다

• 동사 접두사: emitto(e + mitto) 내보내다; enitor(e + nitor) 힘쓰다, 애쓰다

6. in(대격과 탈격 요구 전치사)

• 대격 요구: 시간과 공간 안에서 움직임의 방향을 강조.

In urbem venire 도시 안으로 가다

In hostes procurrere 적들에게 돌진하다

In aliquem peccare 누구 앞에서 잘못하다

In dies 하루하루, 나날이

In multam noctem 한밤중까지, 야심한 밤까지

procurro 돌진하다   pecco 죄짓다

•탈격 요구: 시간과 공간 안에서 행위가 전개되는 장소를 강조

In urbe vivere 도시에 살다

In proelio dimicare 전장에서 싸우다

In primis (cum primis, ad prima) 선두에, 특별히

In senectute 노년에

---

proelium, −ii, n. 전장   dimico 싸우다

senectus, −utis, f. 노년

•동사 접두사: includo(in+cludo) 안에 가두다, 포함하다; incido(in+cado) 우연히 만나다(발생하다); insisto(in+sisto) 위에 서 있다, 주장하다; ingredior(in+gradior) 안으로 들어가다, 착수하다.[29)]

7. per(대격 요구 전치사)

•특정 시간이나 공간을 통한 움직임(동안, 걸쳐, 내내; 통하여, 거쳐서, 경유하여)

Transire per urbem 도시를 통과하다

Aliquid per forum ferre 누구를 법정에 데리고 가다

Per decem annos 십 년 동안

Per ludos 경기 내내, 경기 동안

per somnium 몽상 중에

•수단, 도구, 방법(~로)

Per dolum 사기로, 속여서

Per nuntios 사절들을 통하여

Per vim 힘으로, 폭력으로, 강제로

•"per+대격"은 종종 감탄사로 사용되었다.

Per fortunas! 행운이 있기를!

•동사 접두사: percurro(per+curro) 이곳저곳 거쳐 지나가다; perficio(per+facio) 끝내다, 마치다.

---

29) 영어의 *include, incident* 등의 어휘가 여기에서 유래한 것이다.

8. pro(탈격 요구 전치사)

• 행위가 전개되는 장소(~앞에)

Pro castris manere 진지 앞에 머무르다

Pro templis 신전 앞에서

• 사람이나 사물의 이익(~위하여, 위한, 유리하게)

Pro patria pugnare 조국을 위하여 싸우다

Pro me, pro aliis 나를 위하여, 타인을 위하여

• "~에 비슷한, ~에 준하여, ~에 비례하여, 대신에, 대신하여, ~에 따라"라는 의미

Agere pro viribus 자기 능력껏(힘대로) 하다

Pro tempore 형편(때)에 따라

Pro meritis tribuere 공로에 비례하여 분배하다(주다)

Incognita pro cognitis habere 알려진 것 대신에 알려지지 않은 것을 생각하다

tribuo 분배하다	incognitus, -a, -um, adj. 알려지지 않은
cognitus, -a, -um, adj. 알려진	

• 동사 접두사: procurro(pro+curro) 앞으로 달리다; provideo(pro+video) 앞쪽을 보다(미리 보다, 예견하다, 규정하다); progredior(pro+gradior) 앞으로 나아가다(진보하다, 발전하다)

Coniunctiones et Interiectiones

접속사와 감탄사

접속사는 단어와 단어, 문장과 문장을 이어 주는 불변화 품사로서, 등위접속사와 종속접속사 두 가지 종류가 있다.

I. 등위접속사(Coniunctio Coordinans)

등위접속사는 단어와 단어, 문장과 문장을 동등하게 연결시켜 주며 연계, 선택, 반대, 이유, 결론 접속사가 있다.

1. 연계 접속사

1) et, atque(ac), -que ~과

(1) et

• 가장 일반적인 등위접속사이며, 단어와 단어, 문장과 문장을 대등한 관계로 연결시켜 준다.

Marcus et Quintus librum legunt. 마르쿠스와 퀸투스는 책을 읽고 있다.

Marcus librum legit et Quintus scribit. 마르쿠스는 책을 읽고 퀸투스는 글을 쓴다.

• 각각의 다른 단어가 두 개 이상 열거될 때, 연속해서 여러 개의 등위접속사 et를 쓴다(~et ~et). 이 경우 영어나 라틴계 유럽어는 열거되는 단어들에 쉼표를 쓰고, 맨 마지막 단어에 연계 접속사(*and, e,* etc.)를 붙인다. 우리말도 이와 유사하게 옮기면 된다.

Vacca et capella... et ovis socii fuere cum leone. (Phaedr.)

소와 염소, 그리고 양이 사자와 함께 친구였다.[30]

---

30) fuere는 sum 동사의 직설법 단순과거 fuerunt의 다른 형태이다.

vacca, −ae, f. 암소	capella, −ae, f. (암)염소
ovis, −is, m. 양	socius, −a, −um, adj. 동무의

•et는 가끔 "~도 또한, ~까지도, ~조차"라는 의미의 부사 역할을 한다.

Aliquando et insanire iucundum est. 때때로 미쳐 날뛰는 것도 재미있다.

aliquando, adv. 가끔	insanio 미쳐 날뛰다

(2) atque, ac

•atque는 모음으로 시작하는 단어 앞에만 쓰고, ac은 c, g, q를 제외한 자음으로 시작하는 단어 앞에 쓴다.

•atque는 et와 같은 의미로 매우 자주 사용되었다.

Diu atque acriter pugnatum est. 오랫동안 (그리고) 격렬하게 논쟁되었다.[31]

acriter, adv. 격렬하게	pugno 논쟁하다

•atque는 "더구나, 게다가, 까지도"라는 의미로 앞의 말을 명확히 하는 부가어나 뒤에 오는 말에 강세를 줄 때 사용한다.

Alii intra moenia atque in sinu urbis sunt hostes.

다른 적들은 성안에, 더구나 도심 한복판에 있다.

moenia, −ium, n. pl. 성(城)
sinus, −us, m. 한복판; in sinu urbis 도시 중심부에, 도심 한복판에

•atque와 ac은 비슷한 말, 반대말, 대조되는 말 사이에 삽입하여 사용한다.

Etiam atque etiam. 재삼(再三)

Orare atque obsecrare 청하고 또 간청하다

oro 청하다	obsecro 간청하다

(3) −que

•et, ac, atque와 같은 의미를 가진 전접 연계 접속사로 이어 주는 단어 끝에 붙여 쓴다.

---

31) pugnatum est는 pugno 동사의 수동태 직설법 단순과거 중성 단수 3인칭.

Domi militiaeque boni mores colebantur. (Sall. *Cat.* 9, 1)
평화 시나 전시에 (평화 시에나 전시에나) 좋은 관습들은 존중받고 있었다.[32]
domi militiaeque＝domi bellique

militia, −ae, f. 군대	bellum, −i, n. 전쟁
mos, moris, m. 관습	colo 존중하다

•−que와 결합된 단어를 강조한다.
Senatus Populusque Romanus＝Senatus et Populus Romanus
로마의 원로원과 백성

 쉬어 가는 문화사 이야기

로마의 원로원과 백성
고대 로마 공화정의 공식 표어로 주화, 기념비문의 마지막, 로마 군단의 군기, 치체로의
연설문, 리비우스의 역사서를 포함해 여러 문헌에 등장한다. 오늘날에도 로마 여행을 하
다 보면 맨홀 뚜껑과 시내 수많은 공공 시설물 등에서 발견된다.

•전접 연계 접속사 −que는 et와 의미가 같지만 백성을 더 강조한 표현이다.

•여러 단어가 열거될 때, 마지막 단어라는 의미에서 −que를 쓴다.
Plotius et Varius, Maecenas Vergiliusque. (Hor. *Sat.* 1, 10, 81)
플로티우스와 바리우스, 매체나스와 베르질리우스.

2) etiam, quoque 또한
•etiam과 quoque 모두 "또한"이라는 의미지만, etiam은 지시하는 단어 앞에, quoque는 지시
하는 단어 뒤에 놓는다.
Etiam amicos vidi＝Amicos quoque vidi. 나는 친구들도 또한 보았다.

•반대 접속사 sed, verum과 결합하여 상관관계를 나타내는 표현으로 자주 쓴다.
non modo ~, sed etiam＝non solum ~, verum etiam ~뿐 아니라 ~도 또한

---

32) colebantur는 colo 동사의 수동태 직설법 미완료 복수 3인칭.

•quin과 결합하여 "quin etiam 오히려"라는 의미로 매우 자주 사용된다.

Non semper ille tibi proderit, quin etiam de illo homine queri solebas. (Cic. *Tusl* 8, 13)
그 사람이 네게 늘 도움이 되지 않는다고, 오히려 너는 그 사람에 대해 늘 불평하곤 하였다.[33]

prosum (여격 요구) 도움이 되다	queror, dep. 불평하다
soleo, intr. 늘 ~하다	

•etiam nunc(tum, tunc) 여전히

Hora fere secunda, cum etiam tum in lecto Crassus esset, repente eo Q.(Quintus) Catulus senex venit. (Cic. *De Orat.* 2, 108)
거의 두 시경(아침 7시), 크라수스가 여전히 침대에 있었을 때, 갑자기 노인장 퀸투스 카툴루스가 그에게 왔다.[34]

lectus, -i, m. 침대	repente, adv. 갑자기
hora secunda 두 시경(오늘날의 아침 7시)	

3) nec, neque, neu, neve ~도 아니

연계 접속사 다음에 부정사, 즉 et non이 오면 라틴어는 일반적으로 nec, neque라고 쓴다.
(Deiotarus) magno animo et erecto est nec... succumbet inimicis. (Cic. *Deiot.* 36)
데이오타루스는 위대하고 고상한 마음으로 원수들에게 굴복하지 않을 것이다.[35]

erectus, -a, -um, adj. 고상한	succumbo, intr. 굴복하다

•단 하나의 단어로 표현된 말을 강하게 부인하고자 할 때는 neque를 쓰지 않고 그대로 et non을 쓴다.

Ama et non sentit amorem. 사랑하면서 사랑을 느끼지 못한다.

---

33) proderit는 prosum 동사의 직설법 미래 단수 3인칭, solebas는 soleo 동사의 직설법 미완료 단수 2인칭.

34) 주절의 동사와의 시제 관계는 시제 일치에 관한 규칙을 따르며, 직설법과 접속법 동사 모두 쓸 수 있다. 이 문장에서 venit는 venio 동사의 직설법 단순과거 단수 3인칭이며, 주절이 과거 종속절 cum과 함께 쓰이면 같은 시간대의 행위를 나타내기 위해 접속법 미완료 시제를 써야 하기에 cum 시간문의 종속절 동사는 sum 동사의 접속법 미완료를 사용한 것이다. 즉 여기서 cum은 시간을 나타낼 때 쓰는 종속접속사로 시간절(propositio temporalis)에 사용된 것이며, "~할 때에"라고 옮긴다. 이에 대해서는 구문론 편 참조.

35) succumbet는 succumbo 동사의 직설법 미래 단수 3인칭.

•두 개의 명령문 사이나 접속법 권고, 소원, 양보문에서는 neu와 neve를 써서 "~도 마라, 말기를"이라는 금령문을 만든다.

Ne difficilia optemus neve inania consectemur. (Ov. *Met.* 10, 637)

어려운 일들을 원하지도 말고 헛된 것을 추구하지도 말자.[36]

inanis, −e, adj. 헛된	consector, dep. 추구하다

•neque가 문장 첫머리에 쓰일 때 단순 부정의 의미를 가진다.

Neque imitare malos medicos. 나쁜(악덕) 의사들을 본받지 마라.

Neque me vixisse poenitet. 나는 내가 살아온 것을 후회하지 않는다.

4) 상관관계 연계 접속사

•et ... et ~도 ~도

que ... −que ~도 ~도(시어에서 사용)

In caelo solem et lunam et stellas conspicimus.

우리는 하늘에 있는 하늘과 딸과 별들을 본다.

•nec(neque) ... nec(neque)

neu ... neu } ~도 아니고 ~도 아니

neve ... neve

Neque sine corpore, neque sine anima esse posse hominem.

육체 없이도 (인간일 수 없고), 영혼 없이도 인간일 수 없다.

•cum ... tum ~도 ~도

tum ... tum

modo ... modo 어떤 때는 ~ 어떤 때는

2. 선택 접속사

선택 접속사는 앞에서 언급한 내용을 부인하거나 정정하는 역할을 한다.

선택 접속사에는 aut, vel, seu, sive, −ve가 있으며, 우리말로 "혹은, 또는, ~든지(거나)"라고

---

36) 이 문장에서 optemus와 consectemur는 접속법 부정 권고문으로 사용된다. consectemur는 consector 동사의 접속법 현재 복수 1인칭.

옮긴다.

1) aut 혹은, 또는, ~든지(거나)

•aut는 두 가지 상반되는 개념 가운데 하나를 선택할 때 사용한다.

aut verum aut falsum 진실이거나 거짓이거나

Duobus modis aut vi aut fraude fit iniuria. (Cic. *Off.* 1, 41)

인격 침해는 폭력이거나 사기이거나 두 가지 방식으로 된다.

Mors quid est? Aut finis aut transitus. (Sen. *Ep.* 65, 24)

죽음이란 무엇인가? 마지막이거나 넘어감이거나.

vis, f. (acc.) vim, (abl.) vi, 폭력	fraus, fraudis, f. 사기
iniuria, -ae, f. 명예훼손, 인격 침해	finis, finis, f. 마지막
transitus, -us, m. 넘어감	

2) vel 혹은, 또는, ~든지(거나)

•접속사 vel은 volo(원하다) 동사에서 유래하며, 원 의미는 "원한다면"이라는 뜻이다. vel은 반대나 배척이 아니라 선호하는 것에 대한 선택을 나타낸다.

In omni arte vel studio... optimum quidque rarissimum est. (Cic. *Fin.* 2, 81)

모든 기술이나 공부에서… 완벽한 것은 극히 드물다.

studium, -ii, n. 학문

N.B. 최상급 형용사(optimus, etc.)와 미한정 대명사 quidque가 결합하면 "더 훌륭한(우수한) 사람", "가장 좋은 것"이라는 강조의 의미이다.

•vel은 주로 etiam, potius와 결합하여 앞에서 언급한 개념을 명확히 하거나 정정할 때 사용된다.

bonus, vel potius optimus vir 좋은 사람이라기보다는 오히려 훌륭한 사람

Incidi in ipsam flammam civilis discordiae, vel potius belli. (Cic. *Fam.* 16, 11, 2)

나는 내분(內分)이라기보다는 오히려 내전(內戰)의 화염 속에 빠졌다.

incido 빠지다	flamma, -ae, f. 화염

•vel은 형용사와 최상급 형용사 앞에서 부사의 의미(~라도, ~조차, ~까지)로도 사용된다.

In victoria vel ignavis gloriari licet. (Sall. *Iug.* 53, 8)

승전에는(의 경우) 게으름뱅이들에게조차도 뻐기는 것이 허락된다.

Pati vel difficillima malumus quam servire. (Cic. *Phil.* 13, 15)

우리는 순응하기보다는 차라리 가장 힘든 것조차도 감내하길 원한다.

ignavus, −a, −um, adj. 게으른	glorior, dep. 뻐기다
licet 허락되다	patior 감당하다, 고통 받다
malo ~보다 차라리 ~을 택하다	servio 순응하다

3) seu, sive 혹은, 또는, ~든지(거나)

•고전 라틴어에서 seu와 sive는 구별 없이 사용하였다. seu와 sive는 같은 개념의 다른 점을 구별하거나, 이미 말한 것을 정정하거나 명확히 하기 위해 사용한다. 우리말로 "또는, 차라리, 좀 더 정확히 말하면, 다소"라는 의미이다.

•때로는 "seu … seu, sive … sive, ~든지 ~든지, ~거나 ~거나"라는 상관관계를 나타낸다.

Ex quo exardescit sive amor sive amicitia. (Cic. *Amic.* 100)

사랑의 감정이거나 우정의 감정이거나 여기에서 불타오른다.

Sive habes quid, sive non habes, scribe tamen. (Cic. *Att.* 12, 12, 2)

무언가 말할 것이 있거나, 없더라도 써라!

exardesco (감정에) 불타다

4) -ve

•−ve는 아주 약한 의미의 선택적 접미사로, 접속사 vel과 비슷한 의미이다.

•−ve는 두 개의 단어 가운데 뒤에 오는 단어에 붙여 쓴다. 시어의 경우, 각각의 단어 뒤에 붙이곤 하였다.

plus minusve 다소, casusve deusve 우연 또는 신의 섭리

Eodem citius tardiusve veniendum est. (Sen. *Nat.* 2, 59)

더 빨리 또는 더 늦게 같은 곳에 가야 한다.

citius, adv. 더 빨리
tardus, −a, −um, adj. 늦은, 느린; tardius는 tardus의 비교급

3. 반대 접속사(역접속사)

1) at, sed, verum (문장 첫 머리) 그러나
2) autem, vero (첫 단어 다음) 그러나, 그런데 더, 그 밖에
3) atqui 그런데, 그래도
4) tamen 그러나, 비록 ~하더라도
5) immo 더구나, 오히려

1) at, sed, verum

•verum과 함께 at(상고 라틴어의 형태는 ast)는 반대 접속사 가운데 더 강한 의미의 반대를 나타낸다. at, sed, verum 가운데 sed가 가장 일반적으로 사용했던 반대 접속사이다.

Populus me sibilat, at mihi plaudo. (Hor. *Sat.* 1, 1, 66)
대중은 나를 야유한다. 그러나 나는 나에게 박수를 친다.

Non semel sed bis... idem frumentum vendidisti. (Cic. *Verr.* 3, 179)
한 번이 아니라 두 번 너는 같은 곡식을 팔았다.

Gaius revocatus est, verum sub condicione.[37] (Svet. *Tib.* 13, 2)
가이우스는 그러나 조건부로 다시 돌아오게 되었다.

---

sibilo 야유하다   plaudo, intr. 박수치다, 칭찬하다
revoco 다시 불러오다, (유배지에서) 돌아오게 하다
condicio, −onis, f. 조건; sub condicione 조건하에, 조건부로(로마법과 혼인법에서 자주 사용하는 개념)

•sed와 verum은 etiam, potius와 함께 non modo, non solum 뒤에서 상관관계를 나타낸다.

non modo(non solum) ~, sed(verum) etiam ~뿐만 아니라 ~도
non modo(non solum) ~, sed potius ~가 아니라 오히려(도리어, 반대로)

Appius tenebat non modo auctoritatem sed etiam imperium in suos.[38] (*Cic. Sen* 37)
아삐우스는 자기 가족에 대한 동의뿐 아니라 지배권도 소유하고 있었다.

Non modo id virtutis non est, sed est potius immanitatis. (Cic. *Off.* 1, 62)

---

37) revocatus est는 revoco 동사의 수동태 직설법 단순과거 단수 3인칭.
38) auctoritas와 imperium 모두 이 문장에서는 로마법상 개념을 나타낸다. 고대 로마 사회에서 집안의 아들(家男)은 소송 능력과 유언 능력이 없었으며, 가장과 재산상의 법률관계도 성립할 수 없었다. 고대 로마법상 아들은 노예와 다를 바 없었다. 이는 고대사회의 독특한 가족 구조에서 유래한다. 고대사회에서 씨족은 정치적 공동체로서, 가장(씨족장)과 가족 구성원은 마치 국가와 시민과의 관계와 같았다.

덕의 그것이 아니라, 오히려 야만의 그것이다.

---

teneo 소유하다   imperium, -ii, n. 통치권, 지배권

auctoritas, -atis, f. 권위, (가장, 후견인의) 동의

immanitas, -atis, f. 야만, 잔인

•at와 sed가 문장의 첫머리에 놓일 때 반대의 의미는 희미해지고, 단순히 이야기의 전개나 다른 주제로 넘어가기 위한 "그래서, 그런데, 그러자, 한편"이라는 의미를 가진다.

At me tum primum saevus circumstetit horror. (Verg. *Aen.* 2, 559)
그런데 그때에 처음으로 극심한 공포가 나를 에워쌌다.

---

tum, adv. 그때에   primum, adv. 처음으로

saevus, -a, -um, adj. 끔찍한   circumsto, tr. 에워싸다

horror, -oris, m. 공포

•수사학적 기법의 하나인 예변법(occupatio)에서 반론을 제기하기 위해 사용한다.

At memoria minuitur. Credo, nisi eam exerceas.[39] (Cic. *Sen.* 21)
나는 생각한다. 만일 네가 그것(기억)을 훈련하지 않는다면, 그러면 기억은 줄어든다.

---

minuo 감소하다   exerceo 훈련하다, 연습하다

•축원이나 저주를 나타내는 감탄사 "부디, 바라건대"

At tibi di benefaciant![40] 부디 신들이 네게 축복해 주시길!

2) autem, vero

(1) autem

•autem은 연결어법에서 사용하는 것으로 첫 단어 다음에 놓는다. autem은 일반적으로 "그러나, 하지만, 다른 한편"이라는 의미의 반대 접속사로 사용한다.

Gyges a nullo videbatur, ipse autem omnia videbat. (Cic. *Off.* 3, 38)
지제스는 아무것도 보지 못했지만, 모든 것을 보고 있었다.

---

39) minuitur는 minuo 동사의 수동태 직설법 현재 단수 3인칭, exerceas는 exerceo 동사의 접속법 현재 단수 2인칭.

40) "deus, -i, m. 신(神)"의 주격 복수 형태는 "dei, dii, di"이다.

•앞에 서술한 내용에 대한 논리적 연결을 분명히 하기 위한 연계 접속사(그리고, 그런데, 그래서)의 의미를 가지기도 한다.

Sed haec hactenus. Constituendi autem sunt qui sint in amicitia fines. (Cic. *Amic.* 55-56)

그러나 이 주제에 대해서는(이것은) 여기까지. 이제 무엇이 우정에 있어 한계인지 정해야 한다.

M. Octavius oppidum oppugnare instituit. Est autem oppidum loci natura munitum.[41] (Caes. *B. G.* 3, 9, 2)

마르쿠스 옥타비우스는 성곽 도시 공격을 결정하였다. 그런데(그러나) 성곽 도시는 천혜의 지형으로 방비되었다.

---

hactenus(haectenus), adv. 여기까지

---

(2) vero

•vero는 autem과 마찬가지로 첫 단어 다음에 놓으며, 다양한 의미를 가진다.

•반대 접속사 "그러나, 하지만"이라는 의미를 가진다.

Ceteros... iam antea aequitate et misericordia viceras, hodierno vero die te ipse vicisti.[42] (Cic. *Marc.* 12)

너는 이미 예전에 공정과 자비심으로 다른 사람들을 능가하였었는데, 그러나 오늘 너 자신을 극복하였다.

---

antea, adv. 전에	aequitas, -atis, f. 공정성
misericordia, -ae, f. 자비심	hodierno die 오늘
vinco 승리하다, 능가하다	

•"참으로, 실제로"라는 단정 부사의 의미를 가진다.

minime vero 절대(확실히) 아니다   tum vero 정말로

iam vero 이미, etc.

Magnifica vero vox (Cic. *Off.* 3, 1) 정말 훌륭한 말

Tum vero multum sanguinis fusum est.[43] (Curt. 3, 4) 정말로 많은 피를 흘렸다.

---

41) munitum est는 munio 동사의 수동태 직설법 단순과거 단수 3인칭.

42) viceras는 vinco 동사의 직설법 과거완료 단수 2인칭, vicisti는 vinco 동사의 직설법 현재완료 단수 2인칭.

43) fusum est는 fundo 동사의 수동태 직설법 단순과거 단수 3인칭.

> magnificus, −a, −um, adj. 훌륭한   vox, vocis, f. 목소리, 말
>
> sanguis, sanguinis, m. 피
>
> fundo 붓다, 흘리다; multum sanguinis fundere 많은 피를 흘리다

- vero는 역설적 의미도 가진다.

Multum vero haec iis iura profuerunt.[44] (Cic. *Verr*. 2, 5, 124)

정말로 이 법들은 그들에게 유익하였다. (실제로는 유익하지 않았다는 의미)

> prosum, intr. 유익하다

3) atqui 그러나, 아직까지는, 불구하고

- 항상 문장 처음에 놓는다.

"Magnum narras, vix credibile!" "Atqui sic habet." (Hor. *Sat*. 1, 9, 52−53)

"중요한 것을 설명하는데, 믿기 힘들어!" "그런데 사실이 그렇더군."

> vix, adv. 겨우, 간신히

4) tamen 그렇지만, 그러나

- tamen은 양보 접속사 etsi, tametsi, quamquam 다음에 써서 "비록 ~하더라도 ~하다"라는 의미로 사용한다.

Caesar, etsi in his locis maturae sunt hiemes, tamen in Britanniam proficisci contendit. (Caes. *B. G*. 4, 20, 1)

이 지역에 비록 겨울이 일찍 오더라도, 캐사르는 영국으로 출발하려고 노력했다.

> hiems, hiemis, f. 겨울   maturus, −a, −um, adj. 성숙한, (때, 철이) 이른
>
> contendo ~하려고 노력하다

- tamen은 가끔 반대 접속사 sed, verum과 결합하여 사용한다. at tamen, verum tamen은 한 단어로 합쳐서 attamen, verumtamen이라 쓰기도 한다.

Cleonem turbulentum quidem civem, sed tamen eloquentem constat fuisse. (Cic. *Br*. 28)

클레온은 정말 난폭한 시민이었지만, 말솜씨가 있었다는 것은 확실하다.[45]

---

44) iura는 ius의 중성 복수이므로 지시대명사 hoc의 중성 복수 haec을 쓴다. profuerunt는 prosum 동사의 직설법 단순과거 복수 3인칭. prosum 동사가 여격을 요구하기 때문에 is 대명사의 여격 복수 iis를 썼음.

45) 이 문장은 "constat Cleonem ~" 형식의 부정사문이다.

(Verres) consilium capit stultum, verum tamen clemens. (Cic. *Verr.* 5, 101)
베레스는 어리석은 결정을 하지만, 그렇지만 자애롭다.

> Cleon, -onis, m. 클레온(아테네의 가죽 상인, 페리클레스의 후계자)
> turbulentus, -a, -um, adj. 소란을 일으키는, 난폭한
> quidem, adv. 참으로   eloquentia, -ae, f. 말솜씨
> consto 확실하다   eloquens, -entis, adj. 말솜씨가 좋은
> consilium, -ii, n. 결정   stultus, -a, -um, adj. 어리석은
> capio (계획을) 세우다; capio consilium 결정을 하다

5) immo 그렇더라도, 그와는 달리, ~커녕 도리어, 천만에, 물론
• 앞에 질문한 내용을 부인하거나 정정할 때 사용한다.
"Non mihi credis?" "Immo credo, sed tamen metuo."
"너 나를 믿지 않니?" "물론 믿고말고. 하지만 겁나."
Servi sunt: immo homines. (Sen. *Ep.* 47, 1) 노예들이다. 그렇더라도 인간이다.

> credo 믿다; credere alicui(dat.), alicui rei ~을 믿다

4. 이유 접속사

1) nam, namque, enim, etenim 왜냐하면, 확실히, 의심 없이, 사실, 실제로
• 대단히 사용 빈도가 높은 접속사들이다. namque는 일반적으로 모음으로 시작하는 단어 앞에, nam은 통상 논술문에, enim은 첫 단어 다음에 놓는다.
Valetudinem tuam velim cures diligentissime. Nam mihi et scriptum et nuntiatum est te in febrim subito incidisse. (Cic. *Fam.* 16, 8, 1)
저는 당신의 건강을 잘 돌보시길 바랍니다. 왜냐하면 당신이 갑자기 열병에 걸렸다고 제게 편지로 알려 왔기 때문입니다.[46]
Illi viri vituperandi: non enim omnes cives salvos esse voluerunt. (Cic. *Phil.* 8, 14)
비난하는 저 사람들은 사실 모든 시민이 안전한 것을 원하지 않았다.

> diligens, -entis, adj. 잘 보살피는   febris, -is, f. 열, 고열
> incido 떨어지다, 걸리다, 생기다, 우연히 만나다

[46] velim은 volo 동사의 접속법 현재 단수 1인칭. cures는 curo 동사의 접속법 단수 2인칭. "scriptum et nuntiatum est"는 수동태 문장이다.

2) scilicet, videlicet, nempex 의심 없이, 당연히, 물론, 즉

•이 접속사에 대해서는 이미 "Lectio I. 부사" 편에서 살펴보았다. 사실 이들 접속사는 문법적
으로 부사의 기능도 함께 가지고 있으므로 문장에 따라 잘 구분하여야 한다.

Nunc... de oratore loquor, summo scilicet. (Cic. *De Orat.* 3, 84)

이제 나는 연설가에 대해 말한다. 물론 최고의 (연설가에 대해).

Quare fers aegri rabiem et phrenetici verba? Nempe quia videntur nescire quid faciant. (Sen.
Ira. 3, 26)

왜 너는 환자의 격노와 정신착란적인 말들을 받아 주니? 왜냐하면 의심할 여지 없이 그들이 무엇을
하는지 모른다는 것을 알기 때문이야.

quare, adv. 왜, 무엇 때문에	fero 운반하다, 받아들이다
rabies, -ei, f. 미침, 광란, 격노	phreneticus(phreniticus), -a, -um, adj. 정신착란의

5. 결론 접속사

대화나 추론의 결말을 위해 삽입되는데, 이들 접속사는 각각 다른 어감을 가진다.

1) ergo, igitur 그러므로, 그래서, 따라서

•ergo(항상 문장의 첫머리에 놓는다.)와 igitur(문장의 첫 단어 다음에 놓는다.)는 추론의
합리적 결론을 가리키기 위해 사용한다.

Quare autem divina? Vigere, sapere, invenire, meminisse. Ergo animus qui viget, qui sapit,
qui invenit, qui meminit... divinus est. (Cic. *Tusc.* 1, 65)

그런데 무엇 때문에 신적인가? 건강하기, 사물을 분별할 줄 알기, 발견하기, 기억하기. 그러므로
건강하고, 사물을 분별할 줄 알고, 발견하고, 기억하는 영혼은 신적이다.

Nihil est praestantius deo: ab eo igitur mundum necesse est regi.[47] (Cic. *N. D.* 2, 30)

아무도 신보다 더 뛰어난 것은 없다. 그러므로 세상은 신에게 지배받아야 한다.[48]

divinus, -a, -um, adj. 신(神)의, 신적인	vigeo, intr. 건강하다
sapio 사물을 분별할 줄 알다	invenio 발견하다

---

47) praestantius는 praestans 형용사의 비교급. regi는 rego 동사의 수동태 부정법 현재.

48) 치체로의 문헌을 읽다 보면, 인간의 이성과 신에 대해 동시에 찬양한다. 그런데 후대의 사람들은
시대의 필요에 따라 한때(중세)는 신에 대해서만 부각시켰고, 또 한때(근대)는 이성에 대해서만 강조하였다.
이 예문은 중세 때 신의 중요성을 나타내기 위해 관권 신학(신학교 신학)에서 애용한 문장이다.

memini 기억하다, 회상하다	praestans, praestantis, adj. 뛰어난, 탁월한
necesse est 하여야 한다, 필요가 있다(부득이한 필요나 면제할 수 없는 절대적 필요성을 나타낼 때 사용함)	rego 다스리다, 통치하다, 지배하다

• igitur는 답변의 전제되거나 반어적 질문에 사용된다.

Quid igitur timeam, si... post mortem beatus futurus sum?[49] (Cic. *Sen.* 67)
만일 죽음 뒤에 행복할 수 있다면, 그렇다면 내가 왜 두려워하겠는가?

2) itaque 따라서, 그래서, 그러므로

• 사실에 대한 결론을 나타낸다.

Andricus postridie ad me venit quam expectaram(=expectaveram); itaque habui noctem plenam timoris ac miseriae. (Cic. *Fam.* 16, 14, 1)
안드리쿠스는 내가 예상했었던 것보다 (일찍) 다음 날 나에게 왔다. 그래서 나는 온통 두려움과 괴로움의 밤을 보냈다.

postridie, adv. 다음 날에

3) proinde 그러므로, 그러니, ~와 마찬가지로

• 화자가 원하는 어떤 결론이 있을 때 사용한다. 따라서 proinde는 종종 명령문이나 접속법 권고문에서 발견된다.

Proinde abite, dum est facultas![50] (Caes. *B. G.* 7, 50, 6)
그러므로 권한이 있을 때에, 너희는 가라!
Proinde eloquere istud quid sit.[51] 그러니 그것이 무엇인지 말해라.

abeo 가다, 가 버리다, 사라지다	eloquor, dep. 말하다

II. 종속접속사(Coniunctio Subordinans)

• 라틴어는 부사문 역할을 하는 어떤 문장을 주절에 종속시킬 때, 그 종속절의 첫머리를

---

49) futurus, -a, -um은 sum 동사의 미래분사로 능동태 용장활용이다. "죽음 뒤에도 행복할 수 있다면 무엇을 두려워하랴?"라고 옮길 수도 있다. 제2권 "Pars 2, Lectio IV. 분사와 독립분사구문"을 참조하라.
50) abite는 abeo 동사의 직설법 명령법 복수 2인칭.
51) eloquere는 eloquor 동사의 명령법 현재 단수 2인칭.

종속접속사로 시작한다. 종속절은 문장의 성격상 목적, 결과, 이유, 시간, 조건, 양보, 비교문으로 구분된다. 종속절에 대해서는 제2권 "Pars 4, Lectio Ⅲ. 직접목적어 종속절, Ⅳ. 간접목적어 종속절"을 참조하라.

•종속접속사의 종류

구분	종류	뜻
목적 접속사	ut, quo	~하기 위하여
	ne, neve, neu	~하지 않도록, 말도록
결과 접속사	ut	~할 만큼, ~할 정도로
	ut non	~하지 않을 만큼, ~하지 않을 정도로
이유 접속사	quod, quia, quoniam cum+접속법 동사 quando, quandoquidem siquidem quippe cum, utpote cum+접속법 동사	~하기 때문에
시간 접속사	cum	~할 때에
	dum, donec, quoad	~하는 동안
	ubi, ubi primum, ut, ut primum	~하자마자
	simul, simul ac, simul atque	~하자마자
	antequam, priusquam,	~하기 전에
	postquam	~한 후에
조건 접속사	si modo, dummodo nisi, ni, si non sin, sin autem, si minus nisi forte, nisi vero dummodo ne, dum ne	만일 ~하면 만일 ~아니면
양보 접속사	quamquam, quamvis, licet etsi, tametsi, etiamsi cum	~라고 할지라도, 비록 ~하더라도
비교 접속사	ac, quam ut, sicut, velut, tamquam ut si, velut si, tamquam (si)	~하는 것보다 ~하는 것처럼 마치 ~이나 하듯이

Ⅲ. 감탄사(Interiectiones)

•감탄사는 문장 구조상 동사에 종속되지 않는 품사이며, 주격, 대격, 호격, 여격 명사와도 함께 쓴다.

•라틴어의 감탄사에는 고유 감탄사와 파생 감탄사가 있다.

1. 고유 감탄사

•감정이나 감동, 마음의 상태를 반영하는 본능적인 소리나 "아, 오" 등과 같은 전 세계 공용의 감탄사들이 있다.
 − 모음 감탄사: a, ah, ha, io, o, ohe! 아! 오!
 − 경이감, 놀람, 지루함: attat, attatae, babae
 − 놀람: en, ecce! 자, 보라!
 − 바카스 주신제의 환호: evoe, euhoe
 − 고통: a, ha, au, heu, eheu, ei, hei, io
 − 협박: vae(여격과 함께) 아이고, 앙화로다, 저주를![52]
 − 멸시나 경멸: pro, prah
 − 권고: eia, heia
 − 동의: ne
 − 주의: heus
 − 침묵: st(silentium에서 s와 t를 따옴)

2. 파생 감탄사

•명사, 형용사, 부사, 동사의 형태에서 유래한 것으로, 이를 감탄사로 사용한 것.
age! agedum! agite! 자!
(ago 동사의 명령법 현재에서 유래한 것으로 권고할 때 사용)

•신(神)에게 호소하였던 아주 일반적인 감탄사
edepo! pol! 정말! (그리스신화의 Polluce를 위하여!)
mecastor! (뱃사람의 수호신으로 제우스와 레다의 쌍둥이 아들 가운데 하나)
Hercules! Hercle! mehercules! mehercule! mehercle! 맹세코! (헤라클레스 신을 부르면서)
medius fidius![53] 신 앞에 맹세하거니와!

---

52) Vae victis! 패자에게 저주가 있을지어다! 기원전 390년 갈리아인(오늘날 프랑스 사람)들이 로마에 침공하였을 때 Brenno가 외쳤던 저주의 말에서 유래한다.
53) 로마법상 소정 양식서(formula)의 표현 "me dius Fidius adiuvet."에서 유래한 것이다.

•부사가 감탄사가 된 경우

ecce! 보라! 여기 있다!	utinam! 제발, 아무쪼록!
bene! 좋다, 잘되었다!	male! 나쁘다! 잘못되었다!
recte! 좋아! 됐어!	malum! 애석하다!
nefas! 부끄럽지 않니!	pulchre! 좋아! 잘됐다! 잘했다!
praeclare! 훌륭해! 장하다!	

3. 감탄 대격

문장의 첫머리에 "o, heu" 등의 감탄사를 두거나 감탄사 없이 대격을 사용한다. 경이, 아픔, 분노를 가리키는 감탄은 생략문을 구성한다.

Heu me miserum! (Cic.) 아이고, 불쌍한 내 신세야!

O virum, o civem! (Cic.) 아, 사람아, 오, 시민이여!

Me infelicem! 아, 불쌍한 내 신세!

감탄은 다음과 같은 방법으로도 표현될 수 있다.

ecce + 주격: Ecce lupus. 여기 늑대가 있다!

vae, ehi + 여격: Vae victis! 패자들에게 앙화로다! 패자는 비참하도다!

pro, io + 호격: Pro curia inversique mores! 오 원로원이여, 오 바뀐 관습들이여!

pro + 대격: Pro deum hominumque fidem! (Cic.) 아~ 신들과 인간들의 성실함이여!

bene + 대격: Bene consulem! 집정관 만세! Bene milites victores! 승리한 군인들 만세!

Non ut edam vivo, sed ut vivam edo.

Institutio Oratoria IX, 3, 85.

(나는) 먹기 위해 사는 것이 아니라 살기 위해 먹는다.

참고문헌
Librorum Descriptio

1. 사전류

가톨릭대 고전라틴어연구소 편찬, 『라틴 한글 사전』, 가톨릭대학교출판부, 2006.

이순용, 『한글-라틴 라틴-한글 사전』, 한국 천주교회 교회사 연구소, 2009.

D. A. Kidd, M. Wade, *Collins latin dictionary & Grammar*, Glasgow: Harper Collins Publishers, 1997.

D. P. Simpson, *Cassell's latin dictionary*, NewYork: Wiley Publishing, 1968.

F. Rendich, *Dizionario etimologico comparato delle lingue classiche indoeuropee Indoeuropeo - Sanscritto - Greco - Latino*, Roma: Palombi & Patrner, 2010.

H. T. Riley, *Dictionary of Latin quotations, proverbs, maxims, and mottos: classical and mediaeval, including law terms and phrases, with a selection of Greek quotations(1866)*, London: Dell & Daldy, 1866.

J. Rowbotham, *A new derivative and etymological dictionary of such english works as have their origin in the Greek and Latin languages(1838)*, London: Longman, 1838.

L. Castiglioni, S. Mariotti, *Il vocabolario della lingua latina*, Milano: Loescher editore, 1996.

T. Pontillo, *Dizionario Sanscritto*, Milano: Antonio Vallardi Editore, 2005.

2. 단행본

가톨릭대학교 신학대학 라틴어연구소 편찬, 『라틴어 30일』, 가톨릭출판사, 2004.

공성철, 『명문으로 문법과 독해력을 습득하는 라틴어 강좌』, 한들출판사, 2007.

백민관, 『라틴어 교본』, 가톨릭출판사, 2011.

성염, 『고전 라틴어』, 바오로딸, 2009.

성염, 『라틴어 첫걸음』, 경세원, 2010.

오연수, 『최신 라틴어 교본』, 도서출판 한글, 2011.

오평호, 『라틴어 교본』, 연세대학교출판부, 2002.

조경호, 『꿩 먹고 알 먹는 라틴어 첫걸음』, 문예림, 2010.

허창덕, 『초급 라틴어』, 가톨릭대학교출판부, 2010.

허창덕, 『중급 라틴어』, 가톨릭대학교출판부, 2009.

허창덕, 『라틴어 문장론』, 가톨릭대학교출판부, 1962.

F. M. 휠록, 이영근 옮김, 『휠록 라틴어 문법』, 비블리카 아카데미아, 2005.

A. Cavarzere, A. D. Vivo, P. Mastandrea, *Letteratura latina*, Roma: Carroci, 2003.

B. Bell, *Minimus: Starting out in Latin*, Cambridge: Cambridge University Press, 1999.

B. Bell, *Minimus Secundus: Moving on in Latin*, Cambridge: Cambridge University Press, 1999.

C. A. Hull, S. R. Perkins, T. Barr, *Latin for Dummies*, NJ: Wiley Publishing, 2002.

F. Manna, *Grammatica della lingua latina*, Milano: Carlo Signorelli Editore, 1995.

H. Clifford A., P. R, Steven, B. Tracy, *Latin for Dummies*, Wiley Publishing, Inc, 2002.

J. Clackson, *Latin language*, Oxford: Wiley−Blackwell, 2011.

J. Clackson, G. Horrocks, *The blackwell history of the Latin language*, Oxford: Wiley−Blackwell, 2011.

J. Doug, *Latin Made Simple*(2^{nd}ed), Broadway Books, 2006.

J. I. Handlin, B. E. Lichtenstein, *Learning Latin through Mythology*, Cambridge: Cambridge University Press, 2011.

M. Agosto, *Latino per il diritto canonico*, Lugano: Eupress FTL, 2007.

N. Flocchini, P. G. Bacci, M. Moscio, *Maiorum Lingua: Manuale*, Milano: Bompiani, 2007.

N. Flocchini, P. G. Bacci, M. Moscio, *Maiorum Lingua: Materiali di lavoro A*, Milano: Bompiani, 2007.

N. Flocchini, P. G. Bacci, M. Moscio, *Maiorum Lingua: Materiali di lavoro B*, Milano: Bompiani, 2007.

N. Flocchini, P. G. Bacci, M. Moscio, *Maiorum Lingua: Materiali di lavoro C*, Milano: Bompiani, 2007.

P. Poccetti, D. poli, C. Santini, *Una storia della lingua latina*, Roma: Carocci, 2008.

R. E. Prior, *Everything learning latin book*, Massachusetts: Adams Media Cor., 2003.

S. P. Chair, P. E. Bell, S. Farrow, R. M. Popeck, *Cambridge Latin Course Unit 1*, Cambridge: Cambridge University Press, 2008.

S. P. Chair, P. E. Bell, S. Farrow, R. M. Popeck, *Cambridge Latin Course Unit 2*, Cambridge: Cambridge University Press, 2008.

S. P. Chair, P. E. Bell, S. Farrow, R. M. Popeck, *Cambridge Latin Course Unit 3*, Cambridge: Cambridge University Press, 2008.

S. P. Chair, P. E. Bell, S. Farrow, R. M. Popeck, *Cambridge Latin Course Unit 4*, Cambridge: Cambridge University Press, 2008.

V. Barocas, *Fairy tales in Latin*, NewYork: Hippocrene Books, 2010.

V. Pisani, *Grammatica latina*, Torino: Rosenberg & Sellier, 1974.

V. Tantucci, *Urbis et orbis lingua: Parte Teorica*, Bologna: Poseidonia, 2007.

V. Tantucci, A. Roncoroni, *Latino: Grammatica descrittiva*, Bologna: Poseidonia, 2006.

V. Tantucci, T. Rimondi, *Urbis et orbis lingua: Parte Pratica*, Bologna: Poseidonia, 2007.

W. E. Linney, *Getting started Latin − Beginning Latin for homeschoolers and self−taught students of anyage*, Armfield Academic Press, 2007.

찾아보기
Index

한동일

2001년 로마 유학길에 올라 교황청립 라테라노 대학교에서 2003년 교회법학 석사학위와 2004년 동대학원에서 교회법학 박사학위 모두를 최우등으로 취득했으며, 바티칸 대법원 로타 로마나(Rota Romana) 변호사 자격을 얻은 뒤 이탈리아 법무법인에서 일했다. 2010년부터 2016년까지 서강대학교에서 라틴어 강의를 맡아 진행했고, 이어 연세대학교 법무대학원에서 '유럽법의 기원'과 '로마법 수업'을 강의했다. 현재는 번역 및 집필 활동을 이어가고 있다.
<한동일의 라틴어 산책> <카르페 라틴어 한국어 사전> <라틴어 수업> <법으로 읽는 유럽사> <로마법 수업> <한동일의 공부법> 등을 짓고, <교부들의 성경 주해 로마서> <교회법률 용어사전> 등을 우리말로 옮겼다. <라틴어 수업>은 대만에서도 출간돼 화제를 모으고 있고, 일본에서도 출간과 동시에 어학 및 고대·중세·근대·르네상스 시대 서양사상 분야에서 1위에 오르며 아마존 저팬의 베스트셀러가 되었다.

카르페 라틴어 제1권 라틴어 품사론

초판 6쇄 인쇄 2023년 5월 16일
초판 6쇄 발행 2023년 5월 26일

지은이 한동일
펴낸이 서덕일
펴낸곳 도서출판 문예림

출판등록 1962년 7월 12일 제 2-110호
주소 경기도 파주시 회동길 366 3층(파주출판도시)
전화 02-499-1281.2 **팩스** 02-499-1283
전자우편 info@moonyelim.com **홈페이지** www.moonyelim.com

ISBN 978-89-7482-858-5(93790)
제1권, 제2권, 부록 세트